消费视域下人民美好生活需要研究：理论内涵与实现路径

邹 红等 著

本书由国家社会科学基金重大项目（18VSJ070、22ZD108）、国家自然科学基金青年项目（71603214）、西南财经大学全国中国特色社会主义政治经济学研究中心"中国特色社会主义政治经济学理论体系构建"项目、中央高校基本科研业务费专项资金创新团队项目（JBK190501）资助。

科 学 出 版 社

北 京

内 容 简 介

新时代我国居民开启了迈向美好生活的新征程。在构成美好生活的维度中，物质消费是其中最基础的维度，也是人民对美好生活需要最直接的体现。人民日益增长的美好生活需要不仅包括更高要求的物质消费的需要，还包括对民主、法治、公平、正义、安全、环境等方面日益增长的获得感、幸福感、安全感这些精神消费方面的需要。本书紧扣"人民美好生活消费需要"这一主题，以破解制约人民美好生活消费需要实现的不平衡、不充分因素为突破口，以实现消费水平均衡发展、消费品质升级、生活满意度提升为三个主攻方向，尝试构建具有中国特色的促进人民美好生活消费需要的理论体系，力求从消费体制机制改革视角探寻新时代我国经济社会发展的新动能。

本书可作为消费经济学、国民经济学、西方经济学等专业的高等院校教师和学生的文献资料，也可为商务部、工商行政等政府管理部门和企业提供决策参考。

图书在版编目（CIP）数据

消费视域下人民美好生活需要研究：理论内涵与实现路径 / 邹红等著.
—北京：科学出版社，2023.9
ISBN 978-7-03-070507-5

Ⅰ. ①消… Ⅱ. ①邹… Ⅲ. ①居民消费-研究-中国 Ⅳ. ①F126.1

中国版本图书馆 CIP 数据核字（2021）第 224700 号

责任编辑：陶 璇 / 责任校对：姜丽策
责任印制：赵 博 / 封面设计：有道设计

科 学 出 版 社 出版

北京东黄城根北街 16 号
邮政编码：100717
http://www.sciencep.com

涿州市殷润文化传播有限公司印刷
科学出版社发行 各地新华书店经销

*

2023 年 9 月第 一 版 开本：720×1000 1/16
2024 年 1 月第二次印刷 印张：16 3/4
字数：336 000

定价：186.00 元
（如有印装质量问题，我社负责调换）

作 者 简 介

邹红，经济学博士，西南财经大学经济学院副院长、教授、博士生导师，美国密歇根大学访问学者，被推选为中国女经济学家群体成员之一，入选国家高层次人才计划、四川省学术和技术带头人、四川省天府万人计划、西南财经大学"光华英才工程青年杰出教授"。主要从事消费经济学、劳动经济学、应用微观计量经济学的教学研究工作。兼任（中国）消费经济学会常务理事、中华外国经济学说研究会理事、中国数量经济学会理事、四川省居民消费研究会常务理事、亚洲开发银行咨询专家等，以及国家社会科学基金、国家自然科学基金、国家级人才项目等通讯评审专家。近年来，在《经济研究》、《经济学（季刊）》、《财贸经济》、《数量经济技术经济研究》、《统计研究》、*Journal of Gerontology: Social Sciences*、*Social Science & Medicine*、*Social Indicators Research*、*China & World Economy* 等国内外期刊发表论文 100 余篇；主持完成国家社会科学基金重大项目 2 项、国家自然科学基金 1 项、国家社会科学基金青年项目 1 项、教育部人文社会科学基金 2 项以及其他课题 30 多项，参与国家社会科学基金重大项目和国家自然科学基金重点项目 4 项，领衔两大校级创新团队；获四川省第十六次、第十七次社会科学优秀成果奖二等奖等科研奖项 10 余项；研究要报被中共中央办公厅、教育部、国家统计局、四川省政府采纳。

序

    新时代我国经济已由高速增长阶段转向高质量发展阶段，社会主要矛盾已转化为人民日益增长的美好生活需要和不平衡不充分的发展之间的矛盾。消费是人民对美好生活需要的直接体现和重要内容，这意味着广大人民的消费需要正在向着美好生活的消费需要转变，对提高消费水平和实现消费均衡发展、提升消费品质和消费满意度的诉求越发强烈。满足人民美好生活消费需要，需要贯彻新发展理念，通过体制机制改革创新破解消费发展不平衡不充分的现实困境。其重点应聚焦缩小城乡、区域、不同人群的消费差距，以推动消费均衡发展；侧重优化与消费相关的产业布局和结构、促进供给和需求实现高水平的动态平衡，以促进消费提质升级；着眼营造安心、放心和舒心的消费环境，加强社会共治与消费者权益保护，以提升消费满意度。

    新时代贯彻新发展理念构建新发展格局，需要立足扩大内需战略基点，深挖内需潜力，打通内循环的堵点，进一步增强消费的基础性作用和投资的关键性作用。促进人民美好生活消费需要实现的过程，既可直接满足人民美好生活需要、持续增强消费的创新力和扩张力，有效增进民生福祉；又能深挖内需潜力、拉动有效投资，不断夯实内需发展的支撑体系，推动形成一个可持续、强劲的超大规模国内市场。因此，如何通过体制机制改革创新在更高水平上促进人民美好生活消费需要的实现，对中国构建新发展格局、实现高质量发展意义深远。

    该书讨论的核心问题是完善促进人民美好生活消费需求的体制机制。尝试将美好生活消费需要相关的主体、客体、对象、环境等因素整合到分析框架中，试图从消费水平、消费品质和消费满意度三个维度构建促进人民美好生活消费需要的体制机制理论体系，通过完善消费体制机制来满足人民日益增长的美好生活消费需要。

    该书阐释了美好生活消费需要的理论内涵，明确了美好生活消费需要的内容、维度、层次性和阶段性特征，较为科学地构建了美好生活消费需要的指标体系。随着人民生活水平进一步提高，人民消费需要的内涵和外延变得更为丰富和多元，包括对消费水平、消费质量和消费环境等的客观诉求，也包括自我价值和需要实现的主观判断与满足程度，也涵盖因不同生活水平、不同发展阶段等产生的异质性消费偏差。在消费需要的满足和实现过程中，首先追求生存型消费，其次才会追求享受发展型消费。该书明确了实现美好生活消费需要的基础是提高消费水平，动力是提升消费品质，目标是增加消费满意度。美好生活消费需要的指标体系构建囊括消费水平、消费品质、消费满意度三个方面的内容。消费水平，不仅包括消费水平的绝对值，还包括消费的相对差距；消费品质，不仅包括消费支出的结构，还包括消费质量和消费效率；消费满意度，不仅包括消费中的获得感，还包括消费中的幸福感和安全感。

该书坚持问题导向，基于社会主要矛盾的变化和人民美好生活消费需要实现的现实困境，明确了通过体制机制创新破解消费难题的基础、要求、动力和方向。该书较为系统地提出了人民美好生活消费需要的理论背景和科学内涵，详细梳理了我国经济体制建设中居民消费需要的演变趋势，通过国内外横向与纵向比较，总结凝练出新时代制约人民美好生活消费实现的体制机制困境。基于人民美好生活消费需要与发展不平衡的矛盾，认为体制机制创新的要求在于解决区域、领域、行业和不同人群之间的消费差距；基于人民美好生活消费需要与发展不充分的矛盾，认为体制机制创新的动力在于通过供需双侧进行结构、技术和效率改革；结合人民美好生活消费需要的目标，认为体制机制创新的方向是基于人的全面发展和民生的广阔视野，从获得感、幸福感、安全感三方面提升消费满意度。该书充分拓展了消费涵盖的经济、社会、人类发展内涵，提出了促进人民美好生活消费需要的政策设计与改革路径，也从消费视角为深挖内需潜力、扩大内需提供了具有一定可行性的对策参考。

全书集成研究了美好生活消费需要的内容，开拓了新时代消费经济学的理论与现实研究视野，是一部系统研究新时代完善消费体制机制的专著，也是一部为国内消费理论提供资料丰富、内容充实的学术性专著，具有较高的学术价值，为推动中国特色社会主义的消费经济学发展提供探索性范例。

邹红教授十多年来一直从事消费经济学领域的教学和研究工作，该书在其主持完成的国家社会科学基金重大项目（18VSJ070）结题报告基础上修改而成。希望她继续深入消费问题探索，不断推进中国消费经济学的理论与实证研究，取得更多更好的成果。

臧旭恒

2023 年 3 月于泉城

目　　录

第一章　绪　　论

第一节　研究背景与意义

　　居民消费既是生产的最终目的和动力，也是人民对美好生活需要的直接体现。改革开放四十多年来，我国经济飞速发展，整体消费规模持续扩大，居民生活水平大幅提高，城乡居民的生活需要发生了重大变化。1978~2019 年，国内生产总值（gross domestic product，GDP）由 0.037 万亿元跃升至 99.1 万亿元，2019 年中国对世界经济增长的贡献率比 1978 年提高约 22.9 个百分点[①]。最终消费支出对 GDP 增长的贡献率由 1978 年的 38.3%稳步上升至 2019 年的 57.8%，消费逐渐成为保持经济稳定运行的"压舱石"，对经济发展的基础性作用和驱动力不断增强。1978~2019 年，社会消费品零售总额由 1 558.6 亿元上升到 411 649 亿元，42 年增加了大约 263 倍，年平均增长率高达 14.57%；城镇居民恩格尔系数由 57.5%下降到 27.6%，农村居民恩格尔系数由 67.7%下降到 30%，城乡居民需要的层次明显提升，已经进入从生存型需要向享受发展型需要演进、从追求数量阶段转向追求品质的新阶段[①]。

　　党的十九大报告指出"中国特色社会主义进入新时代"，"我国社会主要矛盾已经转化为人民日益增长的美好生活需要和不平衡不充分的发展之间的矛盾"，中国开启了以人民为中心、迈向美好生活的新征程。美好生活涵盖经济、政治、社会、文化、生态等多个领域，其丰富的内涵深刻体现着以人民为中心和人的全面发展。在经济学中，消费需要是美好生活需要的最基础、最核心的内容之一，也是美好生活需要的最直接体现。人民的美好生活消费需要，不仅包括消费水平提高、消费结构优化和消费差距降低的需要，还包括消费过程中对获得感和幸福感、安全感的需要，主要表现为人民获取消费资料的意愿和消费过程中的主观满意度。人民美好生活消费需要的实现过程，可视为人民实现美好生活的过

　　[①] 资料来源：历年《中国统计年鉴》。

程，还可视为美好生活满足程度的评判标准。

新时代新发展阶段人民对美好生活的消费需要越来越强烈，但消费发展不平衡不充分的现实困境制约着消费扩容提质和消费满意度提升。我国城乡、区域、不同收入群体、行业及供需之间的发展不平衡，制约着人民美好生活消费水平的均衡发展；消费市场需求升级与有效供给不足的供需错配矛盾成为促进人民美好生活消费品质升级的主要障碍；新时代人民群众的消费需要更加注重消费过程的获得感、幸福感和安全感，消费者对消费品质、消费体验、消费的社会条件和自然环境等诉求更加广泛，而保障消费质量的消费环境、社会法治环境和自然生态环境距离实现美好生活消费满意度提升还有较大差距。

当前中国发展处于中华民族伟大复兴战略全局和世界百年未有之大变局的历史性交汇处，构建以国内大循环为主体、国内国际双循环相互促进的新发展格局是应对当前发展环境和条件变化主动做出的重大战略抉择与实现经济现代化的必然路径选择。为此，需要完善促进美好生活消费需要的体制机制，畅通国民经济循环，推动高质量发展。

第二节 研究思路、主要内容与研究方法

（一）研究框架和研究思路

本书的核心问题是创新研究"完善促进人民美好生活消费需要的体制机制"。紧扣"人民美好生活消费需要"这一主题，以新时代我国社会主要矛盾变化为主线，以"人的全面发展"为目标，以破解制约人民美好生活消费需要实现的不平衡、不充分因素为突破口，以实现消费水平均衡发展、消费品质升级、生活满意度提升为三个主攻方向，尝试构建具有中国特色的促进人民美好生活消费需要的体制机制理论体系，力求从消费体制机制改革视角探寻中国特色社会主义新时代的经济社会发展新动能。

本书按照理论基础阐释—现状剖析—体制机制创新（创新的要求、动力、方向）的基本逻辑关系安排内容。内在逻辑关系如下：第三章是理论基础，第四章是现实困境，第五、六、七章是消费体制机制创新的路径，即分别从创新的要求、动力、方向来探讨破解困境的对策，本书的主要研究框架如图 1-1 所示。

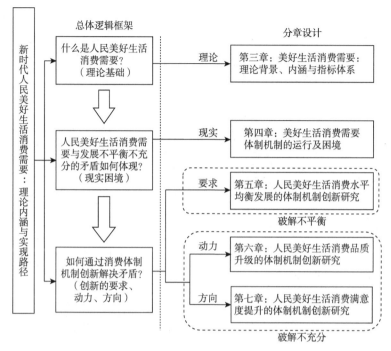

图 1-1　本书的主要研究框架

首先，第三章是理论基础，结合党的十九大报告精神、马克思的生产消费观、西方经济学有关消费理论、阿马蒂亚·森（A. Sen）的发展观，重点深刻阐释人民美好生活消费需要的内涵与评价体系。

其次，第四章是现实困境，细致梳理了改革开放以来我国人民美好生活消费需要和消费体制机制变化，揭示居民消费需要升级和发展不平衡不充分的矛盾表现，为后续第五、六、七章消费体制机制创新研究提供现实参考。

再次，第五章侧重破解人民美好生活消费与发展不平衡的矛盾，重点分析城乡、区域、人群、产业的消费不平衡矛盾，提出相应对策建议。

最后，第六、七章侧重破解人民美好生活消费与发展不充分的矛盾。第六章从供给侧出发，分析消费领域供需矛盾及其影响机制与效应识别，并提出解决矛盾的体制机制创新路径；第七章从需求侧出发，立足于人民对政治文化、自然生态环境、国家与社会治理的非经济因素诉求，以跨学科视角分析民生矛盾及其影响机制与效应识别，并提出消费满意度提升的体制机制创新路径。

本书的总体研究思路遵循"提炼问题、分析问题、解决问题"层次递进的原则。具体地：首先，基于中国特色社会主义进入新时代的时代背景和社会主要矛盾新变化、新发展格局的现实要求，以及美好生活消费需要的理论基础，提出本书的研究目标是"不断满足人民美好生活消费需要"；其次，基于美好生活消费需要理论、改革开放以来居民消费需要和消费体制机制的演变趋势找出实现美好生活消费需要的现实困境；最后，以实现消费水平均衡发展、消费品质升级、消费满意度提升为主攻方向，寻求完善促进人民美好生活消费需要的体制机制改革与创新的实现路径，研究思路具体可见图1-2。

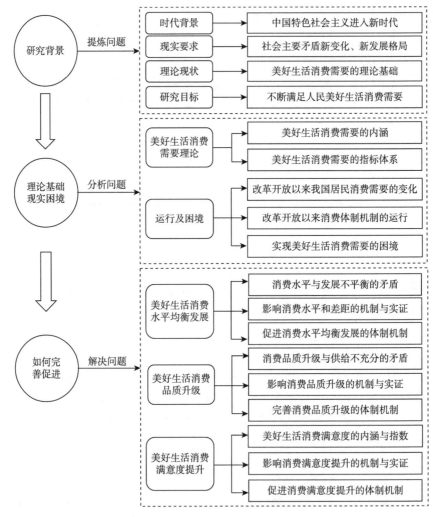

图1-2　本书的总体思路图

（二）主要研究内容与研究方法

本书以"美好生活消费需要"内涵的理论阐述为逻辑起点，以"完善促进人民美好生活消费需要的体制机制创新"为核心，综合利用多个微观调查数据库和宏观数据库，通过文献研究、典型事实、宏微观计量分析、国际比较分析、宏观预测与政策评估相结合的方法来展开实证与政策研究，尝试构建具有中国特色的促进人民美好生活消费需要的体制机制理论体系。本书共分为八章，以下为各章节的主要内容。

第一章为绪论。在人民对美好生活的向往中，消费水平提高、消费不平等降低、消费品质升级、消费满意度提升是消费需要实现的重要衡量维度。首先，从现实背景出发，描述新时代城乡居民生活需要有更高层次的变化，而制约消费发展的体制机制性矛盾仍然凸显，提出完善促进美好生活消费需要的体制机制是加快形成强大国内市场、畅通国内大循环，消除社会发展新矛盾、突破现实发展困境的重要举措。其次，指出各章主要内容和主要研究思路，按照理论阐释—现状剖析—体制机制创新（创新的要求、动力、方向）的基本逻辑关系展开研究，重点通过各种体制机制影响消费水平、消费品质、消费满意度的理论机制与实证检验，提出体制机制改革与创新的实现路径。最后，从研究视角、理论模型和研究方法指出本书的创新与不足，并概述了本书随后各章的一些重要观点。

第二章为文献综述。该章主要梳理国内外有关美好生活消费需要的内涵与指标评价，国内外消费体制的改革历程，从消费水平、消费品质和消费满意度三大方面梳理影响消费的体制机制性因素，回顾总结有关美好生活消费需要的研究成果贡献与存在的不足。在此基础上提出本书的创新方向，即对美好生活消费需要内涵与指标体系的中国化创新；从国际比较中透视我国居民消费体制机制变化的阶段，把握未来改革的方向；系统研究满足人民美好生活消费需要的体制机制性因素；探索以破解社会矛盾新变化为导向的消费体制机制创新路径；等等。

第三章为美好生活消费需要：理论背景、内涵与指标体系。首先，结合马克思主义相关消费理论、西方经济学消费理论、人的全面自由发展理论、中国特色社会主义理论体系，梳理了美好生活消费需要的理论背景；其次，结合新时代主要矛盾转变和新消费现实背景，明确了新时代"美好生活消费需要"的内容、维度、内在层次和外延，分析了美好生活需要与美好生活消费需要的关系；最后，基于 3 个一级指标、7 个二级指标和 39 个三级指标构建我国人民美好生活消费需要的指标体系，并就 295 个城市的指标得分进行描述分析，为后续实证检验和对策研究提供理论基础。

第四章为美好生活消费需要体制机制的运行及困境。该章采用历史与阶段分析方法，首先，梳理了改革开放以来人民美好生活消费内容的演变与阶段性特征；其次，系统归纳了改革开放进程中满足人民群众消费需要的政策实践和消费体制机制的构建过程，对比了第二次世界大战结束以来主要发达国家消费体制机制的演变模式，描述了国内外消费体制机制运行的阶段性变化特征；最后，从消费水平、消费品质和消费满意度等角度，归纳了当前我国制约人民美好生活消费需要实现的体制机制障碍。

第五章为人民美好生活消费水平均衡发展的体制机制创新研究。该章紧扣促进人民美好生活消费水平均衡发展这一主题，首先，描述分析了我国目前消费不平衡的特征事实，系统梳理了人民美好生活消费需要与发展不平衡的五大矛盾体现；其次，从宏观视角实证分析了城乡基本公共服务差距对城乡消费不平衡的影响和作用渠道；最后，构建个人层面收入不平等和消费不平等指标，从微观视角实证分析了收入结构、收入不平等对消费均衡发展的影响，以及社会保障在收入不平等与消费均衡发展之间的作用机制，为促进消费水平均衡发展寻找经验证据。

第六章为人民美好生活消费品质升级的体制机制创新研究。该章紧扣促进人民美好生活消费充分发展这一主题，首先，分析了人民美好生活需要中消费品质的内涵和目前发展中存在的主要问题；其次，以供给侧结构性改革为切入点，分析质量变革、效率变革、动力变革促进消费品质升级的理论机理；最后，从数字普惠金融和电子商务发展两个视角实证分析了供给侧结构性改革对消费品质提升的影响和机制，为供给侧结构性改革提升消费品质寻找经验证据。

第七章为人民美好生活消费满意度提升的体制机制创新研究。习近平总书记在党的十九大报告中指出要使人民获得感、幸福感、安全感更加充实、更有保障、更可持续。这"三感"是人民向往美好生活的整体性展示。该章首先从个体和社会层面、宏观和微观层面界定了人民美好生活消费满意度的内涵和维度；其次，选取3个一级指标、12个二级指标、33个三级指标，构建并测度了我国295个城市的美好生活消费满意度；最后，基于生态环境和国家治理视角实证分析了非经济因素对消费满意度的影响效应，为提升美好生活消费满意度寻找实现路径。

第八章为促进人民美好生活消费需要的政策设计与改革路径。完善促进人民美好生活消费需要的体制机制改革，应将供给侧结构性改革和需求侧管理结合起来，通过供需互动满足多样化、个性化的消费需要。该章以如何提高消费水平、缩小消费差距、提升消费品质、增强消费满意度为研究的出发点和落脚点，从供需双侧协同推进视角分析促进人民美好生活消费需要体制机制改革的具体路径。

第三节　研究创新点与存在的不足

本书以不断满足人民美好生活消费需要为目标，将发展为人民的立场贯穿研究始终,以深化消费体制机制改革为突破点,力求破解人民日益增长的美好生活需要和不平衡不充分的发展之间的矛盾,为发展与扩大国内消费市场、畅通国内大循环提供理论与实证支持。

（一）研究创新点

第一,研究视角与研究框架较新。本书基于我国社会主要矛盾变化,重点研究消费体制机制创新问题,从消费视角破解基本矛盾,研究视角具有一定的新意。本书研究框架以美好生活消费需要为导向,围绕影响消费水平、消费升级、消费满意度的因素,不局限于单一的学科视野,而是以系统论的整合思想来探讨促进消费需要的体制机制,将美好生活消费需要相关的主体、客体、对象、环境等因素纳入机制分析中,沿着体制机制运行评价（消费需要动态阶段变化）→障碍识别（消费需要制约因素及相互作用机制）→创新优化（消费需要数量、质量、满意度提升）的思路来设计体制机制,为消费问题的经济学、社会学、政治学、人类学等跨学科研究提供新的参考。

第二,理论研究有所拓展。本书首次全面深刻阐释了"美好生活消费需要"在新时代的内涵和维度,从客观和主观、宏观和微观、供给和需求、理论和实践多角度构建了美好生活消费需要的指标体系;以"获得感、幸福感、安全感"（民生三感）为出发点和落脚点,从个体和社会层面、宏观和微观层面首次界定了人民美好生活消费满意度的内涵和维度,为深刻理解党的十九大报告提出的"人民美好生活需要"提供消费属性的理论解读。与研究消费的一般性影响因素不同,本书着重分析影响消费的体制机制性因素,尝试厘清收入分配、城乡公共服务与消费均衡发展,供给侧的质量、效率、动力改革与消费品质提升,生态环境、国家治理和消费满意度提高的理论机制,为消费的平衡与充分发展拓展了理论研究视野,丰富和发展了消费经济学理论。

第三,丰富了消费体制机制改革的宏微观经验证据。本书基于所构建的美好生活消费需要指标体系,测度了 295 个城市 2011~2018 年人民美好生活消费需要的评价指标体系和人民美好生活消费满意度的评价指标体系,为更科学完善美好生活消费需要体制机制提供了实证研究和政策设计依据。利用 Kakwani 指数构建家庭个体的消费不平等和收入不平等模型,利用静态和动态面板回归方法,实证分析了基本公共服务、社会保障、收入不平等、部门工资差异对消费不平等的影响;使用 DID（difference in difference,双重差分法）模型首次评估了电子商务示范城市政策对居民消费品质升级的影响;立足消费满意度视角,从获得感、幸福感和安全感出发,实证分析了空气污染、《中华人民共和国环境保护法》对消费满意度的影响,首次使用 DID 模型实证评估了我国反腐败国家治理政策对消费满意度的影响。以上从收入不平等、供给侧结构性改革、环境与社会治理等视角为构建消费均衡发展、提升消费品质和消费满意度的体制机制改革提供了宏微观经验证据。

第四，政策建议具有实际意义。本书详细梳理了改革开放以来我国有关经济体制改革、消费体制改革与扩大内需等方面的近 400 份政策文件，分四个阶段详细总结了 1978~2019 年党中央关于满足人民消费需要的理论、政策实践和消费体制机制的改革过程，对比分析了典型发达国家和发展中国家的消费体制演变历程及其内在机制，为我国消费体制机制创新提供了实践指导。紧扣新时代、新发展理念、新矛盾，从供给侧和需求侧梳理影响我国消费体制机制存在的问题，提出了优化美好生活消费需要的体制机制，形成具有中国特色的高质量发展的新路径。具体从需求侧提出了提高收入和缩小收入差距，完善社会保障、住房制度、财税金融制度改革等消费配套政策体制，从供给侧提出了推动供给体系更加适配国内需求强化居民消费预期，改善消费环境、政治环境、法治环境、文化环境和生态环境以提高居民消费满意度和消费质量的对策建议。以上有助于为解决供需结构性矛盾、消费体制机制进一步改革等提供启发性思路。

（二）存在的不足

限于时间与本课题组的研究能力，本书在以下方面仍有待进一步研究：

（1）理论分析有待进一步完善。本书虽然对人民美好生活消费需要的内涵和指标系统进行了有益的探索，但鉴于人民美好生活消费需要是动态变化的，我国即将进入"十四五"时期的"新发展阶段"，人民美好生活消费需要的内涵与指标体系有待进一步丰富；由于本成果更注重完善消费体制机制的应用研究，故没有构建纳入供给侧结构性改革、收入不平等、环境等因素的消费理论模型，没有进行产业与消费双升级的理论模型探讨。

（2）影响消费的体制机制因素研究和制度创新路径有待进一步深入。本书从消费水平、消费品质、消费满意度三大方面入手，提炼出一个包含收入分配差距、公共服务差距、社会保障、产业结构、电子商务、普惠金融、消费环境、自然环境、国家治理等因素的消费体制机制研究框架，并提出了完善消费体制机制改革的路径。由于微观数据所限，本书可能对有关消费体制机制性因素的实证研究并不全面，对提升消费满意度的体制机制研究创新不足；由于我国缺乏直接性消费政策，本书未评估具体消费政策对城乡家庭消费的影响，故对重点人群、重点区域、重点行业的异质性改革路径研究不够。

第四节 主要观点与结论

（1）美好生活消费需要是美好生活需要的关键要素与基本体现，是人们在追求美好生活需要时产生的主客观消费诉求，也是人们获取各种消费资料时的意愿和行为的主观体验。客观层面上，美好生活消费需要是人们在追求美好生活和实现自身全面发展中，对中国特色现代化消费水平和消费品质等全方位、综合的需求；主观层面上，美好生活消费需要是在提高人民消费需要充分度和满足度的基础上，社会全体在消费过程中实现获得感、幸福感和安全感的需要。

美好生活消费需要是一个主客观相互统一、个体性与群体性相互渗透、层次性与发展性相互结合的概念，生产水平、个人与社会的关系、生活质量与主观幸福、适宜的经济环境、生态环境和政治环境等诉求，构成了美好生活消费需要的实质内涵。美好生活消费需要既是对基本消费需要的迭代和升级，又是美好生活的具象化和局部化，与美好生活需要一样，都具有时代性的内涵，是广大人民群众追求美好生活最基本的体现。美好生活消费需要既可视为人民实现美好生活的过程，也可视为美好生活满足程度的评价标准，在不同发展时期有着不同的内涵、诉求及表现形式，具有层次性、阶段性、主客观性、复杂性等特点。

（2）美好生活消费需要包含消费水平、消费品质、消费满意度三大维度，提高消费水平是实现美好生活消费需要的基石，提升消费品质是实现美好生活消费需要的动力，增强消费满意度则是实现美好生活消费需要的目标。进入新时代，我国295个地级市美好生活消费需要水平总体平稳上涨，消费水平提高是其主要贡献因素，而消费品质升级和消费满意度提升是制约人民美好生活消费需要实现的短板。

消费水平维度应从经济发展水平、城镇化率、城乡收入与消费差异等指标设置，消费品质维度应从消费质量和消费效率等指标设置，消费满意度维度应从获得感、幸福感和安全感三个层次设置指标，以多维具象化指标衡量美好生活消费需要的发展。通过构建和测算我国人民美好生活消费需要指标体系，发现2011~2018年我国295个地级市美好生活消费需要水平总体平稳上升；不同层次的城市间存在绝对水平的差异，东部地区得分水平整体高于中西部地区，长三角城市占据榜首，上海接替北京成为得分最高的城市，上海、杭州、苏州近年来得分稳居前三，一线城市之间的差距大幅缩小；主要城市群中粤港澳城市群美好生活消费需要得分最高，成渝城市群保持快速上涨的势头。

（3）我国居民消费需要变化与经济发展阶段紧密相关，消费体制机制的变革与我国经济体制改革进程紧密相连，是构成经济改革的重要内容之一。

改革开放以来，我国人民美好生活消费需要在消费规模、消费水平、消费结构等方面都表现出明显的阶段性特征，经历了"解决温饱—总体小康—全面小康—美好生活初期"的变化过程。满足人民群众美好生活消费需要的政策实践，经历了起步、构建、发展和深化四个阶段，消费体制机制在满足不断提高的居民消费需求中改进完善。当前我国人民日益增长的美好生活需要和不平衡不充分的发展之间的矛盾在美好生活消费需要上的体现是多维的，收入分配、城乡发展、区域发展、经济与社会发展、产业发展、制度与环境治理等领域的不平衡不充分制约了我国人民美好生活消费水平、消费品质和消费满意度的提升。

（4）消费水平发展的不均衡制约着美好生活消费需要的实现，缩小城乡基本公共服务差距、降低收入不平等能提高我国整体消费水平、改善消费不平等。

消费水平发展的不均衡，需要基于中国社会经济发展变迁的大背景展开研究，不仅要考虑到中国独特的城乡二元结构，还要考虑到不同收入群体、区域间的消费不平衡，更需要兼顾行业、部门的工资差距及当下供需失衡的现状。城乡社会保障差距、义务教育差距及医疗卫生差距显著影响城乡消费差距。缩小城乡基本公共服务差距能直接降低居民消费面临的不确定性，提升消费意愿，缩小城乡消费差距；收入作为消费的基础，缩小城乡基本公共服务差距也可通过缩小城乡收入差距以缩小城乡消费差距来实现。当前实现城乡基本公共服务均等化是促进城乡消费水平均衡发展的必要条件。城镇家庭可支配收入的不平等增加会显著减少家庭人均消费支出，增加总消费不平等和各细类消费不平等。工资性收入不平等对家庭消费不平等的影响最大；低收入群体受收入不平等对消费不平等的负面影响是最大的；工资性收入不平等对在公共部门工作的家庭消费不平等影响较大；社会保障能有效抑制收入不平等对消费不平等的放大效应。

（5）消费品质升级与有效供给不足的矛盾是我国消费领域的重要矛盾之一，制约着美好生活消费需要的实现，发展数字经济、普惠金融和电子商务等供给侧结构性改革能促进消费扩容提质。

供给侧结构性改革是人民美好消费品质升级的驱动力，努力实现供给侧的质量变革、效率变革、动力变革，是破解制约我国消费品质体制机制障碍的关键之举。供给侧促进消费品质升级需要从多方面（包括质量标准体系、知识产权保护体系、信息基础设施、普惠金融体系、人才培养体系和创新体系等）入手。数字普惠金融发展和电子商务示范城市政策对居民消费品质升级具有促进作用，均增加了居民享受型消费，如教育娱乐文化和旅游支出。数字普惠金融发展和电子商务示范城市政策对于消费品质的影响在高学历人群中更大。我国经济已由高速增长阶段转向高质量发展阶段，以供给侧结构性改革为主线，坚持质量变革、效率变革、动力变革，通过促进消费品质的体制机制创新来提高全要素生产率，最终促进产品和服务的创新，以迎合和带动国内消费品质升级，促进国内经济大循环。

（6）美好生活消费满意度是消费满意度的时代升华，具有"以人为本、更高水平与层次、多元需求和发展、更强调在消费需求实践中的主观体验"等特点，包含人民获得感、幸福感、安全感三大维度。我国人民美好生活消费满意度水平持续稳定上涨，得分高低依次为获得感、安全感、幸福感，获得感的提升拉动了进入新时代近十年来我国消费满意度的总体提高，安全感和幸福感包含的非经济诉求是阻碍人民美好生活满意度提升和美好生活消费需要实现的主要因素。

人民获得感是提高美好生活满意度的基础，主要涉及消费过程、消费水平和消费社会环境等维度；安全感是保障，主要涉及消费安全、民主与法治环境、生态环境等维度；幸福感则是获得感和安全感的升华，主要涉及享受发展性消费、人的全面发展需求等维度。我国人民美好生活消费满意度水平持续稳定上涨；"民生三感"之间的得分水平和发展趋势存在差异，得分高低依次为获得感、安全感、幸福感；我国目前相关的经济体制和消费体制改革仍未能有效抓住人民美好生活消费满意度提升的痛点与难点。因此，努力使民生投入转化成人民实实在在的满意度提升，降低美好生活消费满意度提升中的软约束是政府亟待解决的问题。

（7）美好生活消费满意度提升中的内外部环境约束制约着美好生活消费需要的实现，优化消费环境、生态环境和提升国家治理能力，能有效提高消费满意度与消费质量。

环境污染会显著降低居民健康水平，提高家庭医疗保健支出与预防性储蓄动机，对居民消费产生挤出作用，降低居民消费获得感和安全感。《中华人民共和国环境保护法》的实施不但改善了生态环境，也提高了人民获得感、安全感和幸福感。可见，创新改善生态环境的体制机制，不但是改善生态环境、促进人与自然和谐发展的手段，也是充分提升美好生活消费满意度的重要途径。党的十八大以来，对腐败行为的严厉打击，极大地推动了廉洁高效政府建设。实证研究发现，廉洁高效政府是美好生活消费满意度充分提升的重要保障，反腐败国家治理政策增强了居民对未来的信心，提高了家庭消费意愿和消费支出，一定程度上改善了家庭消费结构，美好生活消费满意度和主观幸福感也得到充分提升。

（8）新时代完善促进人民美好生活消费需要的体制机制改革需要供需双侧发力。

当前我国的新消费仍处于起步阶段，人民群众的美好生活消费需要还不能得到充分满足，消费领域体制机制障碍亟待解决。完善促进人民美好生活消费需要的体制机制改革，应将需求侧管理和供给侧结构性改革结合起来，使得供给体系和国内需求更加适配。消费的需求侧体制机制相关改革，重点是通过完善收入分配调节机制增加居民收入，特别是增加低收入群体收入，扩大中等收入群体的增收渠道，提高居民消费能力；同时健全消费配套政策体系，降低居民预防性储蓄和流动性约束，提升居民消费意愿。消费的供给侧体制机制改革，主要是基于社会共治理念，着重从政府、企业和消费者三个角度，以深化消费的供给侧结构性改革，提高产品和服务供给的适配性和质量，促进居民消费升级；改善消费环境、政治环境、法治环境、文化环境和生态环境，提高居民消费满意度和消费质量。

第二章　文　献　综　述

　　本章主要梳理了目前国内外关于美好生活需要和消费体制机制性因素研究的文献，并进行相应的评述。具体安排如下：第一节主要梳理美好生活消费需要的内涵与指标评价；第二节重点梳理国内外消费体制的改革历程；第三节着重从消费水平均衡发展、消费品质升级和生活满意度提升三大方面梳理制约美好生活消费需要体制机制完善与创新的因素；第四节进行文献评述与展望，指出当前研究存在的不足，为下一步研究明确方向。

第一节　美好生活消费需要的内涵与指标评价

　　美好生活消费需要是对物质文化需要的更高层次要求。新中国成立初期，受限于生产力发展水平，人民的物质文化生活需要难以得到较好的满足。随着改革开放不断深入，我国经济高速发展，社会持续进步，人们不仅在物质文化需要上提质加量，政治认同与参与、社会公平正义、生态美丽与共享等发展需要也越发强烈，彰显自我、实现自我等个体自我需要也日渐涌动。这直接促使人们要求满足的生活需要由改革开放之初的物质文化生活需要在新时代跃升为美好生活消费需要。这一发展历程是人追求自由全面发展的必然选择，它依赖于时间、空间和人类的历史发展，是不同发展阶段人民对美好生活诉求的直接体现。因此，深刻理解并探讨我国人民"美好生活消费需要"的意蕴及评价人民对美好生活消费需要的满足度，是消费体制机制完善与创新的前提，也是创造人民美好生活的现实基础。国内外学者对上述相关问题研究做出了重要的贡献。

　　（一）美好生活消费需要的内涵研究

　　"美好生活消费需要"是一个跨越哲学、伦理学、社会学、经济学、生态学等多学科领域的概念。尽管国内外有关这一概念的直接表述并不多见，但在大量关于幸福感（well-being）、生活质量（quality of life）、快乐（happiness）的研究中，美好生活消费需要的实现和满足程度成为检视社会发展的重要标志。进入新时代，美好生活消费需要的内涵与维度也因国别、地区发展的差异性，呈现出鲜明的地域与时代特征。

1. 美好生活的概念与范畴

中外思想家对美好生活的概念与范畴已有一些观点性研究。早在几千年前，中国的圣贤们就对"美好生活"有了细致的描绘。孔子在《礼记·礼运篇》中主张"老有所养，幼有所教，贫有所依，难有所助，鳏寡孤独废疾者皆有所养"，他向往的美好生活是"人不独亲其亲，不独子其子"；孟子继承了孔子的儒家思想，提出"老吾老，以及人之老；幼吾幼，以及人之幼"。与孟子同一时代的庄子，是道家思想的代表人物，他设想的美好生活即"其民愚而朴，少私而寡欲……其生可乐，其死可葬"。显然，儒家思想和道家思想都将美好生活描述为物质生活与精神生活和谐统一的"大同社会"。墨家学派的创始人墨子在《天志（中）》里描绘的"万民和，国家富，财用足，百姓皆得暖衣饱食，便宁无忧"是百姓安居乐业的生活图景，以及春秋时代管仲提出的"仓廪实而知礼节，衣食足而知荣辱"，皆意味着美好生活的实现离不开物质财富的满足。东晋时期的思想家陶渊明在《桃花源记》中写道"阡陌交通，鸡犬相闻……黄发垂髫，并怡然自乐"，勾勒出一幅安宁和乐、自由平等的美好生活图景。由此可见，几千年来，中国人民从未放弃对美好生活的探寻和追求，虽然在不同时代，美好生活有着不同的内涵，但其核心始终是物质生活与精神生活的双重满足。

西方从古希腊时期开始，思想家们就致力于探索何为美好生活，以及美好生活何以可能的问题。"美好生活"的概念起源于亚里士多德，在《尼各马可伦理学》一书中，亚里士多德提出"幸福就是灵魂合乎德性的实现活动"，他推崇的美好生活是追求德性的完满，即"至高的善"（亚里士多德，2003）。古希腊的另一位哲学家伊壁鸠鲁认为"人类行为的目的就是从痛苦和恐惧中解放出来，求得快乐。快乐是幸福生活的目的和开始，是善的唯一标准"，他主张"身体的无痛苦与灵魂的无纷扰"状态即美好生活。虽然伊壁鸠鲁把快乐与幸福相等同，但却坚决反对把快乐与享乐相等同（伊壁鸠鲁和卢克来修，2004）。斯多葛学派认为幸福建立在理性的基础上，通过理性不断完善自己的德性，保持心灵的宁静和自足，同时对他人履行社会责任，做到仁爱、公正，对自己要遵循自然，看管好自己的心灵，实行节制，从而达到至善的幸福（唐凯麟等，1985）。由此可以看出，斯多葛学派追求的是通过德性的完善达到幸福宁静的美好生活。德性的生活及其完善是为了人这一最高目的，马克思在《德意志意识形态》一书里对人的自由全面发展的向往亦是如此。因此，能够实现美好生活消费需要所要强调的，必然不仅仅是物质财富的积累，也包括精神上的满足；不仅仅是个人的快乐，更是人民和社会共同的幸福。

2. 经济学视角下的美好生活消费需要内涵

其实，不仅是中西方的哲学先贤们，经济学家也早已从经济学视角出发，探讨过"美好生活"和"消费需要"两者的关系。经济学中的效用论，就试图通过效用函数诠释人们是如何从消费中实现美好生活的。边沁认为效用是一种因消费而引致的主观感受，与满足、快乐、幸福等概念基本上是在同一含义上使用的。经济学中的效用可理解为一个人从消费一种物品或服务中得到的主观上的享受或有用性。作为理性的经济主体，消费者追求的是效用最大化，即在有限的购买能力内，尽可能使自身的满足或幸福感达到极致。由马斯洛需要层次理论可知，虽然物质丰裕不能等同于美好生活，但实现美好生活的基础是消费需求的满足。此外，通过将同质或异质性的个体效用函数加总，将有可能获得一个社会效用函数，使之最大化的过程也可以被理解为美好生活消费需要的实现。因此，从效用论角度解读"美好生活消费需要"这一概念，即通过满足人民的消费需求达到效用最大化，从而实现对美好生活的追求。但是，效用论强调的是人的主观感受，其中缺乏客观度量，哲学讨论中的享乐与幸福在这里似乎无法被很好地区分。而且，即使效用论强调的是主观感受，由于经济学在传统上假定人们具有稳定的消费偏好，在物质消费经验之外其他构成生活质量的方方面面很可能会被这一理论所忽略，如消费环境与社会观念的变化、法治进步和国家发展等。我们仍有必要在效用论上进一步探讨"美好生活消费需要"这一概念在新时代的内涵。

当人们在消费中寻找美好生活的时候，自然把美好生活投射到更高的物质需求上，于是在经济中采用私有化、市场化、技术创新等手段促使 GDP 增加、消费增加和出口增加（Schafer，1994）。虽然有提及生活质量、美好消费、可持续发展等概念，但是社会的重点仍然在物质层面。随着消费观念发展，社会对美好生活消费需要的追求逐渐转移到对生活质量的追求。基于生活质量视角，对美好生活的认识被分为三类，第一类把美好生活认为是客观生活条件的综合反映，把生活质量定义为一定经济发展阶段上人口生活条件的综合反映，包括消费生活的物质条件（潘祖光，1994；周长城，2009）。第二类是把美好生活需要理解为对生活总体水平和生活条件的主观评价，把生活质量看作人们对生活的总体满意度以及对生活各个方面的满意度（邢占军，2005；孙凤，2007；张连城等，2017）。第三类则认为美好生活由反映生活状况的客观条件和人们对生活状况的主观感受两部分组成（冯立天和戴星望，1996；韩淑丽和郭江，2006；风笑天，2007；罗栋，2012）。人们对消费需求经历了从单纯追求消费水平转变为追求消费品质和消费满意度，再到对社会层面消费安全、法治、生态等宏观方面变化（Ger，

1997；Piggott and Marsh，2004；Syse and Mueller，2014），这正是马斯洛消费需要层次的重要体现。

虽然美好生活消费需要的内涵在国内外学术界还没有形成明确定义，但基于学者们对"美好生活"和"消费需要"的研究理解，我们可以大致认为，"美好生活消费需要"是建立在新的发展观基础上的消费观，既包括物质生活水平和品质的提升，又融入消费过程中对经济、文化、制度、环境的更高要求，同时还涉及养老、教育、文化、信息等重点消费领域（杨汝岱和陈斌开，2009；张川川和陈斌开，2014；毛中根和叶胥，2017）；既体现个体层面的物质和主观感受，又反映社会层面的文化和环境因素（杭斌和闫新华，2013；陈炜等，2014），是对物质消费和精神消费的至高追求。

（二）美好生活消费需要的指标评价

如何衡量美好生活消费需要实现程度一直是学界研究的重要课题，其随着人们对美好生活消费需要内涵研究的丰富而变得越加严谨科学，也越加利于实践。在对发展理念进行深刻反思后，越来越多的学者摒弃了长期以来将经济增长等同美好生活的价值观，质疑用GDP衡量国民生活质量的合理性，由此掀起一场范围广泛、影响深远的社会指标运动。

半个多世纪以来，围绕如何最大限度地满足人们美好生活中的各种全面发展需要的目的，美好生活消费需要指标体系建设常被纳入美好生活需要的指标建设中，并经历了从客观指标体系到主观指标体系再到综合指标体系的阶段过程。客观指标测量始于鲍尔1966年发表的《社会指标》一书，自此以后，消费被间接体现在美好生活、生活质量、福利水平等指标体系构建中。就直接体现美好生活消费需要的客观指标体系而言，国外以 Suhm 和 Theil（1979）编制的消费质量指数为代表，该指数是在扩展需求系统的基础上根据必需品和奢侈品一篮子消费品作为衡量对象，提出了消费质量指数；国内以尹世杰（1994）编制的小康消费水平的指标体系为代表，该指标体系从消费收入、消费水平、消费结构、消费效果等客观角度编制的小康水平指标体系，一定程度上代表了 20 世纪 90 年代人民对美好生活消费需要的客观衡量。

客观评价指标体系有其局限性，突出的问题之一就是物质消费条件与消费品质的矛盾统一。为此学者们开始思考主观指标能否有效反映人民生活真实状态。以 Campbell 等（1976）、Diener 和 Suh（1997）为代表从需求角度出发构建的美国式主观生活质量评价体系则是主观指标领域的代表。消费领域，Cardozo（1965）于 1965 年首次提出消费者满意度（customer satisfaction degree，CSD）理论；1989 年美国密歇根大学的 Fornell 博士总结了 Cardozo 等理论研究的成果，把消费者满意度的数学运算方法与消费者购买商品或服务的心理感知相结合，构建 Fornell 逻辑模型，该研究成果成为迄今最为成熟和被广泛运用的消费者满意指数理论（Fornell et al.，1996；刘金兰，2006）。1995 年清华大学开始了中国消费者满意指数（China customer satisfaction index，CCSI）的研究，中国标准化研究院和清华大学合作开发了具有国际先进水平并符合中国国情的中国消费者满意指数测量模型。近年来国内消费主观评价体系发展迅速，企业信息消费满意度指标（邓胜利和况能富，2005）、实体满意度指数（entity satisfaction index，ESI）（刘勇和黎婷，2006）等相继出现，丰富了此类研究。

随着研究进一步深入，消费主观满意度指标内容更加细化，涉及不同领域与地区。例如，何昀和贺辉（2017）从教育消费满意度、文化艺术消费满意度、娱乐消费满意度和体育消费满意度构建了文化消费满意度指标。我国四川省政府也发布"四川消费者满意度指数"，通过商品消费满意度、服务消费满意度、维权消费满意度三个二级指标评价四川省消费者整体满意度水平。

虽然评价美好生活的主观指标在研究中被普遍认可，但一味强调主观评价指标的重要性也会导致缺乏客观经验事实依据。为此，结合主客观指标形成的综合评价体系成为研究趋势。消费常作为重要部分被纳入生活质量和美好生活指标的研究中，国外具有代表性的要数世界卫生组织生活质量体系（World Health Organization quality of life，WHOQOL）、欧洲经济合作组织（Organization for European Economic Cooperation，OEEC）社会指标等。周长城（2009）、张蕾（2019）把消费质量指标作为重要部分纳入生活质量综合指标体系的构建。直接针对消费领域设计的综合指标则以尹世杰（1994）从宏观社会经济条件、消费水平和质量、消费效果三个维度构建的小康水平指标体系为基础进行扩展。另外，也有学者从不同维度和领域，细化和丰富消费生活的综合评价体系，如体育消费质量评价指标（钟天朗和徐琳，2013）、文化消费质量指标体系（何昀等，2016；中国人民大学创意产业技术研究院和彭翊，2016）等。

综上，虽然相关研究尚未直接提及"美好生活消费需要"概念，却在美好生活、生活质量的研究中得以体现。不仅如此，国内外学术界对美好生活消费需要内容的多维特性基本达成共识。已有研究也从生活质量的客观范畴和主观范畴角度分别提出了生活质量、消费质量的评价指标。此外，研究的视野也伴随各个国家经济社会发展进程，呈现出从侧重生活质量的物质生活水平评价，转向社会生活的诸多方面评价，并渗透出研究者个体的主观价值判断的特征。总体来看，由于已有研究中的美好生活消费需要内涵并未明确，指标体系建设注重描述性研究而缺乏数据经验验证，指标设计偏重宏观的客观指标体系，仍有较大拓展研究空间。

第二节　国内外消费体制的改革历程

在经济发展不同阶段，经济运行会呈现不同特征，为满足人民对美好生活消费需要的不断追求，对应不同阶段将会辅以不同的社会经济政策和经济体制改革，消费体制伴随经济体制改革经历了萌芽、建立、不断完善的过程。在消费领域中，各种消费关系、消费权益、消费组织、消费安全、消费教育及其运行机制、调控手段、网络布局、信息传递等要素共同构成了消费体制。消费是社会经济活动中的起点和终点，消费体制在整个经济体制改革中的重要性不言而喻。

（一）改革开放以来我国消费体制改革的历程

改革开放四十多年来，我国消费体制逐步完善，这一过程可大致分为三个阶段。第一阶段为改革开放初期双轨制经济体制运行阶段的消费体制研究（1978~1991 年）；第二阶段为社会主义市场经济改革初期的消费体制研究（1992~2000 年）；第三阶段为 21 世纪后全面建设小康社会阶段的消费体制研究（2001~2020 年）。

1. 改革开放初期双轨制经济体制运行阶段的消费体制研究（1978~1991 年）

在第一阶段，这一时期的总任务在于"加快社会主义现代化建设，并在生产迅速发展的基础上显著地改善人民生活"。消费体制改革主要是从两方面展开：一是承认和确立经济行为人的利益主体地位，二是在保留计划机制的基础上，部分地引进市场机制，并不断朝着完善市场机制和市场体系的方向发展（袁志刚，1992）。经历了计划经济时期的缓慢发展，国内学者对以往我国消费体制利弊进行了深刻的总结和反思，重新定位和认识了消费体制在经济改革过程中的作用与地位，并对消费体制改革的重点、方向和内容进行了积极的探索。

党的十一届三中全会提出把党的工作重点转移到社会主义现代化建设上来，启动了农村改革的新进程，拉开了改革开放的序幕。党的十二届三中全会做出了关于"经济体制改革"的决定，提出将改革重点由农村转移到城市，并制定了全面改革的蓝图和纲领，由此进入了以公有制为基础的有计划的商品经济时代。十三大强调当时的中心任务是加快和深化改革。党的十一届三中全会以来，随着生产的发展，凭证限量供应的品种逐渐减少，标志着我国消费结构开始由限制型向疏导型、由半供给型向自理型、由自给型向商品型消费结构转变（杨圣明和李学曾，1984）。这一时期的改革促使社会经济环境发生了一系列变化。在此期间，旧经济体制逐渐衰退和消亡，高度集中的宏观经济控制与管理系统被冲破。新经济体制虽同时产生和发展，但尚未建立起完善的市场与计划相结合的宏观经济控制与管理系统。在新旧两种体制转变过程中，原有体制的弊病不可能在短时间内完全消除，新的体制来不及完全建立和完善，两者必然产生矛盾和摩擦，给社会经济运行造成一定困扰（阎正，1989）。同时，由于各种利益群体之间的摩擦和矛盾增多，经济生活中某些混乱现象的存在也会加深改革的难度（国家经济体制改革委员会，1989）。

这一时期我国的消费体制是一种传统封闭型的消费体制。消费结构长期固定不变，消费的组织方式呆板落后，消费的调节机制消极疲乏。这种体制极大地抑制了人们的消费热情，限制了社会的消费规模，由此削弱了消费对生产的刺激作用，阻碍了商品生产的迅速发展（汪钰华，1985）。杨圣明（1985）进一步指出以往消费体制的主要弊端体现在三个方面：一是消费者缺乏应有的消费决策权和自主权；二是轻视或否定市场对消费的作用；三是消费领域中的经济形式和经营方式的单一化。胡浩正（1988）认为主要问题是消费结构不合理、消费需求增长过快，部分消费品的需求超过了生产力发展水平，从而造成国民经济总需求和总供给的不平衡，影响物价稳定和经济发展。卫兴华等（1986）认为当时消费需求过猛而供给显得不足，盲目提倡"高消费"会引起整个国民经济的紊乱，从我国的社会经济制度和经济发展状况来看，应当采取以控制为主的消费政策。刘军（1986）认为出现这种"早熟消费"（消费需求超过本国生产力发展程度的消费方式）现象有三个因素：一是落后的消费资料生产结构不能适应消费需求的发展；二是国家对消费行为缺乏合理的引导；三是物价调整中价格波动的压力，应进一步加快消费资料生产和调整消费资料生产结构，促进消费品生产向深度和广度发展。唐毅（1987）指出"早熟消费"忽视了中国作为发展中国家的经济本质是一种长期供给不足的状态。从短期看，经济增长初期有利于扩大国内市场需求、刺激生产，使经济走向扩张；但从长期看，会带来消费方面结构性失调，引起总需求的膨胀和国民收入超额分配，抑制国内市场正常发展，增加社会不稳定因素。

关于消费体制在经济改革过程中的作用和地位，任天飞和袁培树（1986）认为消费体制改革是整个经济体制改革的"红线"，这是由消费体制改革在整个经济体制改革中的地位和作用决定的。过去的消费体制缺乏活力，消费者没有自主权，消费结构不能迅速演变，使得社会经济结构和产业结构长期扭曲。因此，在设计整个经济体制的改革时，应按照消费体制的改革来安排生产体制、交换体制、分配体制的改革，才能形成社会经济运动的良性循环。杨圣明（1985）、姚天禧（1989）指出消费不是单纯的个人生活问题，而是在社会关系中进行的一种经济活动，消费领域也存在着体制问题。消费体制改革的实质是进一步调整消费关系，改进消费权利的分配，兼顾各方面的消费利益，以促进现代化建设的发展和人民生活水平的提高，而消费体制改革的关键在于建立符合我国实际情况的消费模式，即中国特色社会主义消费模式。汪定国和张碧晖（1983）认为现阶段我国经济体制改革的重点是改变生产与消费脱节、生产不关心消费的状况。以消费结构为出发点，建立适宜的经济结构是促进经济社会协调发展的重要内容。同时经济结构的合理化又不同程度地影响着社会消费结构。刘伟（1986）认为经济体制改革就是要在坚持社会主义方向的基础上，打破以往僵化的经济运行机制，建立和健全社会主义有计划的商品经济机制。要实现这一点，首先在于承认消费者市场选择权利，承认消费者应有权利是经济体制改革的必然结果，也是经济体制改革深入进行的必要条件。

中华人民共和国成立初期采取了优先发展重工业的发展战略，然而长期实行这种战略严重压缩了民众的消费，从而使生产和消费之间的正常联系受到破坏。针对双轨制经济运行时期消费领域存在的问题，杨圣明（1986）提出进行消费体制改革，充分发挥消费在国民经济中的作用。改革的主要任务是进一步扩大消费者的消费自主权和消费决策权，加强市场和物价对消费的调节作用，全面理顺各种消费关系，建立和健全消费者组织，切实保护消费者利益，促进社会主义生活方式不断完善。周叔莲（1981）、吴敬琏等（1983）指出，要进行消费体制机制改革，需要厘清社会主义制度下生产和消费的辩证关系，凡是生产与消费的关系处理得好，积累与消费的比例安排得恰当，整个国民经济发展就快。臧旭恒（1987）则提出以消费结构为基点调整产业结构，从不断满足人民日益增长的物质文化需要出发，适应人民消费水平的提高和消费结构的变化，合理调整消费品生产结构，进而调整整个生产结构和经济结构。

综上，这一阶段在经济改革中，国家逐渐意识到消费体制是整个经济体制改革的重要一环，消费体制改革应正确认识消费与生产的辩证关系、活跃消费市场，充分发挥消费在国民经济中的作用。

2. 社会主义市场经济改革初期的消费体制研究（1992~2000年）

在第二阶段，即社会主义经济市场化改革初级阶段，社会的主要矛盾是人民日益增长的物质文化需要同落后的社会生产之间的矛盾（2017年转化为人民日益增长的美好生活需要和不平衡不充分的发展之间的矛盾），这就决定了必须把经济建设作为党和国家工作的中心。在此背景下，党的十四大明确提出经济体制改革的目标是建立社会主义市场经济体制；党中央在"九五计划"中提出，积极推进经济增长方式转变，把提高经济效益作为经济工作的中心，以及实行鼓励储蓄、适度消费的政策；十五大再次强调努力增加城乡居民实际收入，拓宽消费领域，引导合理消费；1998年受国外需求、汇率变化等影响，出口需求对我国经济增长的贡献度有所下降，为了保持国民经济稳定增长，国务院首次提出扩大内需，并制定了一系列鼓励出口和投资、刺激消费的政策措施（范剑平，1998）。为了缩小城乡差距，党的十五届五中全会首次提出"城镇化"。在这一阶段，伴随我国经济改革市场化目标的确定，消费体制的研究方向更明确、内容更具体，涉及社会主义市场消费体制内涵、改革初期消费体制面临的问题与具体措施等。

从计划经济过渡到商品经济时代，人民的消费方式发生了根本性的变化，消费结构不断优化、消费水平和消费质量显著提升、消费环境明显改善，商品消费逐渐向个性化、多样化、高档化发展。城镇居民的消费结构由以吃、穿为主的单一格局，转变为生存资料比重降低、发展和享受资料比重提高的多元化消费格局，过去凭票供应的制度完全退出历史舞台；农村消费方面，随着农村经济体制改革的不断深入，农产品商品率不断提高，农民收入持续增长，农民消费也从自给、半自给方式逐步向商品化、市场化方式转化；城乡居民衣食住行等生活质量明显提高，医疗、卫生条件显著改善，城市居民最低生活保障制度和农村脱贫标准的制定，使得居民生活保障程度大幅提升，整体上已由量的满足阶段转向质的提高阶段（刘洪，1998；万东华，1998；钟禾，1998）。

与计划经济时期相比，居民消费水平有了质的飞跃，但在市场经济改革初期，我国消费体制仍然面临着一系列问题。尹世杰（1993）总结了改革开放初期我国居民消费体制主要存在的四个方面的问题：消费需求的多样性、多变性与市场的狭隘性、产业结构的呆滞性之间的矛盾；提高消费层次和质量与消费力水平低的矛盾；收入和消费的差别扩大与共同富裕的矛盾；合理增加投资、合理提高消费与不合理消费的矛盾。王裕国（1997）提出相对滞后的生产结构与日益更新的需求结构之间的矛盾与冲突，是这一阶段制约经济增长方式转换的一个重要症结，也是消费市场诸多矛盾的一个重要根源。刘社建（2015）分析这一时期居民消费的特征发现，受多种因素的影响，居民消费增长与经济增长不匹配，居民消费率总体趋于下降，难以有效发挥居民消费拉动经济发展的应有作用。中国经济运行到1998年全面进入总供给过剩的状态，总需求不足成为制约经济增长的主要方面。周天勇（1999）提出总需求萎缩的深层病因是融资体制、工业资本有机构成、城乡二元结构、消费结构等变迁过程中收入、储蓄、投资、消费等经济流程发生梗阻。

关于社会主义市场消费体制的内涵，杨圣明和张少龙（1993）强调消费体制改革是我国经济转型和经济体制配套改革的需要，同时也是转换消费模式和实现消费自主权的需要。因此，消费体制改革应确立消费者的主权地位、规范消费者行为、维护消费者合法权益，坚持把市场机制引进住房、医疗、文化教育等消费各领域（王裕国，1997）。当时我国正处于消费革命第二浪上升时期，消费需求拉动经济增长的顺势调控潜力巨大。选择扩大消费需求的政策，以消费体制改革为动力，通过消费需求增长拉动投资需求回升，按照居民消费结构升级的市场需求配置资源，充分发挥消费需求对经济增长的拉动作用和对结构调整的导向作用，形成"扩大消费需求—带动投资回升—促进经济增长"的启动经济"长流程"，是满足当前政策目标的最佳选择（范剑平，1998）。

从我国消费发展进程看，20世纪90年代经历了一次显著的消费结构升级过程——"住行消费革命"。其间消费投入大、积蓄持续性强将引致消费需求不足在相当长时期存在（文启湘和高觉民，1999）。从社会再生产来看，消费是社会再生产的终点和新的起点，消费需求是真正的最终需求，消费需求的规模扩大和结构升级是经济能够持续、快速、健康增长的原动力（范剑平和向书坚，1998）。针对经济转轨时期消费领域存在的问题，"九五"计划提出要坚持区域经济协调发展，逐步缩小地区发展差距；把加强农业放在发展国民经济的首位，实现农业现代化；发展和完善商品市场；建立健全社会保障体系；丰富消费内容，改善消费结构，重点解决住和行的问题，扩大服务性消费，不断提高人民物质文化生活水平。1998年政府又通过实行财政、信贷政策大幅度增加投资，带动消费增长。"十五"计划提出调整经济结构，加快发展服务业；面向消费者，提供多方位的信息产品和网络服务；引导教育文化娱乐、教育培训、体育健身、卫生保健等产业发展，增加服务内容，改善消费环境。

对于这一时期消费需求不足问题，学者们也提出了不同的建议。陈迪平（1998）认为应抓住市场"亮点"，创造消费需求。我国消费市场的"亮点"重点体现在住宅产品、交通和通信消费市场、家庭用品设备和教育文化娱乐用品几个方面。范剑平（1998）建议增强消费需求对经济增长拉动作用应从如下几个方面入手：第一，加快推进城镇住房制度改革，实行城镇居民住房的货币分配；第二，扩大消费信贷规模，创新支持消费升级的其他消费信贷种类；第三，加大结构调整力度，增加对交通设施和农村电力设施的投资；第四，进一步开拓农村市场，激发农民消费潜力。王裕国（1998）提出刺激消费应完善社会保障机制，推动信用消费；鼓励职工参加养老保险；切实解决好下岗职工的基本生活保障和再就业工作，提高居民收入；加快住宅商品化消费，营造房地产市场环境；积极开拓有助于提高居民整体生活质量的消费种类和渠道。

综上，这一阶段中央对经济体制改革的目标已经十分明确，就是要建立社会主义市场经济体制。同时，学者们从不同角度阐述了社会主义市场消费体制内涵，正视改革初期消费体制面临的问题，并进一步提出具体措施等。

3. 21世纪后全面建设小康社会阶段的消费体制研究（2001~2020年）

在第三阶段，即21世纪后全面建设小康社会阶段，随着经济进入新的增长阶段，总体消费水平不断提高、消费结构不断优化，但居民消费增长缓慢，最终消费率逐步下降，消费对经济增长的贡献未得到全部释放。该时期我国消费需求不足不仅有现实原因，还存在更深层次的体制机制因素。扩大居民消费是提高最终消费率的重要途径，同时也是我国经济发展的长期战略，但扩大居民消费面临着一系列的障碍（刘社建，2015）。

对此，党中央出台了一系列促进消费的政策：十六大提出调整投资和消费关系，逐步提高消费在国内生产总值中的比重；"十一五"规划再次强调要进一步扩大国内需求，调整投资和消费的关系，增强消费对经济增长的拉动作用；十七大提出坚持扩大国内需求特别是消费需求的方针，促进经济增长由主要依靠投资、出口拉动向依靠消费、投资、出口协调拉动转变；"十二五"规划首次提出"建立扩大消费需求的长效机制"，把扩大消费需求作为扩大内需的战略重点；十八大报告再次强调"要牢牢把握扩大内需这一战略基点，加快建立扩大消费需求长效机制，释放居民消费潜力"；"十三五"规划纲要要求，"以供给侧结构性改革为主线，扩大有效供给，满足有效需求，加快形成引领经济发展新常态的体制机制和发展方式"；十九大提出完善促进消费的体制机制，增强消费对经济发展的基础性作用。学者们普遍认为要扩大内需，必须在体制机制上做出调整，集中解决收入分配、社会保障、城乡差距等方面的问题。十九届五中全会提出构建以国内大循环为主体、国内国际双循环相互促进的新发展格局，更是把"坚持扩大内需"提到"战略基点"的高度。

当时在消费领域仍然有许多问题亟待解决，发展过程不平衡、不充分问题依然突出，这已经成为满足人民日益增长的美好生活需要的主要制约因素。当时消费市场需求不足与供给不足并存：一方面，日用消费品及传统生活服务普遍供大于求，部分消费品和服务档次质量不高，市场积压滞销严重，且销势出现明显分化；另一方面，信息消费、绿色消费、文娱消费、健康养老家政消费和教育培训托幼消费等新兴消费品和高品质服务供给不足，尚不能够满足居民日益增长的新消费需求，抑制了相当部分购买力实现，阻碍了消费结构升级步伐（王裕国，2018）。孙豪和毛中根（2020）指出当时居民消费发展中存在三个主要问题：中国居民消费总量巨大，但居民消费率偏低；居民消费水平大幅提升，但消费不平等问题日益突出；消费结构升级过程中表现出扁平化和分化特征，供需结构性错配抑制居民消费结构升级进程。此外，从宏观角度来看，城乡二元结构、收入分配、社会保障、人口老龄化和公共支出等因素也会制约消费增长，加剧消费不平等（曲兆鹏和赵忠，2008；沈坤荣和刘东皇，2012；周广肃等，2020）。

虽然消费领域仍存在各种各样的难题，但不可否认的是，改革开放以来，消费发展取得了丰硕成果。居民消费经历了生存型消费、发展型消费、享受型消费，由追求物质消费逐渐过渡到追求情感、精神上的消费满足（张翼，2016）。无论是消费水平、消费结构、消费模式、消费品质还是消费观念都发生了深刻而广泛的变化（潘城文，2017）。21 世纪以来，政府为了扩大内需、刺激消费以及改变社会上的奢靡消费风气，提出了一些新的消费概念，并由此诞生了各种新的消费形式和消费热点。"十一五"规划提出形成健康文明、节约资源的消费模式。"十三五"规划提出发挥消费对增长的基础作用，着力扩大居民消费，引导消费朝着智能、绿色、健康、安全方向转变。党的十九大报告提出在中高端消费、创新引领、绿色低碳、共享经济、现代供应链、人力资本服务等领域培育新增长点、形成新动能。服务消费、信息消费、绿色消费、时尚消费、品质消费等新兴消费形式在这样的背景下应运而生。

随着中国经济进入转型升级的新阶段，制度结构、生产结构已经不能满足庞大中等收入家庭的各类新需求，不利于中国各类消费潜力、改革红利的释放，由此提出了创新制度供给的迫切需求。2015 年 11 月，习近平总书记在中央财经领导小组第十一次会议上首次提出供给侧结构性改革，强调在适度扩大总需求的同时，着力加强供给侧结构性改革（纪念改革开放 40 周年系列选题研究中心等，2016）。十八届五中全会再次提出"释放新需求，创造新供给"。结合中国的实际情况，当时改革的难点主要在供给面。我国的结构性矛盾和体制性矛盾主要发生在供给侧，许多需求侧的问题也是源于供给体制的不合理、不完善严重阻碍有效供给的增加，进而影响需求的增长（国家行政学院经济学教研部，2016）。因此，新常态下中国推进供给侧结构性改革，需要辅以扩张性的总需求管理政策（陈小亮和陈彦斌，2016）。

在供给侧结构性改革背景下进一步激发居民消费潜力，是供给侧和需求侧同时发力，以满足人民日益增长的美好生活需要的重大抉择（许永兵，2021；江小涓和孟丽君，2021）。要促进消费全面提质发展，必须同时着力供需两方面：对需求侧管理而言，要调整收入分配格局，稳定居民收入增长预期，进一步完善社会保障机制，解决居民消费的后顾之忧（蔡昉和王美艳，2021）；在供给侧方面，要优化供给结构，纠正供需结构性错配，从而使商品和服务的供给能力得到进一步提升；同时还应更新消费观念，加强技术创新，规范市场秩序，优化消费环境（毛中根等，2020）。任保平（2021）提出要加快拓展定制消费、智能消费、体验消费等新兴消费领域，着力构建城乡融合消费网络、加快构建"智能+"消费生态体系，以便培育构建新型消费体系，激发潜在消费，使消费真正成为经济结构转型升级的内生动力，推动经济实现高质量发展。

综上，这一时期我国消费进入"提质增量"阶段，总体消费水平和消费结构都有极大改善，但消费潜力仍未完全释放。党中央对消费领域存在的体制机制障碍有了更深入、准确的把握，提出将扩大内需作为我国经济发展的长期战略，并出台了一系列改善收入分配、社会保障、城乡差距等促进消费增长的政策。

（二）主要发达国家消费体制和消费政策的发展历程

相对于我国，主要发达国家的居民消费率一直较高，消费在市场化经济体制改革中的作用发挥得更为充分，消费刺激政策相对更为完善。观察美国、德国、日本等主要发达国家的经济发展阶段，结合相关文献研究，发现主要发达国家消费体制改革和消费调控政策大致可分为四个阶段。

第一阶段是 20 世纪 50~70 年代消费调控政策体系形成阶段，该阶段初步建起了消费领域的财政货币政策，同时社会保障支出和税收政策作为重要的消费调控手段也发挥了一定的作用。第二次世界大战后，为了快速恢复生产，发展经济，西方各国都颁布了大规模的财政政策，以期刺激消费、扩大有效需求，促进经济回升。此外，政府同时辅以社会保障政策和税收政策，确保贫困失业人口的基本生活，进而改善居民预期，促进居民消费（王雷和王代敬，2001）。以美国为例，受凯恩斯有效需求理论的影响，把刺激消费作为主要调控目标，制定了减退税、发展消费信贷、稳定收入等一系列刺激消费的政策（魏玮，2017）。20 世纪 50 年代末期，日本步入消费革命阶段，扩大内需消费以推动经济增长逐渐成为日本政府的政策取向。为了鼓励个人消费、刺激经济，日本政府采取了通过提高农产品的收购价格增加农民收入、通过立法手段增加工人工资、扩大消费信贷等手段，其结果是财政补贴增加以及消费者物价上涨。同时期零售超市逐渐兴起和分期付款的广泛应用更是拉动了消费增长（孙执中，1985；孙章伟，2012）。

第二阶段是 20 世纪 80 年代消费政策变革时期，该阶段的主要特征是弱化财政支出对消费的调节作用，强化税收和货币政策对消费的调控作用，并改革社会保障制度。80 年代受到滞胀影响，美国宏观政策重点从扩大有效需求转向反通胀，通过税收政策，改变高税负对生产、投资和消费产生的激励机制扭曲，使人民有更多税后收入用于资本积累和长期消费，使供给与需求实现协调增长（倪琳和李通屏，2009）。然而，西方发达国家在前期发展经济时罔顾地球环境的承载力，采取不可持续的消费模式和生产模式，使得环境遭受严重破坏和污染。为了改善消费环境、摆脱资源危机，西方国家出台了各种环保政策（王启云，2000）。日本在石油危机后，为节约能源、保护环境，政府加强了国民消费的环保意识，提倡可持续消费，并注重改善国民生活质量。这个时期，国民也不再追求盲目消费，生活方式由追求"物质丰富"向"精神丰富"转变（肖翔和张昕，2012）。

第三阶段是 20 世纪 90 年代消费政策的调整阶段。90 年代初，西方国家经济先后陷入衰退，出现高失业率、巨额财政赤字、经济增长速度下降甚至负增长的现象，这一阶段各国主要采取继续弱化财政支出的政策，主要通过调整货币政策手段、改革社会保障制度和环保政策来调控消费（资树荣，1999）。例如，美国在 20 世纪 90 年代初期经济衰退时，通过大力发展高技术产业，降低利率政策增加居民收入，刺激居民消费水平和结构的升级，带动经济回升（陈晶，2006）。90 年代日本为扩大内需试图采用扩大财政赤字的方式增加公共投资，而忽略居民消费需求，致使居民消费一直不能提振（国家计委宏观经济研究院《消费结构》课题组，1999）。德国在应对 90 年代出现的生产持续滑坡、市场疲软、失业率剧增等问题时，采取了一系列刺激经济增长、扩大国内需求的政策措施，主要运用税收、国债和政府支出等财政政策，积极培育市场主体，不断寻找新的经济增长点，充分发挥高新技术产业对社会供给与社会需求的带动作用（齐兰，1999）。

　　第四阶段是 21 世纪至今发达国家消费体制的完善阶段。美国积极完善促进消费信贷机制、社保体系，改变就业模式，促进消费发展，同时突出环保政策在消费体制机制建设中的重要地位，实现消费的可持续发展（陈晶，2006）。尤其是 2007 年次贷危机爆发以后，美国国内金融机构资产损失严重，出现了信贷紧缩现象。为了使美国经济早日走出衰退阴影，美联储向市场注资、大幅降息并实行数量宽松货币政策，同时美国政府也迅速实施经济稳定法案、再投资法等政策刺激实体经济，降低失业率，增加居民可支配收入，进而提高消费能力（高加湄，2009）。日本政府则从提高国民收入水平，调整国民收入差距，重视国民社会保障，加大公共服务，注重国民消费保护，提倡绿色低碳消费多方面建立健全居民消费体制机制（肖翔和张昕，2012）。在危机之后的复苏阶段，为了解决通货紧缩以及经济复苏陷入停滞，日本政府不断强化扩张性经济政策，不仅连续出台多项财政刺激方案，还入市干预日元汇率，并重新实施零利率政策（李亚芬，2011）。在应对欧洲金融危机过程中，为了促进居民消费的可持续发展，德国进一步调整并完善可持续消费政策。通过联邦州与企业和公民之间建立"对话进程"，提高公民可持续消费的意识，在可持续消费方面取得了不错的成绩（杨晓燕和贺姣佼，2015）。

　　基于文献，一些发达国家消费体制机制变革均体现出鲜明的国情特色和阶段特征，相关研究也肯定了消费体制改革和消费政策在促进经济生活发展中的重要作用，以及提高人民生活质量的重要性。但是，国内外在研究消费体制机制改革时所侧重的内容、方向有所不同，发展阶段也不尽相同，实施的相关体制机制有所差异。

第三节 制约美好生活消费需要体制机制完善与创新的因素

为提升发展质量与效率，不断满足人民日益增长的美好生活需要，需要系统深入把握影响美好生活消费体制机制完善和创新的因素，通过破解人民美好生活向往与发展不平衡不充分的矛盾，形成以创新为主推动社会进步、民生改善、供给升级的新格局，实现增加优质新型产品和生活服务供给、满足多样化消费需求、最大限度提高人民生活质量和国民福利的发展目的。为此，我们以消费水平均衡发展为要求、以消费品质升级为动力、以生活满意度提升为方向，探索制约消费抑制机制建设的因素，力求从消费视角探寻新时代社会发展新动能。

（一）制约美好生活消费水平均衡发展的体制机制因素

美好生活消费需要得以实现的首要条件是人民美好生活消费水平均衡发展，而社会发展不平衡从数量和质量两方面制约着美好生活消费水平实现。考虑到我国发展不平衡是城乡二元结构、区域产业分工、收入分配等诸多历史、现实因素综合作用的结果，我们从以下四个方面探讨制约美好生活消费水平均衡发展的体制机制因素。

1. 城乡发展不平衡对消费水平的影响

城乡收入差距和城市化滞后是当前中国面临的两大重要挑战。城乡收入差距制约了农村居民收入增长，进而影响其消费能力增长，导致农村消费市场规模萎缩，不利于城乡一体化发展和内需增长（李国正和艾小青，2017）。许多学者就城乡消费差异的影响因素、如何化解由城乡发展不平衡引起的城乡消费差异、如何提高城乡间弱势群体（如农民、农民工）的消费水平以促进城乡消费均衡发展进行了深入研究。

城乡经济发展差异过大，城乡消费不平衡严重影响城乡消费均衡发展，制约着居民美好生活消费的实现。根据凯恩斯的消费理论，收入是影响消费最主要的因素，城乡收入差距是导致城乡消费不平衡的直接原因。在分析影响城乡居民消费不平衡的主要原因时，万海远和李实（2013）将我国城乡收入差距存在的原因归结为以户籍制度为核心的城乡二元分割体制。陈斌开和林毅夫（2013）认为城镇化滞后是中国城乡收入差距的重要因素。陆铭和陈钊（2004）提出城乡分割的行政管理制度、城市偏向型的经济和社会政策是引起城乡收入差距的主要原因。

此外，金融发展、产业结构升级、经济开放度和人力资本水平等其他因素也会对城乡收入差距造成一定影响（陈斌开等，2010；江春等，2016）。相关研究表明，城乡收入差距会在一定程度上缩小社会总消费率，进而导致社会严重不公平以及消费的不可持续性增长（杨汝岱和朱诗娥，2007；钞小静和沈坤荣，2014；刘雯，2018）。

城镇作为商品流的枢纽和城乡居民的消费场所，城镇化能有效贯通城乡消费市场，对缩小城乡收入差距、促进城乡居民消费提升和消费结构改善具有重要作用（陈斌开和林毅夫，2013；雷潇雨和龚六堂，2014）。对此，陈斌开和林毅夫（2013）提出改善城乡收入分配需要以推进城镇化为主要抓手。提高城镇化质量的关键在于优化产业结构，增加就业机会，实现工业化和城镇化的协调发展。同时，学者们还认为通过促进产业结构升级、缩小收入差距，推进消费金融等体制机制建设，有利于打破城乡二元结构，缩小城乡消费差距（韩立岩和杜春越，2012；徐敏和姜勇，2015）。

2. 区域发展不平衡对消费水平的影响

我国的区域差距问题引起国内外学者的广泛关注（杨明海等，2017；Fujita and Hu，2001；Long，2003）。消费作为衡量区域生活质量的代表性指标之一，居民消费水平的地域差异是区域经济发展不平衡的集中表现和缩影（尹世杰和蔡德容，2000）。1949 年以来我国居民消费水平的地域分布一直呈非均衡状态，地域差异显著（向清成，2002；魏晓敏和王林杉，2018），同时地区间的社会消费水平的差异也呈现出总体扩大趋势。魏晓敏和王林杉（2018）利用 Dagum 基尼系数（衡量一个国家或地区居民收入差距的常用指标）对城市居民网络消费的区域差异进行分析，发现居民网络消费差距整体呈现先下降后上升的趋势，其中区域差距是网络消费差距的主要来源。

一些学者对区域消费差距产生的原因进行分析，认为地区经济发展不平衡、经济体制、经济布局、区域政策是影响区域消费差距的宏观因素，地区间的收入水平和收入差距、城镇化率、区域间的人口效应、房地产市场发展规模、区域互联网发展及消费习惯等是影响区域消费差距的微观因素（向清成，2002；韩立岩和杜春越，2012；石贝贝和王金营，2014；刘湖和张家平，2016）。田青和高铁梅（2009）发现我国东、中、西部地区消费习惯、收入、购房支出、医疗、教育支出、收入波动及利率等因素，造成了居民消费行为的区域差异，购房支出对东部地区居民的消费有微弱的正向刺激，而对中部和西部地区居民的消费有抑制作用；医疗、教育支出挤占了其他项目的消费支出，且这种影响对东、中、西部地区依次增强。

目前我国中西部地区还有巨大的消费潜能，进一步激发西部地区的消费潜能，不仅有利于缩小区域差距，也有利于总体消费水平提高（刘湖和张家平，2016）。学者们认为政府应该加大对中西部地区的财政补贴和转移支付力度，运用税收政策和财政支出政策"组合拳"的资源配置功能，努力改善中西部农村消费结构与环境，完善社会保障的长效机制，逐步缩小区域差距，同时积极引导居民消费，提高中西部欠发展地区消费支出和生活水平（刘苓玲和徐雷，2012；纪江明和赵毅，2013；毛军和刘建民，2016；宋泽等，2020）。

3. 居民收入不平等对消费水平的影响

凯恩斯绝对收入假说和边际消费倾向递减理论表明，收入分配更加公平能够提高居民的消费水平，抑制居民的消费水平，也会造成消费水平发展不均衡（臧旭恒和张继海，2005；金烨等，2011；邹红和喻开志，2013a；杭斌和修磊，2016）。缩小收入差距有利于提高居民总消费，促进消费均衡发展（沈坤荣和刘东皇，2012；杨旭等，2014；Kaldor，1956）。对此，党中央多次强调要"坚持以人民为中心的发展思想"，深化收入分配制度改革，增加城乡居民收入。深化收入分配制度改革、提升居民消费能力和预期，是完善促进消费体制机制、激发居民消费潜力的首要工作。

当前我国初次分配和再分配领域都存在若干问题，不利于居民消费能力提升和消费潜力释放。对此，方福前（2020）认为，在初次分配中要继续贯彻落实按劳分配和按要素贡献分配的原则，再分配要贯彻落实公平原则，生产成果分配和收入分配应适当向低收入者和生活困难者倾斜。刘少华和王晓芳（2013）指出，国民收入在各部门之间的分配状况是影响居民消费需求的重要因素，当前我国国民收入在居民部门的分配比例明显偏低，是导致我国居民收入增长缓慢、居民消费不足、居民消费率下降的根本原因，完善收入分配体制机制是促进内需扩大的必由之路。蔡昉和万广华（2006）以及纪园园和宁磊（2018）认为，完善收入分配体制机制首先应转变经济增长方式，保持国民收入的持续快速增长；其次应加快国民收入分配体制改革，提高国民收入在居民部门的分配比例；最后重点以"民生为本"的理念为导向，构建扩大居民消费需求的政策体系，在国民收入初次分配和再分配过程中增加及保持劳动者报酬的合理份额。

4. 社会保障对消费水平的影响

社会保障的本质是维护社会公平正义，具有调节国民收入分配与再分配的功能。社会保障制度的建立是消费体制改革取得成功的重要保证，既可能促进收入再分配，缩小收入差距；也可能出现负向调节，扩大收入差距。社会保障收入再分配的正负作用取决于制度模式、覆盖范围、制度设计、制度转轨、管理服务等相关影响因素（王延中等，2016）。

当前我国社会保障制度存在保障水平低、覆盖面不足、发展不均衡、制度设计不完善等问题，使得社会保障对收入分配的调节作用不能完全发挥出来，严重制约居民消费水平的提高（王延中和龙玉其，2013；王延中，2020）。周广肃等（2020）发现推行新农保制度可以有效降低农村的消费不平等程度，而且相比于中高收入家庭之间的消费差距，新农保普及对缩小中低收入家庭之间消费差距的作用更为明显。康书隆等（2017）发现养老保险可有效减少家庭的预防性储蓄，整体上提高家庭消费水平。

社会保障作为国家财政政策的重要组成部分，能够在国家经济有效需求不足的时期提高个人收入，进而刺激个人消费，且社会保障还具有保险功能，在某种程度上能够消除未来的不确定性，提高消费的信心，完善社会保障制度是促进居民消费的有效途径（Friedman，1957；李宏，2010）。针对我国社会保障存在的问题，学者们建议扩大社会保障覆盖面、逐步完善社会保障制度，同时加大政府对社会保障的投入力度、提高社会保障水平（王茂福和谢勇才，2012；康书隆等，2017）。

（二）制约美好生活消费品质升级的体制机制因素

消费品质升级作为美好生活的重要内容，主要体现为低端消费商品与服务向中高端消费商品与服务转变，除了满足消费者基本生理需求外，更注重商品与服务的多样化、高品质、个性化等特征给消费者带来的舒适体验与美的享受（张喜艳和刘莹，2020）。中国特色社会主义进入新时代以来，我国社会主要矛盾在于消费领域，具体表现为当前供给的产品或服务不能满足国内消费升级、持续提升生活质量及人们美好生活的需要（毛中根等，2020）。目前消费品供给结构不合理、产品质量体验差、消费环境监管不及时、消费信心不足等一系列问题，严重制约着消费升级。

随着居民收入水平提高和中等收入群体扩大，需求结构转型升级加快，居民对产品品质、质量和性能的要求明显提高，多样化、个性化、高端化需求与日俱增，服务需求在消费需求中的占比明显提高，旅游、养老、教育、医疗等服务需求快速增长，加之产业价值链提升和向中高端迈进，对研发、设计、标准、供应链管理、营销网络、物流配送等生产性服务提出了更高的要求（关利欣等，2018）。同时，供给结构调整明显滞后于需求结构升级，居民对高品质商品和服务的需求难以得到满足（王一鸣，2017）。这就有必要深入分析制约我国居民消费品质提升的消费体制机制因素，找准突破口，破解消费发展不充分矛盾，增强消费动力。消费品质升级的影响因素众多，我们主要从以下三个方面进行梳理。

1. 消费结构与产业结构的互动机制

一些学者侧重研究消费结构与产业结构的互动关系。一方面，消费升级可以带动产业升级。杨天宇和陈明玉（2018）认为消费升级可以通过恩格尔效应和鲍莫尔效应带动产业升级，有利于产业结构迈向中高端，城镇中等收入以上群体的消费升级是带动产业升级的主要驱动力量。张梦霞等（2020）认为海外高端消费回流对国内规模化消费升级构成驱动力，能有效推动相关产业数字化智能化升级。另一方面，产业升级可以带动消费升级。早期西方经济学者如库兹涅茨（Kuznets）、克拉克（Clerk）等已就消费者需求结构与生产结构相互影响协调发展达成共识，认为消费结构与产业结构高和谐程度与协调发展能有效促进经济发展，提升消费品质。胡秋阳（2013）从产业升级实现路径出发，认为产业优化升级及产业创新能有效扩大内需结构，促进消费品质升级。孙早和许薛璐（2018）通过理论模型阐释产业自主创新影响一国消费结构高级化和总消费增长率的作用机理，认为提升高端（高技术）产业自主创新效应是推动总消费增长和优化消费结构的关键因素，只有坚定推行以诱导产业（企业）自主创新为核心的供给侧结构性改革，促使消费升级，才能真正实现高质量发展。龙少波等（2021）认为同时推动产业和消费"双升级"能促使生产和消费实现有效匹配与对接，形成良性互动，既可直接疏通生产环节高质量供给的结构性短缺问题，又可解决居民消费意愿不高和消费能力不足等堵点。

2. 供给侧结构性改革对消费品质升级的影响

当前经济发展的不充分制约着消费品质的提升，尤其是供给侧结构性改革的不充分制约着消费品质提高。从供给侧角度来看，基础设施建设对消费品质提升有重要作用。林毅夫（2000）早期发现农村居民消费意愿受到抑制的主要原因之一是农村地区与生活有关的基础设施建设的不足。邵燕斐和王小斌（2015）认为政府增加交通基础设施投资、完善金融服务，有利于拉动消费、提升消费质量。随着时代发展，互联网、普惠金融等消费型基础设施的建设尤其是农村地区相关基础设施的投入，对提高农村居民消费水平和消费品质具有显著积极作用（刘湖和张家平，2016；张珩等，2017；程名望和张家平，2019）。张磊和刘长庚（2017）认为发展服务业新业态是一种供给创新，服务业新业态能激发消费热点和亮点，助推消费结构优化转型，促进消费方式和消费体验改善，这些消费升级表现可从平台经济、分享经济、体验经济三个方面进行理论溯源和机制解释。宋泽和邹红（2021）认为供给适配需求是形成强大国内市场的必要条件，教育等公共服务供给的相对结构性稀缺造成过度的同群竞争，导致家庭可支配收入向子女教育过度倾斜，大量挤占其他消费分类的支出份额，形成不平衡的家庭消费结构，政府要着力解决教育等公共服务供给的相对结构性稀缺，以优质供给激活消费大市场。

3. 互联网、电子商务、数字化发展对消费品质升级的影响

互联网技术可助推我国产业转型升级、促进消费供给侧结构性改革和实现消费供给结构的多元化，实现消费升级。杜丹清（2017）研究了互联网助推消费升级的动力机制，认为消费升级涵盖消费内容升级、消费方式升级与消费者主权维护三个层面的内容；互联网时代更应该强调技术创新引致的供给侧产品创新与需求侧消费内容和方式的变革，生活性服务业发展是互联网时代消费升级的重要领域，它不仅有助于静态提升消费结构、改善消费质量，同时能倒逼生产环节技术创新与产品质量提高。祝仲坤（2020）认为互联网技能会显著提高农村居民平均消费倾向、降低恩格尔系数，其中青年人掌握互联网技能对消费水平提升作用最明显，互联网技术和技能提高能释放农村居民的消费潜力、优化农村居民的消费结构。邢天才和张夕（2019）发现互联网消费金融模式的产生以及飞速发展对于我国城镇居民的消费水平和消费行为有着极强的带动作用。南永清等（2020）认为数字金融在一定程度上克服了传统金融机构对物理网点的依赖，凭借对消费者动态行为信息的有效掌握，推动了数字金融产品和服务门槛下移，进而有效地促进了居民消费支出，研究发现数字金融对中西部地区城镇居民消费有着明显的促进作用，数字金融使用深度呈现出更高的消费溢出效应。易行健和周利（2018）就数字普惠金融的发展对居民消费的影响进行了理论探讨和实证检验，认为数字普惠金融的发展显著促进了样本期的居民消费，在农村地区、中西部地区及中低收入群体家庭更为明显，其机制主要是缓解流动性约束、便利居民支付。张勋等（2020）建立一般均衡理论分析框架考察数字金融发展与居民消费之间的关系，发现数字金融可通过支付便利性促进居民消费。

（三）制约美好生活消费满意度提升的体制机制因素

目前，人们在消费需要上不但追求物质条件的满足，而且更加注重消费获得感、幸福感和安全感的主观体验。我国居民消费满意近年来伴随消费水平、品质的提高而稳步提升，但是消费需要的诉求更加广泛，不同领域和不同区域的改善程度存在一定差异，消费体制机制的不完善制约着消费满意度提升。因此，探讨制约消费满意度提升的体制机制因素，从主观体验破解经济发展不平衡不充分矛盾，是满足美好生活需要的重要发展方向。消费满意度受到各方面因素影响，我们主要从以下三个方面分析。

1. 产品和服务供给质量对消费满意度的影响

消费满意度作为反映居民消费水平的综合性指标，直接与国民社会福利相对

应，在一定程度上能更好地体现消费者的消费偏好和消费水平（李普亮，2014）。一般而言，个体的消费满意度主要取决于消费产品和服务。就消费产品而言，产品的质量、价格、安全性、品牌等都会影响到顾客对产品的满意度评价。近年来，党中央、国务院高度重视消费品质量提升工作，多次就消费品质量提升作出部署，明确提出要提升消费品品质，促进消费品工业增品种、提品质、创品牌，更好地满足群众消费升级需求。为了提高产品质量和安全性，进一步提升消费满意度，学者们建议强化消费监管力度，畅通消费维权渠道，建立消费预警系统、构建科学的消费信用评价体系（毛中根等，2020）。

服务是影响消费满意度的另一个重要因素。服务创新是增强零售业核心竞争优势的重要驱动力，可以降低顾客对服务的不确定性和风险感知，进而在一定程度上影响消费满意度。目前顾客对于服务的需求正变得更加多元化，服务本身也开始由功能化服务向功能、情感并重的服务形式转变。在这一过程中服务越来越重视顾客在消费场景中所得到的体验感受，顾客在体验过程中更容易触发次生购物需求（王正沛和李国鑫，2019）。刘璐等（2010）认为提高消费满意度是零售企业发展战略的关键所在，零售企业需不断创新服务模式，满足顾客需求，谋求在新的商业零售体系中占据一定市场地位。

2. 消费体验对消费满意度的影响

Westbrook 等（1978）较早研究了购买决策过程中的满意度，认为消费满意度会受到消费决策过程体验的干扰，消费者在进行产品选择的过程中会受到认知和情感的影响，进而影响消费满意度。黄思皓等（2021）在考察网络直播平台观众的冲动购买决策时，认为观众的沉浸体验在信息质量、主播可信度和吸引力等对观众购买决策的影响方面存在部分中介作用，观众获取相应的消费体验和提高消费满意度，可增强消费意愿。Herrmann 等（2007）研究了决策满意度和消费满意度对于顾客忠诚度和口碑传播方面的作用，发现决策满意度和消费满意度都会影响到顾客忠诚度与口碑传播，消费满意度对两者的影响作用要强于决策满意度，而且随着时间的推移和记忆的消退，决策满意度的影响会逐渐降低，而消费满意度的影响会逐渐加强。张全成等（2012）发现在消费者决策行为中，不对称占优备择项加入选择集后，不仅可以提高目标备择项的相对被选概率，还可以提高消费者的决策满意度，以及消费者对目标备择项的支付意愿。

3. 财政支出和消费环境对消费满意度的影响

已有文献分析社会和环境层面因素对消费满意度的影响集中在公共服务、消费政策和消费环境方面。在公共服务上，李普亮（2014）研究民生财政支出（教育、医疗、社会保障等）对居民消费满意度的影响，发现公共财政支出对城镇居民消费满意度没有明显影响，因此需要降低公共品价格和提升公共品质量。在政府消费政策中，郑筱婷等（2012）以家电下乡为例研究财政补贴对农村居民消费的影响，发现特定的财政补贴并不能有效促进居民消费而提升消费水平和满意度，反而可能产生挤出效应。在消费环境中，Sirgy 等（2000）认为消费者幸福感是消费者对其所在地的各种商品零售和服务机构的满意度的直接体现，消费者幸福感在一定程度上受到社区消费环境的影响。和谐的消费环境（生态环境、社会环境）能够提升居民消费质量，形成绿色消费方式与生产方式，从而影响居民消费满意度（尹世杰，2006）。除了学者研究外，政府也对消费者满意度进行了评估，2017 年 11 月中国质量协会用户委员会发布中国顾客满意度指数（China national customer satisfaction index，CNCSI）为 81.2 分，表明顾客持比较满意态度，市场上主流消费及服务在满足顾客需求方面已初见成效；四川省政府发布的《四川省 2016 年度消费者满意度指数报告》，通过商品消费满意度、服务消费满意度、消费维权满意度三个二级指标评价了四川省消费者的整体满意度情况。

影响消费的体制机制性因素较多，宏观层面涉及产业结构、产品质量与创新、收入分配结构、社会保障、基础设施、城镇化水平、环境与国家治理等；微观家庭层面涉及收入、储蓄、消费倾向、风险偏好、家庭人口结构、预防性动机等，已有研究主要是根据各自的研究目的，选取其中某一个关键的影响因素，分析该因素对消费水平或消费结构的传导机制与作用效应。本书将系统分析影响消费水平、消费不平等、消费结构升级、消费满意度提升的体制性因素的作用机理和效应识别。

第四节　文献评述与展望

新时代，美好生活消费需要作为我国人民美好生活的构成要素，被赋予了人的全面发展需要的深远涵意。美好生活消费需要的内容具有代表时代更迭的动态性与多层次性，它的发展记录了中国百姓消费生活变迁的每一步足迹。当然，美好生活消费需要的内容必然与中国经济社会变革息息相关，满足居民消费体制机制的建立需要基于对不同时期经济发展水平、社会政策导向、资源环境约束的准确认识。当前，伴随我国经济社会发展和人民生活水平不断提升，发展不平衡不充分的问题已成为制约人民美好生活实现的最大障碍，制约消费水平、品质和满意度提升的矛盾也日益凸显。为此，完善和创新消费体制机制成为破解矛盾、促进美好生活实现的重要途径。

已有研究极大丰富了美好生活消费需要体制机制的理论研究，探索了美好生活、美好生活需要的相关概念，研究了相关消费质量的指标体系，明确了消费体制机制在经济生活中的重要地位及方向，已有消费水平、消费品质和消费满意度影响因素的研究为美好生活消费体制机制提供了丰富的实证依据。但是，美好生活消费体制机制的相关研究仍有不足之处，具有进一步拓展研究的空间，主要表现在以下几个方面。

（一）对美好生活消费需要内涵与指标体系的中国化创新

美好生活消费需要内容随时代动态变化，这就要求对我国"人民美好生活消费需要"在新时代的丰富内涵、层次、广度、深度进行深入细致的研究。已有研究鲜少直接提及"美好生活消费需要"，也未将美好生活需要的主体——人的属性，包括个体的人、家庭的人、社会的人等相互独立的属性，放到一个完整框架去考察美好生活消费需要在不同属性中的内涵，进一步探讨"美好生活消费需要"的内涵并考察其对人全面发展的意义。另外，消费需要指标体系建设重客观而轻主观、重宏观而轻微观、重成因而轻结果、指标体系研究缺乏经验数据和实践检验等问题，直接导致指标体系难于广泛应用。此外，国内关于消费需要指标体系的研究大多移植国际有影响力的指标体系。随着我国社会主要矛盾发生变化，人民美好生活消费需要不断拓展，怎样设计符合现实国情和富有弹性的指标值得探讨，加之我国人民美好生活消费需要的层次、实现条件和制度保障，以及实现美好生活消费需要对破解社会主要矛盾的作用等，都还没能有效解答，美好生活消费需要内涵与指标体系的中国化创新可对此类问题做深入探讨。

（二）需要从国际比较中，透视我国居民消费体制机制变化的阶段，把握未来改革的方向

我国作为最大的发展中国家，不论是在总量层次上，还是在结构层次上；不论是在经济领域，还是在社会公共服务等领域，与发达国家相比还有明显差距。落实到消费体制机制上，找出我国现阶段消费体制机制运行的阶段特征，借鉴发达国家的有益经验，对指导我国消费体制机制创新及未来改革方向具有重要现实意义。已有典型发达国家消费体制机制的研究，重在介绍个别国家当前或某个时期消费政策背景及效果，很少研究其内在的体制机制及其演进过程、动因，也很少对我国消费体制机制进展进行国别对比。另外，已有研究也多集中于对某一个国家的研究，很少从不同国家的社会文化背景、资源禀赋和社会保障体制机制等角度来分门别类地分析不同类型国家的消费政策，忽略了消费政策和消费体制机制调整的社会适应性。为了给我国未来消费体制机制改革提供前瞻性、国际化的决策参考，形成富有预见性的相关政策储备，亟待在现有研究基础上更进一步展开消费体制机制的历程与比较研究。

（三）积极探索以破解社会矛盾新变化为导向的消费体制机制创新路径

党的十九大报告对社会主要矛盾变化的重大论断及以"人民为中心"的发展理念为消费体制机制创新指明了新的方向。已有关于消费体制机制创新的研究，经历了从"扩大内需"到"构建扩大消费长效机制"的转变，这些研究大多将消费视为经济发展动力，忽视了消费的本质是"人的全面发展"的需要，致使创新的思路集中于从经济学视角探讨如何消除影响总量消费扩大的因素以及如何释放消费潜力，包括如何改变消费投资的比例，或者是改善影响消费支出的收入预期、流通环境、税收、城镇化、公共服务等因素。这些研究注重政策分析，而缺少经验证据，也缺少消费水平重点领域和重点人群的深入研究。当然，过去的消费体制机制改革经验能为当前体制机制创新提供一定的参考，但这些思路显然已不适用于解决人民日益增长的美好生活需要和不平衡不充分的发展之间的矛盾，更无法适应"以人民为中心"的新发展理念。这迫切需要研究如何创新消费体制机制，以破解新时代的新矛盾，回应人民在新时代的新诉求。

第三章 美好生活消费需要：理论背景、内涵与指标体系

本章主要阐述本书研究的理论背景，尝试界定"美好生活消费需要"的内涵和维度，构建进入新时代以来的评价指标体系，为完善促进人民"美好生活消费需要"的体制机制创新研究提供理论基础。本章设计的评价指标包括消费水平、消费品质、消费满意度三大维度，在第五章（消费水平均衡发展）、第六章（消费品质升级）、第七章（消费满意度提升）中我们将继续在这三个维度上分别进行详细的理论机制与实证研究，本章的理论背景与内涵也将始终贯穿于后续章节内容之中。

第一节 美好生活消费需要体制机制创新的理论背景

一、消费需要理论

消费是社会生产环节中的重要一环，也是个人需要的具体实现途径。马克思在生产与消费的辩证同一性理论中着重强调了生产与消费的相互关系，新古典经济学理论则从边际效用的角度提出实现消费需求的作用形式，即实现个人效用最大化。

（一）马克思关于生产与消费的辩证同一性理论

首先，生产与消费相互依存又相互制约。生产行为相对于其他要素来说也是一种消费行为。二者在社会生产环节中是统一的，研究社会生产其实在一定程度上就是研究消费需要，反之研究消费需要也需要从社会生产水平入手。

其次，生产与消费相互渗透、相互转化。生产与消费是相互生成的，只有通

过消费，生产才有自己的价值和意义，而消费也只有通过生产才具有物质的实质内容，故社会生产水平与消费需要是相互依托、相互促进的，但两者之间的相互转换是存在条件的，社会中的产品一经完成，生产者与产品之间就只保留着外在的关系，只有通过社会生产过程的不断循环才能将这一关系重新内在化。

再次，生产过程既支配着与其他要素相对而言的生产自身，也支配着其他要素。整个循环过程总是从生产重新开始，一定的生产又决定一定的消费、分配和交换，就生产形式单方面来说也取决于其他要素，进而消费需要反作用于生产。故消费与生产之间存在着"辩证同一性"，这种关系既表现为特定生产方式所决定的一定生产关系，又体现为以生产为矛盾主要方面的对立统一关系。

最后，马克思主义关于生产与消费的辩证同一性理论从消费生产关系的角度阐述了消费需要对社会生产水平的依托和促进作用，对当前理解消费在"以国内大循环为主体、国内国际双循环相互促进的新发展格局"中的作用具有重要意义。

（二）西方经济学有关消费需要理论

边际效用递减规律认为，人的消费欲望是无止境的，但个别的欲望却是有限的。人的基本倾向可以体现如下：一物对任何人的边际效用，是随着他已有此物数量的每一次增加而递减的。在物品提供效用的初期，人们可以获得较多的效用，但是随着基数增大，新增的效用越来越少。消费带来的效用提升也同样遵循这一规律，实现效用最大化也是新古典经济学探寻的目标。

效用最大化理论认为，当人们从所消费的各种物品中得到的消费边际满足相等时，才能实现效用最大化。这个问题在数理模型下具体化如下：在预算约束集合中选择一个商品束，以使描述其偏好的效用函数达到最大值，而这个达到最大值的均衡条件就是在其他条件不变的情况下，消费者所购买的各种商品的价格比率等于它们的边际替代率，此时消费者将得到最大限度的满足。将其归纳则可以体现如下：同一物品在各种用途上消耗所得的消费边际效用趋于相等、各种物品支出的最后货币单位所得的消费边际效用相等、同一物品在现在和未来不同用途所得的消费边际效用相等（晏智杰，2004）。新古典经济学在主观形式上放弃了对经济行为动机的考察，把注意力置于消费经济学的逻辑分析，根据一系列偏好公理，消费者被转化为理性行为的代名词。由于理性人假设，新古典经济学使消费者完全摆脱了社会人特性，而消费者信息的有限性和复杂性使得实际情况下消费者往往并非完全理性的，不同消费者之间存在个人差异，这使得理性人假定在现实中受到挑战。

消费者行为理论认为，不同的财富比例组合会对消费行为产生不同的影响。

在实际情况中必然存在不同财富之间不可完全替代的情形，现实中的财富品类繁多，在构建理论模型时很难将所有类型的财富都予以考虑，因此 Thaler 和 Shefrin（1988）提出了心理账户系统，用以说明人们如何针对财富实施分类消费。具体而言，他们认为在人们的内心深处存在着若干个心理账户，每笔财富都被归入特定的账户中，在账户与账户之间不可自由转借，或者说转借的成本不为零。人们之所以设置这样的心理账户，是为了提高财富的使用效率，因此心理账户的存在必然对消费决策产生影响。

新古典经济学把复杂多样的经济现象简单化，这为研究社会中的经济现象提供了极大的便利，消费者行为理论则从实际情况出发重新对消费者决策行为进行了细致分析与思考，为发展消费需要提供了路径启发。

二、美好生活下的消费需要理论

实现人民美好生活不仅仅是要满足基本消费需要，还需要站在美好生活的高度，眺望消费的发展进程，满足更高层次的消费水平。以下理论成果对美好生活消费需要的实现具有启示意义。

（一）人与社会共同发展：马克思人的全面自由发展理论

人的全面自由发展理论是马克思主义人学中最核心、最基本的要义。马克思主义倡导的是人的全面发展，是和谐、自由、充分的发展，而非不均衡、短板式的发展。人是社会实践的主体，既被现实社会所塑造，又在推动社会进步中实现自身发展，在构造社会发展蓝图和确立发展方向上起决定性作用。

人类整体的发展不应以牺牲一部分人的发展利益为代价。资本主义社会所追求的利益共同体是存在阶级性的，"自由"也并非真正充分的全民自由。资产阶级由于占有生产资料，通过剥削工人阶级而拥有更高程度的自由，被统治的工人阶级的自由却高度受限，故追求人的全面自由发展应当是实现全体人民的发展。非均衡发展也制约着人民日益增长的美好生活需要的实现，消费的不平衡也直接扭曲消费的长期发展方向，因此要实现促进人的自由全面发展的消费需要，就要从当前的不均衡现状着手，探究其失衡原因及影响机制。

人和社会之间存在自由又统一的关联性，个人在社会发展中实现个人价值。马克思提出要着力构建"自由人联合体"，既在合理范围内实现个人的自由，但又不影响社会这一宏观整体的稳定运转。在社会运转过程中，个人作为社会的基本组成单位，其收入能力、生活水平、精神思想的层次与自由度也在社会中不断完善，社会的稳定运转又依靠着每个人的自由参与。消费的社会化属性也决定了消费的发展需要注重个人与社会整体之间的关系，个人消费水平的提升与社会整体消费水平的跃迁是同一个过程的两个方面，二者相互促进，相互实现。

（二）找准发展的标准：阿马蒂亚·森的发展观

对于社会进步和人的发展问题，阿马蒂亚·森批判了仅依靠经济指标增长来判断社会进步和发展的看法，认为真正能判断社会进步和发展的指标应当是能决定人们生活质量和幸福安定的可行能力而并非单纯的生产总值，所追求的发展也并非单纯的经济发展而应当是人类的自由发展（森，2002），这一思想与马克思人的全面发展的理念具有共通之处。

以人为本的发展观。阿马蒂亚·森认为人们期望的生活权利和拓展提高生活质量的能力是发展的目的，社会上的一切都是为人服务的。发展要以人为中心，人的自由的扩展是判断发展的标准。消费作为社会生产环节的重要一环，维系着社会再生产的有序进行，但消费的最终目的始终应当是人的发展，人作为消费的主体，既执行消费，又受益于消费水平的提升。在商品社会下，人们通过消费满足基本生存进而提升自身能力是消费的核心要义。

质量与能力发展观。阿马蒂亚·森的发展观的关键是他主张以能力的扩展作为经济发展和社会进步的衡量指标，仅依靠GDP指标增长来判断人民生活幸福与否过于片面。阿马蒂亚·森认为，经济学关心的不应是商品，而是行为或能力。一方面，能力标志了个人能做什么或不能做什么；另一方面，能力体现的是个人过某类生活或实现合理目标的自由，一个人的能力越强，他过某种生活的自由也就越大。阿马蒂亚·森认为，人类发展所需要的能力是多方面的，包括生存能力、学习能力、获得一定生活水准的能力、参与社区生活的能力，因而追求人全面发展的消费应是以生活质量和能力提升为标的物的消费。消费不仅满足人的基本生活需要，更是人追求能力提升的重要途径，在这一层面的消费即可视为追求美好生活的消费。

真实自由的发展观。阿马蒂亚·森认为发展可以看作扩展人们所享有的真实自由的过程，发展要求清除那些限制人们自由的主要因素，即贫困、暴政、社会机会的缺乏与公共物品的忽视等。对发展的评判必须以人们拥有的自由是否得到增进为首要标准。自由不仅是发展的首要目的，也是发展的主要手段（王艳萍和潘建伟，2010）。解放落后生产关系下生产力的自由，都是真实自由促进发展的体现。消除消费自由选择的外在限制、破除消费自由发展的落后体制，是追求美好生活消费需要的必由之路。

（三）实现人民美好生活消费需要充分体现了习近平新时代中国特色社会主义思想

习近平新时代中国特色社会主义思想是当前马克思主义中国化的最新成果，也是党和国家必须长期坚持的指导思想。满足人民日益增长的美好生活消费需要，是充分体现习近平新时代中国特色社会主义思想的重要举措。

中国梦的实现必须依靠人民群众。人民幸福是一个综合标准，我们要实现幼有善育、学有优教、劳有厚得、病有良医、老有颐养、住有宜居、弱有众扶。中国梦思想，为人民幸福指明了方向，为美好生活提供了保障，为发展消费塑造了环境，只有实现了人民的中国梦，人民群众的"菜篮子""米袋子"才能货足价稳，钱包口袋才能日渐丰盈，才有能力和精力去追求更美好的物质生活消费与更丰富的精神文化消费。

以新发展理念引领经济高质量发展，创新、协调、绿色、开放、共享发展。其中创新发展注重发展动力问题，协调和共享发展注重解决发展不平衡不充分和社会公平正义问题，开放和绿色发展注重解决发展内外联动和人与自然和谐问题。新发展理念为美好生活消费需要保驾护航，实现美好生活消费需要以经济发展作为根本动力，以均衡协调作为前进目标。高质量的发展为消费提供了坚实的基础，也为消费构建了适宜的经济环境，保障消费长效发展可持续。

简政放权，社会共治共享。社会发展成果要普惠性共享，社会问题也要共同治理，将一定的社会管理权让还给人民，让人民做主自己的美好生活。"国家政府顶层设计—社会组织中间层媒介—人民群众基层共治"的"三共"治理格局，能够更大程度地激发人民的社会参与感。经济发展与能力提升能够保障人民消费的获得感和幸福感，而只有通过加强社会共治共享才能增进人民的安全感。"民生三感"蕴含了更高层面的美好生活要求，美好生活下的消费也已经不仅限于传统经济学中微观主体对消费商品或过程的主观感受，而是以体现人全面自由发展为根本目的，包含人民对民主、法治、公平、正义、安全、环境等方面的更高要求。

三、理论启发

美好生活消费需要是一个复合的概念，既是对基本消费需要的迭代和升级，又是美好生活的具象化和局部化。我们在探寻美好生活消费需要真正内涵的过程中，应保持发展的眼光看问题，同时也需要站在更高的视角，由抽象到具体，由整体到局部，由普通到特殊。

上述理论为我们阐释美好生活消费需要内涵提供了确切的研究视角，需要依托于社会生产、发展目标及综合环境，从生产水平、个人与社会的关系、生活质量与主观幸福及适宜的经济环境、生态环境和政治环境等角度去凝练其丰富内涵。这一内涵有利于综合评价美好生活消费需要的发展进程和实现程度，又可为完善促进人民美好生活消费需要的体制机制路径提供理论支撑。

第二节　美好生活消费需要的内涵

在构成美好生活的维度中，消费是其中最重要的维度，因为消费绝不是一个单纯的经济概念，它充分体现了人与经济、社会、环境、文化等多方面的联系，消费概念的综合性、复杂性使我们能以更宽广的理论视角理解美好生活。同时，美好生活消费需要既被视为人民实现美好生活的过程，也被视为美好生活满足程度的评价标准，我国特殊的发展道路、历史积淀、文化传统注定了我国人民对美好生活有着独特的理论解读。根据一系列经典理论背景、现有文献研究结果及新时代的消费需要发展状况，本章将提出美好生活消费需要的内涵与特征。

一、美好生活需要的内涵

美好生活消费需要的研究，建立在美好生活需要丰富内涵发展历程的基础上。当前学界虽就"美好生活需要"内涵的认识尚未完全统一，但众多学者在不同领域做了诸多有益的探索。人文学者对美好生活的思索成果可以总结如下：只有物质财富积累的生活并不是美好生活，真正的美好生活应该包含更多思想层面的"善"。这也体现在党和国家对国内主要矛盾的认识上，随着主要矛盾的转变，"美好生活需要"这个词也越来越多地出现在大众的视野中。

（一）美好生活需要变化是社会主要矛盾转变的时代体现

过去对生产力的追求是国家发展的重点，满足人民日益增长的物质文化需求是发展的目标，但随着我国社会主要矛盾的转变，中国特色社会主义进入新时代的当下，不应再仅仅追求经济水平与生活水平二维层面的发展，而应聚焦于发展的广度和深度，放眼于社会的整体与大局，美好生活需要便是这一要求在人民生活方面的体现。中国特色社会主义进入新时代，意味着近代以来久经磨难的中华民族迎来了从站起来、富起来到强起来的伟大飞跃。

（二）美好生活需要是人们对现代化生活的追求

不同时代人民对美好生活需要有不同的表现，在从全面小康迈向美好生活的过渡时期，美好生活需要是从主要追求基本物质文化需要到追求美好社会需要的动态发展过程，是中国人民在实现温饱有余的总体小康生活、更加殷实的全面小康生活之后，逐步迈向共同富裕的下一个生活境界。相对于全面小康社会，美好生活需要的内涵更加丰富。美好生活既是物质文明、政治文明、精神文明、社会文明、生态文明五个方面的综合，又是对过去单一追求物质层面美好享受的拓展。

总体而言，美好生活需要是一个宏大的研究话题，现有美好生活需要内涵依旧缺乏针对性研究，导致在新时代要求下对美好生活需要的落地措施认识不充分。党的十九大报告提出人民美好生活需要日益广泛，不仅对物质文化生活提出了更高要求，而且在民主、法治、公平、正义、安全、环境等方面的要求日益增长。这就要求我们在理论上要与时俱进，不断认识和把握美好生活需要的丰富内涵与层次。

二、美好生活消费需要的内涵

立足于我国居民消费需要变化的过程，美好生活需要内涵的拓展问题也对我们提出了新要求。同美好生活的内涵一样，美好生活消费需要的内涵也跟随人类社会发展不断变化，从过去以满足单一物质消费需要为主，转向满足精神文化需要，以及对法治、公平、正义、安全、环境等相互协同的多层次需要。不同时代所追求的美好生活消费需要内容是复杂且不断变化的，美好生活消费需要是在人民消费能力提升的前提下，新技术、新模式所催生的新一轮消费变革。这些变革体现在旅游、养老、通信、文体、教育、生态等多个领域，消费者在品质生活、互动体验、个性定制、便捷高效、绿色健康方面提出了更多要求。因此，在深入认识美好生活消费需要内涵前，有必要先简单回顾我国居民消费需要的演变轨迹。

（一）我国居民消费需要变化概况

改革开放以来，经济的持续快速增长使城乡居民收入大幅提升，居民消费支出受收入限制的影响大幅降低，消费水平持续上升。随着供给侧结构性改革、精准扶贫、扩大中等收入群体收入、保障改善民生等一系列政策深入实施，城乡差距逐步缩小。城乡收入和消费水平的提高为持续扩大内需提供了强劲动力，但是仍与世界发达国家有较大差距。2017 年，我国人均 GDP 9 481.9 美元，世界排名

70 位，显著低于同期美国（60 014.9 美元）、德国（43 793.5 美元）、日本（34 486.5 美元）等发达经济体。截至 2016 年，我国居民最终消费率仍不足 40%，显著低于同期美国（68%）、德国（53.6%）、日本（57%）等发达经济体，也与印度（59%）等部分发展中国家存在明显差距[①]。所以，我国消费潜能未能得到充分释放，居民收入与消费水平还有很大提升空间。

除了居民基本消费水平稳步提升外，我国消费者也更加注重消费品质的提升，居民消费结构表现出持续优化、升级速度加快的特征。在跨越温饱阶段后，城乡居民对食品、衣着等生存型消费的需要明显下降，对交通通信、医疗保健、教育文化娱乐等享受型和发展型消费的需要不同程度增加。借鉴黄卫挺（2013）关于消费结构变动度的计算方法，图 3-1 计算了 1981~1989 年、1990~1999 年、2000~2010 年、2011~2017 年城乡居民消费结构变动度，结果显示农村居民消费结构变动度从 2.1 持续上升到 6.6，城镇居民消费结构变动度在 2000~2010 年虽有所波动，但总体上从 1.5 上升到 4.1，表明城乡居民消费结构加速转向发展型消费主导新阶段。

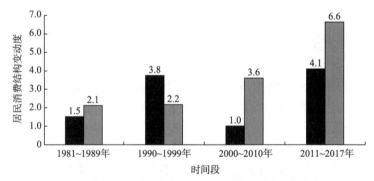

图 3-1　不同阶段城乡居民消费结构变动度

资料来源：根据国家统计局数据作者计算而得

尽管我国居民消费水平和消费品质稳步提升，但相比发达国家仍有明显差距。首先，我国人均消费支出水平（2 576.1 美元）远低于美国（22 924.4 美元）、德国（16 657.2 美元）、日本（11 404.8 美元）等发达国家[①]。其次，我国居民用于享受型和发展型的消费支出明显低于发达国家。以美国为例，2016 年美国居民的交通通信、医疗保健和教育文化娱乐人均支出分别是中国居民的 10.3 倍、9.4 倍、7.0 倍（朱雨可等，2018）。最后，我国居民消费的自然和社会环境、消费者需要的高质量商品和服务供给、消费基础设施配套等与民众美好生活

---

① 资料来源：《中国统计年鉴 2018》。

期待尚有较大差距。仅以消费环境为例，2016 年中国碳排放为 10 357 万吨，高居世界首位，远超美国（5 414 万吨）、日本（1 237 万吨）、德国（798 万吨）[①]。

我国居民消费水平和消费品质的上述变化客观反映了消费需要发展现状，现有关于美好生活消费需要的研究都表达出对人的全面发展的关注和强烈的人文关怀（Ger, 1997；Syse and Mueller, 2014），我们对美好生活消费需要内涵的把握也需要秉持以人为本的宗旨。因此，进一步从居民消费生活的主观感受看，居民消费满意度近年来亦伴随消费水平、品质提升而稳步提高，但消费需要的诉求更加广泛。国务院发展研究中心发布的《中国民生调查 2017 综合研究报告》显示，随着经济增长企稳，民生改革措施力度加大，民生投入持续增长，我国城乡居民生活满意度和民生整体满意度普遍上升，12 个民生领域的满意度均呈上升态势[②]。民生指数测算结果表明，过去 5 年我国 31 个省、自治区、直辖市民众消费生活状况均得到不同程度改善，但不同领域和不同区域的改善程度存在一定差异（国务院发展研究中心"中国民生调查"课题组，2018）。总体来看，居民生活和公共服务改善程度明显高于公共安全和生活环境，经济发展落后地区居民生活改善程度大于经济发达地区。此外，中国消费者协会发布的《2019 年 100 个城市消费者满意度测评报告》显示消费维权的得分连续三年最低，消费供给和消费环境的总体得分较为接近，重要性较高但得分较低的主要指标为"供给丰富性"、"信息真实"、"服务水平"、"交易安全"及"消费执法"，应该优先加以改进[③]。

综上可见，我国居民消费的全新格局正加快形成，居民消费需要加速由"量变"转向"质变"，消费水平、消费品质升级趋势明显加速，消费满意度不断提高。同样也要结合国情，认清差距，随时代而继续拓展人民对美好生活消费需要的内容和要求。

（二）美好生活消费需要的内涵及其特征

消费层次的深入扩展使人民追求品质更高的消费生活，如更丰富的消费商品、更可靠的消费保障、更高水平的消费服务、更公平的消费环境等。但是，当前我国人民群众的消费需要仍存在较多问题：一方面，我国消费市场需求不足与

---

① 资料来源：中国碳排放交易网：http://www.tanpaifang.com.

② 民生满意度调查的 12 个领域包括交通状况、社会治安、住房状况、食品安全、居住地政府服务、义务教育、医疗卫生服务、生态环境、社会保障、公共服务、就业质量、司法公正。2016 年调查新增了收入变化、政府服务改善、教育状况改善等新问题。

③ 该报告通过主观问卷调查的形式对 100 个城市的消费者满意度进行了指数计算，由中国消费者协会组织第三方专业调查机构于 2019 年 8 月至 12 月在全国 100 个被测评城市同步开展，共计回收 64 754 个有效样本。http://www.chinanews.com/cj/2020/03-12/9122298.shtml.

有效供给不足并存的问题充分暴露，消费市场供求矛盾加剧，主要表现为一般性消费品制造能力严重过剩，国内消费不足，而多样化、个性化、高技术、高品质的消费需求却难以得到充分满足，消费购买力大量外流；另一方面，保障消费需要增长的消费体制机制、消费的社会法治环境和自然生态环境，消费市场秩序以及体现公平正义的民生保障等方面距离实现人民美好生活需要还有较大的差距。当前，消费市场的新旧矛盾交织，特别是在网络和信息安全、电子商务、旅游、通信等新消费领域，侵犯消费者权益的事件层出不穷，直接阻碍广大民众消费满意度的提升。消费发展既有可喜的成果，也让我们看到消费现实与人民期望的差距。

准确阐释美好生活消费需要的概念是一个复杂的命题，经典理论与前人的研究为我们提供了站在巨人肩膀上的机会。马克思的理论启发我们：生产是消费的基础，实现美好生活消费需要不能离开生产空谈消费，因而美好生活消费需要一定要建立在足够丰富的物质基础和充分发展的生产力水平上，我国近几十年高速发展的经济水平和生产力水平已经为我们眺望美好生活消费需要打开了窗口。马克思关于人的全面自由发展理论以及阿马蒂亚·森的发展观为我们指明了方向，即不以牺牲少数人的利益来实现其他人的美好生活、不以单独的经济发展水平来衡量发展的程度，以人为本，人的生活质量和自由发展才是判断标准，因此我们探寻的美好生活消费需要必须考虑到消费的深度以及消费的主观感受度。新古典经济学则从另一个角度启发我们实现美好生活消费需要应以实现社会主体消费效用最大化为目标，消费行为理论则告诉我们消费异质性存在的机理，为实现更大程度的美好生活消费需要，消费者个体的消费充分度与社会全体的消费均衡度同等重要。中国特色消费经济理论则从更贴近时代的角度给予我们启发，供需平衡、共治共享、创新开放、人民幸福、生态协调的发展理念从经济、政治、文化、社会、生态五个方面为我们构建了理想的消费环境，而美好生活消费需要的实现也离不开适宜的环境。

总结前人的研究，美好生活消费及其相关的定性呈现物质与精神相结合、主观与客观相统一的趋势。20 世纪八九十年代，特别是在较多的发展中国家，美好生活消费被想象成消费型社会的主要特征（Ger，1997）。在不太富裕的国家，人们对商品表现出了强烈的欲望。当人们在消费中寻找美好生活的时候，自然把美好生活反映到物质进步上（Schafer，1994），于是在经济中采用技术转让、私有化、市场化等手段促使 GDP 增加、消费增加和出口增加。经历过西方国家环境污染的阵痛，美好生活消费需要的外延被扩大，环境保护和资源节约的生态理念、消费安全、法治的意识也被纳入消费需要中（Ger，1997；周长城，2001；邢占军，2011；Piggott and Marsh，2004；Syse and Mueller，2014）。这种消费追求的转变过程，正是马斯洛需要层次的重要体现。

最后，我们基于以上理论背景与现有研究相对零散的探讨，将"美好生活消费需要"归纳如下：美好生活消费需要是美好生活需要的关键要素与基本体现，是人们在追求美好生活中产生的主客观消费诉求，新时代尤其表现为获取各种有利于人全面发展的消费资料意愿和消费的主观体验。客观层面上，美好生活消费需要是人们在追求美好生活和实现自身全面发展中，对提升消费能力、优化消费环境、实现消费供给等全方位、综合的需求；主观层面上，它是在提高人民消费需要充分度和满足度基础上，社会全体在消费需要实践中的获得感、幸福感和安全感。生产水平、个人与社会的关系、生活质量与主观幸福、适宜的经济环境、生态环境和政治环境等诉求，构成了美好生活消费需要的实质内涵，具有层次性、阶段性、主客观性、复杂性等特点，它在不同发展时期有着不同的内涵、诉求及表现形式。

从特征上讲，我们可以从以下三个角度具体把握其丰富的含义。

首先，美好生活消费需要是一个主观性和客观性相互统一的概念。"美好生活"代表了人们对生活的主观意义和满足程度的价值判断，"消费需要"代表了人们对美好生活的消费能力、消费环境、消费供给等客观条件的诉求。所以，美好生活消费需要既是个体或群体对消费所需要的经济、政治、文化、社会、精神等条件的客观综合诉求，也是作为主体的个人或群体在消费过程中将生理健康、心理状态、个人信仰与客观环境结合的主观体验（如获得感、幸福感、安全感等）。当前，中国特色社会主义进入了新时代，人民美好生活需要日益广泛，不仅包括更高的物质文化生活需要，同时对民主、法治、公平、正义、安全、环境等方面的需要也逐步成为美好生活消费需要的关键要素。

其次，美好生活消费需要是个体性和群体性相互渗透的概念。美好生活消费需要的个体性体现为消费者对以商品和劳务形式存在的消费品的直接需要，它侧重个体层面的消费意愿满足和消费生活建构。但是，人是社会的人，美好生活消费需要的实现并不倚重于个体层面消费需要的满足，而是有赖于众多群体层面的消费需要来实现。这是因为，任何消费需要当它仅局限于个体层面时，其对整个社会的影响都极为有限，但当它一旦汇集为群体层面需要时，则可以极大提升社会整体的消费供给水平，优化消费环境，带来消费方式的深远变革。所以，美好生活消费需要的群体性在于，它描述了社会群体共同、普遍的消费需要，是个人与社会消费的集体共识，代表着整个社会的消费理念、消费方式和消费诉求，并可能在"善"的引导下催生出统一的社会消费价值观。

最后，美好生活消费需要是层次性和发展性相互结合的概念。一方面，美好生活消费需要的层次性是一种基于主体自觉的多层次样态，它既可以是基础层次的消费需要，如幼有所育、学有所教、劳有所得、病有所医、老有所养、住有所居、弱有所扶等，也可以是艺术、审美、自我实现等更高层次的消费需要；另一方面，美好生活消费需要的发展性意味着人们对"美好生活"的向往是没有止境的，美好生活消费需要也必然因时代、地区、人群的不同而不断变化和迭代。美好生活消费需要的这种层次性和发展性，在一定程度上满足了消费者年龄、性格、职业、民族、文化水平、兴趣爱好、情感意志等不同导致的消费偏好差异，使美好生活消费需要更具个性化、多元化特征。

（三）美好生活需要与美好生活消费需要的关系

美好生活消费需要是广大人民群众追求美好生活最基本的体现。美好生活消费需要既被视为人民实现美好生活的过程，也被视为美好生活满足程度的评价标准，是对美好生活需要的折射，是民生状况的判断依据。生活水平是一个难以量化的指标，现有学者做了大量努力去呈现对生活水平的合理量化，而消费始终是最为核心的指标（Campbell et al.，1976；Diener and Suh，1997；尹世杰，1994），因此追求美好生活消费需要的过程同时也是追求美好生活的过程。

美好生活消费需要是美好生活需要的关键要素，但是它又并不能涵盖美好生活需要的各个方面。美好生活消费需要侧重于个体需要，而美好生活需要更注重个体和社会层面综合需要。因此，美好生活消费需要有更明显的个性化价值，这可以体现在新时代个性化消费上，消费的个性化趋势也决定了未来消费种类将会继续扩充，时代的开放性也为个体之间的差异性提供了存在的空间，未来消费的统一性将会愈发削弱，但是美好生活则是永恒的方向。从社会生产环节看，美好生活需要贯穿生产、分配、流通、消费各个环节，美好生活消费需要只是消费环节的其中一方面，二者有着局部性与整体性、特殊性与一般性的关系。美好生活需要内涵的确定不仅在学界得到了人文主义者和实用主义者等多派学者的探讨，也是新时代社会矛盾主要方面的集中之处。

第三节　构建美好生活消费需要指标体系

与美好生活的时代性特征一样，美好生活消费需要内涵也随时代一同发展，由原先较为基础的物质和文化消费需要延伸为包含经济、政治、文化、社会、生态等全方位的需要，这是从中国特色社会主义事业"五位一体"整体布局视角对原先需要种类的扩展。进一步厘清美好生活消费需要包含的维度与层次，以具象化的指标视角评价我国当前美好生活消费需要的发展进程是寻找促进美好生活消费需要的消费体制机制创新的可行途径。

一、人民美好生活消费需要的维度构建

我们遵循以下原则来构建美好生活消费需要的维度：第一，因地制宜原则，选取维度要立足中国国情及现阶段人民消费生活实际情况，科学反映美好生活消费需要的实现程度；第二，以人为本原则，选取维度要牢牢"坚持以人民为中心的发展思想"，充分反映和体现美好生活消费需要的内涵，从科学角度准确理解和把握人民美好生活的向往和全面发展需要；第三，可操作性原则，选取维度要有充分可信的数据来源，具有可测性和可比性。

由于美好生活消费需要内涵深邃，覆盖民生各个领域，迄今为止尚没有形成专门的刻画维度。基于我们对美好生活消费需要内涵的认知探究，我们将其细化为美好生活消费水平、美好生活消费品质和美好生活消费满意度三个维度，其中更高水平的消费资料的发展程度主要由美好生活消费水平和美好生活消费品质体现，而高层次的美好生活消费满意度则是对消费意愿和消费体验的衡量。

在美好生活消费水平、美好生活消费品质和美好生活消费满意度三个一级维度之下，我们还分别设立了二级维度。在对每一个维度的细化中也充分体现了主观性和客观性相互统一、个体性和群体性相互渗透、层次性和发展性相互结合的特征。具体一二级维度示意如图 3-2 所示。

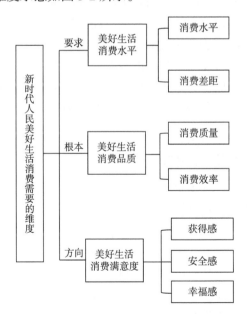

图 3-2　美好生活消费需要的维度构成

（一）美好生活消费水平维度构建

消费水平均衡发展是实现美好生活消费需要的要求。消费水平是人们在美好生活中依次实现生存、发展和享受型消费所需要的数量和质量的反映（尹世杰，1994），社会发展不平衡又从数量和质量上制约着美好生活消费水平。我国的发展不平衡是城乡二元结构、区域产业分工、收入分配等诸多历史、现实因素综合作用的结果，不平衡对美好生活消费需要的制约作用既体现在城乡、区域、不同群体之间，又体现在经济和社会、物质文明和精神文明之间。美好生活消费水平维度不仅要反映消费的水平层面，也需要进一步反映消费的差距层面。我国当前最显著的不平衡当数城乡不平衡和区域不平衡，进一步又具体体现为收入的不平等，因此在二级维度上我们设定了消费水平和消费差距以体现消费需要满足水平的个体性和群体性差异，具体变量中包括了人均可支配收入和消费品零售总额以及城乡收入支出比等指标。总体而言，美好生活消费水平及其所属维度旨在衡量美好生活消费需要与发展不平衡的矛盾，破解发展不平衡问题，以实现美好生活消费水平均衡发展。

（二）美好生活消费品质维度构建

消费品质充分提升是美好生活消费需要实现的根本。美好生活消费品质是人们消费的品位、质量和体验在更高水平的反映（刁永祚，2011；周长城，2009；Suhm and Theil，1979）。从消费结构变动现状看，我国居民消费需要升级的潜力未能充分释放。消费品质及其所属维度旨在衡量美好生活消费需要与发展不充分的矛盾，从大方向上我们认为，实现美好生活消费需要必须提高消费对象的质量水平以及优化消费资源的利用效率，因此我们从消费质量和消费效率的角度来探寻发展的两个方向。

（三）美好生活消费满意度维度构建

消费满意度持续提高是满足人民美好生活需要不断努力的方向。美好生活消费满意度是民众对物质、精神、心理、人文等层面多元需求满足程度的综合感知（邢占军，2011；Cummins，2005）。借鉴"民生三感"的定义，我们将构成消费满意度的三个具体维度设定为获得感、安全感和幸福感。习近平总书记在党的十九大报告中首次将人民的获得感、幸福感、安全感并列提出，从民生出发定义美好生活消费满意度既体现了以人为本的思想，又紧跟时代思想的潮流。三者相辅相成，为我们从主观角度衡量美好生活消费需要的实现程度提供了抓手，也反映了人民美好生活消费需要的层次性和发展性。

二、美好生活消费需要指标体系构建

从现有文献来看，国内外消费指标体系以便于测量的客观指标为主（Suhm and Theil，1979；尹世杰，2006），把主客观评价和新消费时代背景同时纳入消费需要体系研究的文献还较为缺乏。同时，已有的消费指标体系重视采用宏观的、非个体指标来代表消费需要各维度（周长城，2009），微观个体消费需要暂不能在该体系中得到较好的反映。总体而言，以往的消费指标体系建设重客观而轻主观、重宏观而轻微观，并且指标体系研究缺乏经验数据和实践经验检验，使得指标设计缺乏可操作性。

基于上述理论背景和现有文献研究，我们结合使用了统计学分析方法构建了更加明晰的指标体系，以可得数据为载体，检验了维度体系，计算了城市得分，加深了对我国不同区域不同层级美好生活消费需求发展现状的认识。

（一）指标介绍

本章指标体系使用的变量数据主要来自《中国城市统计年鉴》、CEIC 全球数据库（上海司尔亚司数据信息有限公司，以下简称为 CEIC）、北京大学数字金融研究中心、《2019 年 100 个城市消费者满意度测评报告》、CHFS（China household finance survey，中国家庭金融调查）数据库，上述指标的研究机构公开了地级市层面的数据，为我们提供了三级指标构建的数据基础。其中《2019 年 100 个城市消费者满意度测评报告》为我们提供了对消费满意度的主观测量指标，使得本章构建的体系可以实现主客观指标的结合，同时 2019 年的最新调查数据也有利于体现当前的时代内涵。另外得益于 CHFS 的全国代表性，我们使用了微观数据计算了部分仅通过宏观数据库较难获得的指标，使指标体系包含了真实的微观信息，也大大丰富了指标体系。为尽可能反映进入新时代以来的消费需要，选取的数据时间跨度为 2011~2018 年，最小样本单位为地级市，包含 295 个地级市。三个指标层级、部分指标的计算方法以及指标来源见表 3-1。

表 3-1　美好生活消费需要指标体系

一级指标	二级指标	三级指标	备注计算方法	指标来源
美好生活消费水平	消费水平	农村人均可支配收入/元	地区家庭人均食品支出/地区家庭人均消费支出	CEIC
		城镇人均可支配收入/元		
		常住城镇化率		
		恩格尔系数		
		消费品零售总额/十亿元		

续表

一级指标	二级指标	三级指标	备注计算方法	指标来源
美好生活消费水平	消费水平	职工平均工资/元		《中国城市统计年鉴》
		人均GDP/元		
	消费差距	城乡人均住房面积比	城镇人均住房面积/农村人均住房面积	CEIC
		城乡人均可支配收入比	城镇人均可支配收入/农村人均可支配收入	
		城乡人均消费支出比	城镇人均消费支出/农村人均消费支出	
		第一产业GDP占比		《中国城市统计年鉴》
		第二产业GDP占比		
		第三产业GDP占比		
美好生活消费品质	消费质量	农村人均住房面积/平方米		CEIC
		城镇人均住房面积/平方米		
		工业废水排放量/万吨		《中国城市统计年鉴》
		工业二氧化硫排放量/吨		
		工业烟（粉）尘排放量/吨		
	消费效率	互联网普及率	互联网宽带接入用户/地区居民总户数	CEIC
		数字普惠金融指数	ln（1+数字普惠金融指数）	北京大学数字金融研究中心
		科学技术支出/万元		《中国城市统计年鉴》
		地级市铁路公路里程数/千米		
美好生活消费满意度	获得感	供给丰富性		《2019年100个城市消费者满意度测评报告》
		供给便利性		
		供给创新性		
		质量水平		
		服务水平		
		消费设施		
		权益保护		
		消费宣传		
		消费执法		
	幸福感	基本养老保险参保占比	基本养老保险参保人数/地区平均人口	《中国城市统计年鉴》
		基本医疗保险参保占比	基本医疗保险参保人数/地区平均人口	
		医生数/人	执业医师+执业助理医师	

续表

一级指标	二级指标	三级指标	备注计算方法	指标来源
美好生活消费满意度	幸福感	公共图书馆图书总藏量/（千册/件）		《中国城市统计年鉴》
		教育文化娱乐支出比重	（家庭文化娱乐支出+家庭教育培训支出+家庭旅游支出）/家庭消费总支出	CHFS
		享受发展型消费占比	（教育文化娱乐支出+交通工具+旅游以及医疗保健等支出）/家庭总消费支出	
	安全感	社区是否形成自治章程或居民公约		
		登记选民投票率		

注：普惠金融指数具体包括三个二级指标，分别是覆盖广度、使用深度及数字化程度，直接使用公开的得分指数用作本章指标体系的计算。关于美好生活消费满意度，直接使用其地级市层面的三级指标指数用作本章指标体系的计算

美好生活消费水平一级指标包括消费水平和消费差距两个二级指标。消费水平二级指标中，恩格尔系数、消费品零售总额反映了消费的基本水平，城镇人均可支配收入、职工平均工资反映了收入对消费的基础作用，常住城镇化率、人均GDP 反映了地区经济发展水平的作用；消费差距二级指标中，城乡人均可支配收入比、城乡人均消费支出比、城乡人均住房面积比用于反映城乡发展不平衡对消费水平的制约度，三个产业 GDP 占比用于反映区域经济结构对消费水平的影响。数据均来自 CEIC 全球数据库及《中国城市统计年鉴》，除恩格尔系数外均使用原始指标。

美好生活消费品质一级指标下包括消费质量和消费效率两个二级指标。其中，住房面积、污染排放情况等用于测度社会公共环境对于消费质量的作用；互联网普及情况、普惠金融情况（反映数字金融覆盖广度、数字金融使用深度、普惠金融数字化程度的综合指标）、科学研究与试验发展投入、消费基础设施投入等维度是用于寻求提高消费效率的途径。除普惠金融情况指标来自北京大学数字金融研究中心外，其余均来自CEIC 全球数据库及《中国城市统计年鉴》。

美好生活满意度一级指标下主要包括"民生三感"——获得感、幸福感及安全感。其中，获得感是人民对满足美好生活消费需要的物质福利评价，主要是消费供给、质量、权益等消费服务的评价，反映消费需要的物质资料供给状况，来自《2019 年 100 个城市消费者满意度测评报告》；安全感是人民对社会保障、公共安全、公平正义、法治环境的主观评价，反映人民得到的公平、公正、健全有力的制度保障状况，主要通过社会政治参与状况进行体现，使用 2015 年、2017 年 CHFS 社区调查问卷进行计算得到；幸福感是获得感、安全感的升华，它是人民在美好生活需要不断实现的完美体验，涵盖了美好生活消费需要的精神层面即人的全面发展需要的实现状况，主要通过城市户均家庭文娱消费和享受发展型消

费占比以及基本公共服务水平进行体现，前者使用 CHFS 微观调查数据加以反映，后者来自《中国城市统计年鉴》。

数据样本确定过程如下：通过上述数据库获取原始数值，其中 CEIC 全球数据库、北京大学数字普惠金融指数以及《中国城市统计年鉴》的绝大部分指标覆盖 2011~2018 年，将不同数据库按城市名和年份进行匹配之后，部分缺失值使用同一城市在年份间的均值进行插补，最后得到 295 个城市的指标用于加权计算美好生活消费需要得分。城市消费满意度指标以及通过 CHFS 数据计算的指标分别只覆盖了 100 个城市和 150 个城市，将其匹配主体城市数据之后得到 61 个城市的完整指标用于主成分分析。

（二）指标构建过程

本章构建指标体系的核心思想是通过"降维"的方法将多个低维指标汇总成一个维度更高的指标以用作一系列指标的总体反映。

1. 指标标准化

在降维之前将不同指标进行无量纲处理有利于防止指标体系受个别极端指标影响，同时也可以保证面板上可比（孙文凯等，2020）。无量纲化一般选用功效函数进行处理，指标无量纲化处理主要参考郭峰等（2020）的处理办法。具体包括以下三个步骤。

首先，确定使用对数型功效函数法进行标准化，使用对数型功效函数能够尽可能地限制极值的影响，保障数据的平稳性。功效函数的公式如下：

$$d = \frac{\ln x - \ln x^l}{\ln x^h - \ln x^l} \times 100 \qquad (3\text{-}1)$$

其中，d 为标准化之后的指标；x 为标准化之前的指标。

其次，在功效函数阈值的设定上，主要有以下三个考量：一是为使得分体现时间维度的可比性，所有年份都统一以 2011 年指标作为阈值，以基期 2011 年为阈值则后续年份的得分可能小于也可能大于 100；二是为防止极值阈值对后续年份得分计算的影响，取 95% 分位数为上限，5% 分位数为下限；三是对于恩格尔系数、城乡人均住房面积比、城乡人均收入比、城乡人均消费支出比、一二产业 GDP 占比等逆向指标，取 5% 分位数为上限，95% 分位数为下限。

最后，对所有指标都进行了上下 5% 分位的缩尾处理，以减小异常值的影响。

2. 指标权重设定

对指标进行无量纲化处理之后则需要确定指标合成的权重，得分权重的设定使用了主观和客观相结合的方式，既保障了权重的客观严谨性，又体现了分析的主观灵活性。具体来说：使用主成分分析法与层次分析法结合进行一级指标和二级指标权重的确定，使用变异系数法进行三级指标权重的确定。

主成分分析主要通过各项指标变量的方差贡献率来区分指标的重要性差异，但是对于多层次的指标则无法很好地量化层次之间的关系，而层次分析法则弥补了这一缺陷，因此我们主要使用客观主成分分析结合主观判断来设定一级指标和二级指标的重要性顺序，再通过层次分析法设定权重向量。具体过程如下。

第一，将各年份数据进行算术平均形成截面数据。由于主成分分析法以数据中每一个样本为单位，面板数相比截面数据不再具有识别上的优势，故压缩成截面数据能尽可能地利用多年的数据信息，并使用对数功效函数进行标准化。主成分分析结果如表 3-2 所示，出于分析简便，只对第一主成分的载荷进行分析，第一主成分的累计贡献率为 35%。

表 3-2　美好生活消费需要指标主成分特征值向量

一级指标	二级指标	三级指标	均值	第一主成分载荷
美好生活消费水平	消费水平	人均GDP/元	80 585.709	0.021
		常住城镇化率	0.639	0.210
		消费品零售总额/十亿元	200.361	0.221
		农村人均可支配收入/元	15 178.442	0.227
		城镇人均可支配收入/元	31 645.879	0.237
		职工平均工资/元	57 783.211	0.235
		恩格尔系数	0.363	− 0.089
	消费差距	城乡人均住房面积比	0.869	− 0.172
		城乡人均可支配收入比	2.350	− 0.122
		城乡人均消费支出比	2.241	− 0.085
		第一产业占GDP的比重	0.073	− 0.208
		第二产业占GDP的比重	0.460	− 0.033
		第三产业占GDP的比重	0.453	0.153
美好生活消费品质	消费质量	农村人均住房面积/平方米	43.049	0.159
		城镇人均住房面积/平方米	35.007	0.004
		工业废水排放量/万吨	10 008.520	0.177
		工业二氧化硫排放量/吨	59 865.595	0.054
		工业烟（粉）尘排放量/吨	36 361.624	0.021

续表

一级指标	二级指标	三级指标	均值	第一主成分载荷
美好生活消费品质	消费效率	互联网普及率	0.705	0.199
		科学技术支出/万元	188 086.217	0.202
		地级市铁路公路里程数/千米	1 886.038	0.201
		普惠金融指数对数	5.181	0.235
美好生活消费满意度	获得感	供给丰富性	73.357	0.125
		供给便利性	83.202	0.139
		供给创新性	72.791	0.153
		质量水平	81.247	0.112
		服务水平	75.492	0.159
		消费设施	75.379	0.160
		权益保护	67.102	0.094
		消费宣传	68.503	0.160
		消费执法	71.713	0.129
	幸福感	教育文化娱乐支出占比	0.084	0.106
		享受发展型消费占比	0.247	0.083
		基本养老保险参保占比	0.308	0.222
		基本医疗保险参保占比	0.339	0.222
		医生数/人	17 523.756	0.179
		公共图书馆图书总藏量/（千册/件）	4 097.464	0.224
	安全感	社区形成自治章程或居民公约	0.890	0.078
		登记选民投票率	0.882	0.055

资料来源：本章后续图表的数据均来源于美好生活消费需要指标体系，不再指出

　　第二，分析载荷以确定权重顺序。从第一主成分的载荷符号方向上看，恩格尔系数、城乡人均住房面积比、城乡人均可支配收入比、城乡人均消费支出比、一二产业 GDP 占比等逆向指标的符号符合预期：恩格尔系数越小，消费丰富程度越高，城乡差距越小，地区整体的消费水平越高，一二产业 GDP 占比越低则说明城市服务业占比越高，消费途径越广。进而根据载荷绝对值均值计算可以得出，相对重要性最高的是美好生活消费水平，其次是美好生活消费品质，最后是美好生活消费满意度，这也与我们的理论构想一致。符合以美好生活消费水平作为基础要求、以美好生活消费品质作为根本途径、以美好生活消费者满意度作为努

力方向的内涵定位，因此确定三者的权重顺序为水平、品质、满意度。在美好生活消费水平内部，消费水平比消费差距重要程度相对更高；在美好生活消费品质中，消费效率比消费质量重要程度相对更高；在美好生活消费满意度中，由于指标来源和指标性质不同，故主成分分析载荷可能不能正确反映重要性，则根据我们对美好生活消费满意度的主观把握，以获得感作为基础、安全感作为保障、幸福感作为二者的升华，因此确定三者的权重顺序为获得感、安全感、幸福感。

第三，使用层级分析法来确定具体的权重向量。构建判断矩阵，判断矩阵赋值参考郭峰等（2020），3×3 的判断矩阵则如表 3-3 所示，2×2 的判断矩阵如表 3-4 所示。通过解正互反矩阵求得对应的特征向量，再经过归一化得到权重向量，最后计算出美好生活消费水平、美好生活消费品质和美好生活消费满意度的权重分别为 54%、29.7% 和 16.3%。同理其余 3×3 判断矩阵的权重为 54%、29.7% 和 16.3%，2×2 的判断矩阵的权重则分别为 66.6% 和 33.3%。此外，由于美好生活消费满意度一级指标下的获得感指标只有 2018 年的数据，安全感的指标和幸福感中的教育文化娱乐支出占比、享受发展型消费占比指标都只有 2014 年和 2016 年的数据，故在 2011~2013 年、2015 年及 2017 年将二级指标的所有权重都赋给幸福感；将 2014 年和 2016 年的安全感权重调整为 29.7%/（29.7%+16.3%）=64.6%，幸福感的权重调整为 35.4%；将 2018 年获得感的权重调整为 54%/（54%+16.3%）= 76.8%，幸福感的权重调整为 23.2%。

表 3-3　美好生活消费需要一级指标判断矩阵

一级指标	美好生活消费水平	美好生活消费品质	美好生活消费满意度
美好生活消费水平	1	2	3
美好生活消费品质	1/2	1	2
美好生活消费满意度	1/3	1/2	1

表 3-4　美好生活消费水平二级指标判断矩阵

二级指标	消费水平	消费差距
消费水平	1	2
消费差距	1/2	1

第四，三级指标的权重确定通过权重变异系数法来实现。对每一年的每个指标按式（3-2）计算变异系数，即标准差除以平均数，再在同一个二级指标内部按式（3-3）求相对比重，上述层次分析法确定的一二级指标权重不随年份变化，变异系数法确定的三级指标权重随年份变化。

$$V_i = \frac{\sigma_i}{\bar{x}_i}(i = 1, 2, \cdots, n)　　　　（3-2）$$

其中，V_i 为变异系数；σ_i 为标准差；$\bar{x}_i$ 为平均数。

$$W_i = \frac{V_i}{\sum_{i=1} V}　　　　（3-3）$$

其中，W_i 为一级指标权重；V_i 为二级指标权重。

三级指标权重的描述统计如表 3-5 所示。

表 3-5　美好生活消费需要三级指标权重描述统计

二级指标	三级指标权重变量名	样本数/个	权重均值	标准差	最小值	最大值
消费水平	人均GDP/元	2 376	0.147	0.017	0.118	0.219
	常住城镇化率	1 816	0.137	0.010	0.121	0.174
	消费品零售总额/十亿元	2 376	0.147	0.022	0.112	0.230
	农村人均可支配收入/元	2 358	0.106	0.022	0.080	0.194
	城镇人均可支配收入/元	2 376	0.185	0.027	0.138	0.275
	职工平均工资/元	2 376	0.209	0.046	0.129	0.334
	恩格尔系数	2 304	0.105	0.022	0.072	0.175
消费差距	城乡人均住房面积比	2 256	0.171	0.016	0.144	0.234
	城乡人均可支配收入比	2 359	0.159	0.021	0.132	0.288
	城乡人均消费支出比	2 328	0.194	0.018	0.166	0.258
	第一产业占GDP的比重	2 374	0.126	0.018	0.106	0.281
	第二产业占GDP的比重	2 376	0.148	0.018	0.133	0.329
	第三产业占GDP的比重	2 376	0.216	0.036	0.185	0.487
消费质量	农村人均住房面积/平方米	2 264	0.210	0.031	0.181	0.351
	城镇人均住房面积/平方米	2 280	0.204	0.030	0.173	0.342
	工业废水排放量/万吨	2 359	0.217	0.028	0.205	0.428
	工业二氧化硫排放量/吨	2 359	0.189	0.046	0.112	0.347
	工业烟（粉）尘排放量/吨	2 359	0.196	0.029	0.166	0.342
消费效率	互联网普及率	2 392	0.470	0.099	0.372	0.795
	科学技术支出/万元	2 376	0.259	0.051	0.168	0.447
	地级市铁路公路里程数/千米	2 368	0.275	0.049	0.178	0.472
	普惠金融指数对数	2 372	0.674	0.127	0.412	0.827

续表

二级指标	三级指标权重变量名	样本数/个	权重均值	标准差	最小值	最大值
获得感	供给丰富性	98	0.115	0	0.115	0.115
	供给便利性	98	0.114	0	0.114	0.114
	供给创新性	98	0.118	0	0.118	0.118
	质量水平	98	0.108	0	0.108	0.108
	服务水平	98	0.115	0	0.115	0.115
	消费设施	98	0.101	0	0.101	0.101
	权益保护	98	0.095	0	0.095	0.095
	消费宣传	98	0.115	0	0.115	0.115
	消费执法	98	0.119	0	0.119	0.119
幸福感	教育文化娱乐支出占比	302	0.101	0.046	0.057	0.202
	享受发展型消费占比	302	0.134	0.033	0.103	0.214
	基本养老保险参保占比	2 392	0.286	0.073	0.150	0.675
	基本医疗保险参保占比	2 391	0.197	0.050	0.127	0.551
	医生数/人	2 384	0.297	0.061	0.167	0.398
	公共图书馆图书总藏量/（千册/件）	2 380	0.191	0.104	0.013	0.315
安全感	社区形成自治章程或居民公约	301	0.576	0.012	0.564	0.587
	登记选民投票率	301	0.424	0.012	0.413	0.436

三、指标体系城市得分描述

基于上文的指标标准化过程和权重设定，我们接下来采用算术平均的方法由下到上逐层加权求和直接计算各年度每个城市的美好生活消费需要得分及其一二级指标得分，也根据样本城市特征进行了分组考察。最终得分呈现如下几个特征。

（一）美好生活消费需要得分稳定上涨，一级指标内部得分呈现不同趋势

2011~2018 年，整体美好生活消费需要得分趋势变化如图 3-3 所示。2011~2018 年，我国人民美好生活消费需要得分保持稳定上涨趋势，说明近年来在国家经济社会均稳步向前的背景下，我国人民美好生活消费需要也持续稳定发展。2018年的平均得分相比2011年累计涨幅约50%，因此无论从绝对水平还是相对增速，我国美好生活消费需要均呈现出欣欣向荣的发展态势。

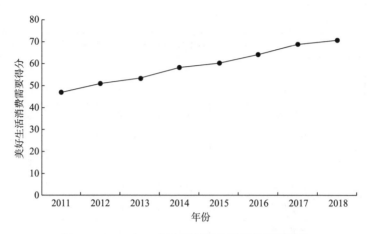

图 3-3　2011~2018 年全国美好生活消费需要得分

　　2011~2018 年 3 个一级指标的得分走势如图 3-4 所示，尽管总体向好，但总体得分内部的差异依旧反映了问题所在。消费水平保持了相对稳定的上涨趋势，消费品质保持上涨但幅度较小，消费满意度 2011~2018 年无明显提升。3 个一级指标的不同趋势说明美好生活消费水平确实对美好生活消费需要的发展起到了基石性的作用，美好生活消费品质则为美好生活消费需要提供持续动力，但消费满意度则作为未来的发展方向还有待提升，完善促进美好生活消费满意度提升的消费体制机制也是本书重点研究的方向之一。

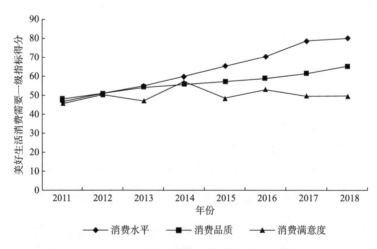

图 3-4　2011~2018 年全国美好生活消费需要一级指标得分

（二）区域之间存在水平差异但均稳定上涨

　　我国经济存在十分明显的区域性特征，因而有必要分区域考察美好生活消费需要的变化过程。由于样本城市中东北地区的城市较少，将其归到东部城市后东中西的城市个数分别为 110 个、80 个和 92 个，保障了区域间的得分的可比性。2011~2018 年的得分变化如图 3-5 所示，同经济发展水平差距一致，2011~2018 年东部城市的得分始终高于中部和西部，而中西部城市之间的差距小于东部和中部之间的差距，三者均与总体趋势一致，保持稳定上涨。

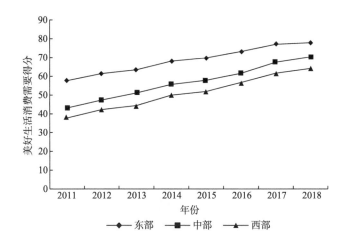

图 3-5　2011~2018 年各地区美好生活消费需要得分

（三）城市等级之间存在得分水平差异但呈收敛趋势

近年来城市等级的划分受到社会广泛关注，尤其是第一财经新一线城市研究所依据各城市商业数据以及互联网用户行为数据构建的城市商业魅力指数，并基于此划分了六个城市等级。我们以 2018 年城市商业魅力排行榜区分了六个等级，并计算了各个等级城市的平均美好生活消费需要得分，如图 3-6 所示。各等级城市同样均保持了上涨趋势，虽然存在绝对得分的差异，但是不同等级之间的差距在逐渐缩小，呈现出一定的收敛趋势，说明我国近年来的城市建设缩小了城市之间的消费差距，一定程度上打破了长期的不平衡态势，对于实现更全面更均衡的美好生活消费需要具有重要意义。

为考察不同地域主要城市的差异，我们选取了粤港澳、长三角、成渝等国家级城市群进行分析。其中粤港澳城市群和长三角城市群得分分列一二，二者差距较小，其次为京津冀城市群，四者中发展相对较晚的成渝城市群尽管得分水平最低，但近年来保持快速上涨的趋势。

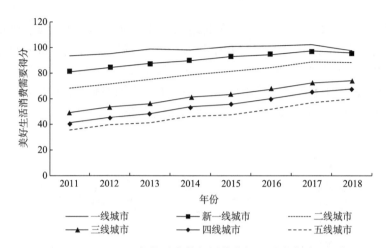

图 3-6　2011~2018 年按城市等级划分美好生活消费需要得分

（四）长三角城市占据榜首，上海接替北京成为得分最高城市

综合 2011 年前十至 2017 年前十城市的排名如表 3-6 所示，北京市在 2011 年和 2012 年成为美好生活消费需要得分最高的城市，上海市自 2013 年开始反超北京并持续占据榜首，杭州市和苏州市则稳定占据 2~4 名。榜首城市成员变动较小，但是存在一定的相对次序变动。2017 年城市得分最高的前 11 个城市中各有三个城市来自广东省和江苏省，有两个城市来自浙江省，长沙市的排名逐年上涨，成为 2017 年前十城市中唯一非沿海省份的城市。

表 3-6　美好生活消费需要靠前排名城市

省份	城市	2011年	2012年	2013年	2014年	2015年	2016年	2017年
北京	北京市	1	1	2	2	4	5	5
上海	上海市	2	3	1	1	1	1	1
江苏	苏州市	3	2	4	4	3	3	3
浙江	杭州市	4	4	3	3	2	2	2
广东	深圳市	5	5	5	8	7	6	9
广东	广州市	6	6	8	9	8	8	6
江苏	无锡市	7	7	9	6	6	4	4
广东	东莞市	8	9	10	11	11	11	11
江苏	南京市	9	8	7	5	5	7	7
浙江	宁波市	10	10	6	7	9	9	8
湖南	长沙市	26	17	13	17	16	12	10

对比已有国内文献，本书构建的消费相关指标体系及其测量结果既有一致也有不同。朱玲（2018）测度的居民消费质量评价体系中，消费客体质量对消费质量的解释力度较大，消费主体和消费环境的解释力度相对较小，其结果也显示我国居民消费质量呈现区域差异，但体系中暂未包含消费主观感受的评价指标。针对消费主观满意度的代表指标体系有何昀和贺辉（2017）对城镇居民文化消费满意度的评价研究，其指标结果显示，娱乐消费满意度对文化消费满意度的影响最大，小学教育消费满意度对教育消费满意度的路径系数为负，幼儿园教育满意度对教育消费满意度的影响不显著。此外现有国内背景的指标体系大多集中于一个范围相对小的领域进行测量（邓胜利和况能富，2005；刘勇和黎婷，2006；何昀和贺辉，2017；何昀等，2016），少有对全国范围整个消费范畴消费水平的指标体系构建。作为对比，本章的指标体系给反映客观消费基础水平的指标赋予了较大的权重，但同时也涉及了主观满意度的指标。美好生活消费需要本身具有较大的内涵范畴，本章的研究结果不仅对国内整体消费需要水平进行了拓展，也在朱玲（2018）的基础上进一步丰富了指标类型，延长了指标年份，侧重分析进入新时代人民的消费需要，为相关研究提供了参考。

第四节　本 章 小 结

一、主要研究内容及观点

本章旨在阐述美好生活消费需要理论背景、内涵及指标体系，为后文研究提供理论基础和研究视角。由理论思想到现实背景，由内涵探究到体系构建，主要观点如下。

第一，美好生活需要是一个涉及民主、法治、公平、正义、安全、环境等多方面、多层次的宏大研究话题，随着物质文化生活水平的提升，美好生活需要的内涵和层次也要不断发展，由基本的消费需要过渡到美好生活消费需要是美好生活需要的发展要求。

第二，美好生活消费需要既区别于美好生活需要，又是美好生活需要的集中体现，定义美好生活消费需要应从主客观双向着手，主观上以人的全面发展为标的注重内在的意愿和体验，客观上以美好生活的品质为抓手强调全方位、综合的需求是一个主客观相互统一、个体性与群体性相互渗透、层次性与发展性相互结合的概念。

第三，美好生活消费需要的指标体系应当遵从"以人为本"的基本原则，在保证数据可行性前提下因地制宜地根据我国实际国情和消费能力选取维度。水平、品质和满意度是维度构建的三维坐标，其下又分别从纵横差异、质量效率、"民生三感"构建指标，多维化具象化衡量美好生活消费需要发展现状。

第四，美好生活消费需要水平总体平稳上涨，不同层次的城市间存在绝对水平的差异，但相对差距在不断缩小。

二、主要政策建议

第一，我国消费需要虽然发展迅速，但仍面临较多问题，和发达国家相比仍有较大差距。我国居民消费的全新格局正加快形成，居民消费需要加速由"量变"转向"质变"，消费水平、消费品质升级趋势明显加速，消费满意度不断提高，但由于我国仍处于社会主义初级阶段、仍是发展中国家的基本国情并未改变，这在一定程度上导致支撑我国居民消费需要持续发展的现实条件与发达国家尚有一定差距，具体表现在我国消费市场供求矛盾严重以及消费保障体系不够完善等方面，应当加速剔除阻碍人民美好生活消费需要的因素，促进体制机制创新提振消费。

第二，三维体系各司其职，各有侧重，各具出路。美好生活消费水平指标反映基本收入水平和社会均衡发展水平，在指标体系中有最高的重要程度，主导了总得分的趋势水平，决定了消费需要的下限；美好生活消费品质尽管重要程度稍低，但支持了总得分的稳固提升，为美好生活消费需要的发展持续注入动力，决定了美好生活消费需要的长期水平；美好生活消费满意度当前还保持相对较低的水平，但却是实现高层次美好生活消费需要必不可少的要素，决定了美好生活消费需要的上限。接下来需要进一步稳固美好生活消费水平的基石作用，提高居民的可支配收入，缩小城乡差距、地域差距；持续保持美好生活消费品质的发展动力，完善消费基础服务设施，发挥互联网电子商务的大数据作用；重点探索美好生活消费满意度的提升途径，从生态环境、政治环境的改善提高居民消费的幸福感和安全感。

三、主要创新点

第一，为深刻理解党的十九大报告提出的"人民美好生活需要"提供了消费属性的理论解读。以消费需要作为研究的逻辑起点，提出并阐释"美好生活消费需要"概念与内涵，分析了美好生活消费需要与美好生活需要的关系。

第二，构建了美好生活消费需要的评价指标，有利于了解美好生活消费需要的核心维度、消费现实与美好生活的差距，为新时代创新消费体制机制提供理论指引。这一评价指标有助于从主观、客观层面完整反映新时代我国人民美好生活不同需要的依存关系，并通过监测经济社会动态变迁，从理论上指引消费体制机制的创新，为我们了解消费现实与美好生活差距、对比区域消费发展水平，以及我国在过渡阶段创新消费体制机制提供理论支撑。

第三，充分认清美好生活消费需要的内涵和维度，有利于以消费为突破口助力实现内外经济的循环畅通。依托维度构建指标体系计算美好生活消费需要得分，有利于认清消费需要发展的道路、特征和短板，真正形成消费引领经济社会发展的新格局，增强消费对经济社会发展的基础性作用，在"消费之变"与"基本国情不变"中主动适应、引领、把握经济发展新常态。

第四章 美好生活消费需要体制机制的运行及困境

　　发展矛盾在我国经济发展历程中是始终存在的事实。随着我国社会发展环境、条件、目标的不断变化，人民群众对物质生活、民主、法治、公平、正义、安全、环境等民生诉求也发生改变。然而，每个发展矛盾背后其实质都是深层次消费体制机制问题，都有相应制度配套和支撑。我国经济发展大致分为"解决温饱—总体小康—全面小康—美好生活"四个阶段，在经济发展不同阶段，经济运行会呈现不同特征，为满足人民对美好生活消费需要的不断追求，对应不同阶段会辅以不同的社会经济政策和经济体制机制，其中包括居民消费体制机制。了解我国人民美好生活消费需要以及目前消费体制机制的运行和困境，是基于我国国情和人民美好生活需求，探究完善消费体制机制创新，解决发展矛盾的基础。本章将梳理改革开放以来，人民生活消费需要的阶段性变化，归纳相应阶段我国消费体制机制变革，并对比第二次世界大战结束后主要发达国家的经济发展特征和消费政策的阶段性变化，最后归纳目前我国实现人民美好生活需要的体制机制障碍。

第一节 改革开放以来我国美好生活消费需要的阶段性变化

一、改革开放以来我国居民消费需要的变化

　　改革开放四十多年来，城乡居民消费需要发生了重大变化，大致经历了以下四个阶段。

（一）城乡居民消费的逐步释放阶段：1978~1991 年

在改革开放前的计划经济体制下，商品价格由国家制定，产品实行统购统销，生产力水平相对较低，物资配给严重不足，市场上的商品供给严重紧缺。居民收入水平低且实物收入占相当大的比重，实际可支配收入相对较少，居民消费受到供给能力及家庭收入水平的严重束缚。

改革开放后，随着城乡经济改革的逐步推进，原有高度指令性的计划经济逐步放松，并朝着商品经济的方向发展。经济体制的改革，激活了市场主体，激发了市场活力，国民经济进入快速发展轨道。同时，城乡居民收入也大幅度增长，市场供给能力不断增强，商品供给来源逐步多元化，居民的消费需求得以释放。如表 4-1 所示，1991 年我国农村居民人均纯收入增加到 708.6 元，比 1978 年增长了 4.3 倍；人均消费支出从 1978 年的 116.1 元，增加到 1991 年的 619.8 元。城镇居民人均可支配收入从 1978 年的 343.4 元，增加到 1991 年的 1 700.6 元，增长了 4.0 倍；人均消费支出从 1978 年的 311.2 元，增长到 1991 年的 1 453.8 元[①]。消费数量的扩张是这一阶段居民消费水平变化的集中体现。

表 4-1　1978~1991 年我国城乡居民家庭收入和消费变化

年份	农村居民			城镇居民		
	人均纯收入/元	人均消费支出/元	恩格尔系数	人均可支配收入/元	人均消费支出/元	恩格尔系数
1978	133.6	116.1	67.7%	343.4	311.2	57.5%
1979	160.2	134.5	64.0%	387.0		57.2%
1980	191.3	162.2	61.8%	477.6	412.4	56.9%
1981	223.4	190.8	59.9%	491.9	456.8	56.7%
1982	270.1	220.2	60.7%	526.6	471.0	58.7%
1983	309.8	248.3	59.4%	564.0	505.9	59.2%
1984	355.3	273.8	59.2%	651.2	559.4	58.0%
1985	397.6	317.4	57.8%	739.1	673.2	53.3%
1986	423.8	357.0	56.4%	899.0	799.0	52.4%
1987	462.6	398.3	55.8%	1 002.2	884.4	53.5%
1988	544.9	476.7	54.0%	1 181.4	1 104.0	51.4%
1989	601.5	535.0	54.8%	1 375.7	1 211.0	54.4%
1990	686.3	584.6	58.8%	1 510.2	1 278.9	54.2%
1991	708.6	619.8	57.6%	1 700.6	1 453.8	53.8%

———————————

① 如未特殊说明，本节数据皆来自历年《中国统计年鉴》和《中国农村统计年鉴》。

随着居民消费水平的提高，消费结构也在改变。1978~1985 年我国居民消费的重点是满足基本生活需求，着力解决温饱问题。从表 4-1 中可看出，改革开放初期居民消费内容以基本的吃穿消费为主，食品和衣着消费占消费总支出的 70% 左右。随着农村生产力的解放，城乡居民食品消费的结构和质量得到了极大改善，布料消费也快速增长。此外，发展型消费逐步提高，使得衣食支出占总支出的比重逐步下降。根据表 4-1，1985 年我国城镇和农村居民家庭的恩格尔系数已分别下降到 53.3% 和 57.8%。消费热点逐渐转向家庭耐用品消费，"老三件"中自行车、手表、缝纫机迅速普及。1985 年，农村手表、自行车、缝纫机平均每百户的拥有量分别为 126.32 块、80.64 辆、43.21 架，城镇居民平均每百户拥有自行车 152.27 辆、缝纫机 70.82 架，极大改善了城乡居民家庭的生活质量。

1985~1991 年，城乡家庭消费结构继续改善。食品、衣着消费支出以外的其他消费支出比重逐步上升，人民群众的消费需求不再局限于生存型消费。家庭耐用品消费在 1985~1990 年出现峰值，由于"老三件"在城乡家庭中基本普及，居民家庭耐用品消费逐步向彩色电视机、电冰箱、洗衣机"新三件"升级。1991 年，彩色电视机、电冰箱、洗衣机在城镇居民家庭的每百户拥有量达到 68.4 台、48.7 台和 80.6 台。相比之下，农村居民家庭"新三件"的普及率还较低，每百户拥有量仅为 6.4 台、1.6 台和 11.0 台（表 4-2）。这一时期城乡居民消费差距初步显现。

表 4-2　1985~1991 年每百户家庭"新三件"拥有量（单位：台）

年份	城镇居民家庭			农村居民家庭		
	彩色电视机	电冰箱	洗衣机	彩色电视机	电冰箱	洗衣机
1985	17.2	6.6	48.3	0.8		1.9
1986	27.4	12.7	59.7	1.5		3.2
1987	34.6	19.9	66.8	2.3	0.3	4.8
1988	43.9	28.1	73.4	2.8	0.6	6.8
1989	51.5	36.5	76.2	3.6	0.9	8.2
1990	59.0	42.3	78.4	4.7	1.2	9.1
1991	68.4	48.7	80.6	6.4	1.6	11.0

改革开放后，我国居民因计划经济体制而受到压制的消费需求得到极大释放，消费数量迅速扩张，这个时期居民最大的消费需求是吃饱穿暖。由于消费市场商品种类较少，同类商品之间差异不大，居民主要的消费内容是食品、衣物、家庭耐用品等生存型消费。随着收入的逐步增长，医疗保健、文化旅游等享受型

和发展型消费需求开始增加，居民消费结构得到一定改善，生活质量逐步提高。

（二）迈向总体小康阶段的居民消费：1992~1997 年

1992 年，党的十四大提出建立社会主义市场经济体制的目标。推动国家经济发展，提高人民群众的生活水平，成为我国社会主义经济建设的重要目标。

这一时期，以公有制为主体、多种所有制经济共同发展的基本经济制度和以按劳分配为主体、多种分配方式并存的基本分配制度得到确立，社会主义市场经济改革逐步展开。国有企业改革深入推进，非公有制经济得到发展，城乡居民就业方式日益多样，居民收入来源不断拓宽。城镇居民家庭人均可支配收入从 1992 年的 2 026.6 元，增长到 1997 年的 5 160.3 元。随着城镇居民收入的持续增加，居民消费水平不断提高，消费结构呈现升级态势。城镇居民人均现金消费支出从 1992 年的 1 671.7 元，增长到 1997 年的 4 185.6 元。表 4-3 显示，1994 年城镇居民家庭的恩格尔系数下降到 49.9%，首次低于 50%。居民消费结构进一步优化。

表 4-3　1992~1997 年城镇居民消费结构

年份	食品类消费	衣着消费	家庭设备及用品消费	医疗保健消费	交通和通信消费	教育文化娱乐消费	居住消费	服务消费
1992	52.9%	14.1%	8.4%	2.5%	2.6%	8.8%	6.0%	4.7%
1993	50.1%	14.2%	8.8%	2.7%	3.8%	9.2%	6.6%	4.6%
1994	49.9%	13.7%	8.8%	2.9%	4.7%	8.8%	6.8%	4.4%
1995	49.9%	13.5%	8.4%	3.1%	4.8%	8.8%	7.1%	4.4%
1996	48.6%	13.5%	7.6%	3.7%	5.1%	9.6%	7.7%	4.4%
1997	46.4%	12.5%	7.6%	4.3%	5.6%	10.7%	8.6%	4.4%

同时，农村经济改革的推进，城乡人口流动逐渐增加，外出务工成为农村剩余劳动力新的就业方式，极大地增加了农村居民家庭的收入。城乡商品流通机制的进一步畅通，增加了农村市场的有效供给，农民消费需求不断满足。农村居民家庭人均纯收入由 1992 年的 784 元增长到 1997 年的 2 090.1 元。其中，人均工资性收入由 1992 年的 184.4 元增长到 1997 年的 514.6 元；家庭人均经营性收入由 1992 年的 561.6 元增加到 1997 年的 1 472.7 元。农村居民消费水平从 1992 年的 700 元增长到 1997 年的 1 777 元。根据表 4-4，农村居民家庭恩格尔系数从 1992 年的 57.5% 下降到 1997 年的 55.1%。农村居民的医疗保健、教育文化娱乐等消费支出也快速增加，消费结构逐步优化。随着农村家庭收入的增加，农村地区彩色电视机、电冰箱、洗衣机等耐用消费品普及率较低的状况也得到一定改善。

表 4-4　　1992~1997 年农村居民消费结构

年份	食品类消费	衣着消费	家庭设备及用品消费	医疗保健消费	交通和通信消费	教育文化娱乐消费	居住消费	服务消费
1992	57.5%	8.0%	5.6%	3.7%	1.9%	6.6%	15.9%	0.8%
1993	58.1%	7.2%	5.8%	3.5%	2.3%	7.4%	13.9%	1.7%
1994	58.9%	6.9%	5.5%	3.2%	2.4%	7.8%	14.0%	1.9%
1995	58.6%	6.9%	5.2%	3.2%	2.6%	8.4%	13.9%	1.8%
1996	56.3%	7.2%	5.4%	3.7%	3.0%	9.2%	13.9%	2.0%
1997	55.1%	6.8%	5.3%	3.9%	3.3%	10.0%	14.4%	2.1%

这一阶段，伴随市场经济改革的推进，消费品供给能力大幅提高，商品种类越发多元化，消费者选择空间不断扩大。虽然农村居民消费结构与城镇居民消费结构有着相似的变化趋势，即对食品、衣着等生存型消费的需求明显下降，对教育文化娱乐、医疗保健、交通和通信等享受型、发展型消费的比重逐年增加。由于收入水平差距扩大，城乡居民消费差距（城镇居民消费水平/农村居民消费水平）由 1992 年的 2.8 上升到 1995 年的 3.5，此后也保持在 3.0 以上。

（三）居民消费快速发展阶段：1998~2007 年

1997 年亚洲金融危机的爆发，对我国的出口贸易构成较大冲击。为了保证经济的平稳运行，1998 年国家明确提出"扩大国内需求"的方针。由此，包括居民消费需求在内的国内需求开始得到极大的重视。随着扩大内需政策的推出，以及市场经济改革的进一步推进，收入分配、财税金融、社会保障、农村发展等与城乡居民消费息息相关领域的改革快速展开，城乡居民收入快速增长，消费能力不断增强。社会主义市场经济建设取得明显进步，社会生产能力日益增强，市场供给能力得到极大保证。

城乡居民收入快速增加，收入来源日益多样。2007 年城镇居民人均可支配收入为 13 602 元，年均增幅达到 16.7%，工资性收入占比下降，财产性收入和转移性收入的占比明显上升。同时，农业税减免、种粮补贴等一系列惠农举措的实施，也大大提高了农民的收入水平。农村居民人均可支配收入到 2007 年增长至 4 327 元，年均增幅达到 11.1%。城乡居民收入的快速增加为居民消费的发展提供坚强支撑。

城乡居民消费水平不断提高。根据图 4-1 和表 4-5 可以看出，居民消费水平稳步提升。其中，城镇居民家庭人均消费水平从 1998 年的 4 331.6 元增长到 2007 年的 9 997.5 元，年均增幅为 14.5%；农村居民消费水平从 1998 年的 1 590.3 元增长到 2007 年的 3 223.9 元，年均增幅为 11.4%，与这一阶段城乡居民人均可支配收入的增幅基本一致。

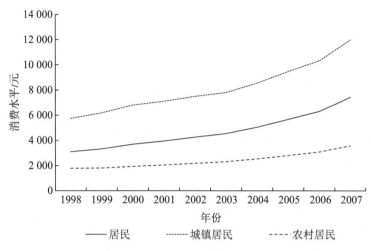

图 4-1　1998~2007 年我国居民消费水平的变化趋势

表 4-5　1998~2007 年城乡居民家庭人均消费支出与结构

年份	人均消费/元	食品	衣着	居住	家庭设备	医疗保健	交通通信	教育文化娱乐	其他
城镇									
1998	4 331.6	44.5%	11.1%	9.4%	8.2%	4.7%	5.9%	11.5%	4.5%
1999	4 615.9	41.9%	10.5%	9.8%	8.6%	5.3%	6.7%	12.3%	5.0%
2000	4 998.0	39.4%	10.0%	11.3%	7.5%	6.4%	8.5%	13.4%	3.4%
2001	5 309.0	37.9%	10.1%	10.3%	8.3%	6.5%	8.6%	13.0%	5.4%
2002	6 029.9	37.7%	9.8%	10.4%	6.4%	7.1%	10.4%	15.0%	3.2%
2003	6 510.9	37.1%	9.8%	10.7%	6.3%	7.3%	11.1%	14.4%	3.3%
2004	7 182.1	37.7%	9.6%	10.2%	5.7%	7.4%	11.7%	14.4%	3.3%
2005	7 942.9	36.7%	10.1%	10.2%	5.6%	7.6%	12.5%	13.8%	3.5%
2006	8 696.6	35.8%	10.4%	10.4%	5.7%	7.1%	13.2%	13.8%	3.6%
2007	9 997.5	36.3%	10.4%	9.8%	6.0%	7.0%	13.6%	13.3%	3.6%
农村									
1998	1 590.3	53.4%	6.2%	15.1%	5.1%	4.3%	3.8%	10.0%	2.1%
1999	1 577.4	52.6%	5.8%	14.8%	5.2%	4.4%	4.4%	10.7%	2.2%
2000	1 670.1	49.1%	5.7%	15.5%	4.5%	5.2%	5.6%	11.2%	3.1%
2001	1 741.1	47.7%	5.7%	16.0%	4.4%	5.5%	6.3%	11.1%	3.2%
2002	1 834.3	46.3%	5.7%	16.4%	4.4%	5.7%	7.0%	11.5%	3.1%
2003	1 943.3	45.6%	5.7%	15.9%	4.2%	6.0%	8.4%	12.1%	2.2%
2004	2 184.7	47.2%	5.5%	14.8%	4.1%	6.0%	8.8%	11.3%	2.2%

续表

年份	人均消费/元	食品	衣着	居住	家庭设备	医疗保健	交通通信	教育文化娱乐	其他
				农村					
2005	2 555.4	45.5%	5.8%	14.5%	4.4%	6.6%	9.6%	11.6%	2.1%
2006	2 829.0	43.0%	5.9%	16.6%	4.5%	6.8%	10.2%	10.8%	2.2%
2007	3 223.9	43.1%	6.0%	17.8%	4.6%	6.5%	10.2%	9.5%	2.3%

居民消费结构进一步改善。随着居民收入水平的提高，医疗保健消费、信息消费、居住消费等更高层次的消费，逐渐成为居民消费的热点，居民消费的重心从纯粹的物质消费向物质、精神消费转变。如表 4-5 所示，城乡居民家庭的恩格尔系数快速下降，城镇家庭恩格尔系数由 1998 年的 44.5%下降到 2007 年的36.3%；农村家庭恩格尔系数由 1998 年的 53.4%下降到 2007 年的 43.1%。城镇居民家庭医疗保健、交通通信和教育文化娱乐消费比重由 1998 年的 22.1%上升到2007 年的 33.9%，农村居民家庭医疗保健、交通通信和教育文化娱乐消费比重由1998 年的 18.1%上升到 2007 年的 26.2%。

居民消费水平快速提升，同时伴随消费结构升级，反映出居民生活质量和生活水平的改善。居民对医疗保健、交通通信、教育文化娱乐等享受型消费的需求与日俱增，精神消费在家庭消费中的地位进一步上升。这一阶段，居民的消费方式和消费观念逐步改变，以汽车、住房及一些耐用消费品为对象的消费信贷开始发展，提前消费这一消费观念逐渐被接受。但相较于上一阶段 0.8~0.9 的城乡居民平均消费倾向，这一阶段的居民平均消费倾向下降到 0.7 左右，2007 年城镇居民平均消费倾向为 0.73，农村居民平均消费倾向为 0.78。一方面是由于这一时期金融产品的兴起和发展，部分居民开始将部分可支配收入投入金融市场；另一方面收入、医疗、教育方面的不确定性日益增加，居民预防性储蓄增加。

（四）实现全面小康阶段的居民消费：2008~2019 年

2007 年国际金融危机的爆发又一次对我国的出口贸易产生严重冲击，国民经济的增长趋势面临严重的威胁。为了应对外部经济冲击，国家除了出台"四万亿投资计划"外，还着手构建促进居民消费的长效机制，以此发挥国内居民消费对国民经济发展的长期推动作用，居民消费在国民经济中的地位进一步提升。如表 4-6 所示，居民消费结构在这一阶段持续优化。此外，为了适应居民消费的快速升级过程，国家适时提出了消费领域的供给侧结构性改革，以促进居民消费的高质量发展。这一时期，居民消费呈现出多领域、差异化发展特征。

表 4-6　2013~2019 年城乡居民人均消费支出与结构

年份	人均消费/元	食品烟酒	衣着	居住	用品服务	交通通信	教育文化娱乐	医疗保健	其他
城镇									
2013	18 488	30.1%	8.4%	23.3%	6.1%	12.5%	10.8%	6.1%	2.7%
2014	19 968	30.0%	8.1%	22.5%	6.2%	13.2%	10.7%	6.5%	2.7%
2015	21 392	29.7%	8.0%	22.1%	6.1%	13.5%	11.1%	6.7%	2.7%
2016	23 079	29.3%	7.5%	22.2%	6.2%	13.8%	11.4%	7.1%	2.6%
2017	24 445	28.6%	7.2%	22.8%	6.2%	13.6%	11.6%	7.3%	2.7%
2018	26 112	27.7%	6.9%	24.0%	6.2%	13.3%	11.4%	7.8%	2.6%
2019	28 063	27.6%	6.5%	24.2%	6.0%	13.1%	11.9%	8.1%	2.7%
农村									
2013	7 485	34.1%	6.1%	21.1%	6.1%	11.7%	10.1%	8.9%	1.9%
2014	8 383	33.6%	6.1%	21.0%	6.0%	12.1%	10.3%	9.0%	1.9%
2015	9 223	33.0%	6.0%	20.9%	5.9%	12.6%	10.5%	9.2%	1.9%
2016	10 130	32.2%	5.7%	21.2%	5.9%	13.4%	10.6%	9.2%	1.8%
2017	10 955	31.2%	5.6%	21.5%	5.8%	13.8%	10.7%	9.7%	1.8%
2018	12 124	30.1%	5.3%	21.9%	5.9%	13.9%	10.7%	10.2%	1.8%
2019	13 328	30.0%	5.3%	21.5%	5.7%	13.8%	11.1%	10.7%	1.8%

注：数据来国家统计局自 2013 年起开展的城乡一体化住户收支与生活状况调查，与 2013 年前的分城镇和农村住户调查的调查范围、调查方法、指标口径有所不同，故仅报告 2013 年后的情况

传统消费升级特征明显。居民食品消费更加注重营养健康，衣着消费呈现明显的品牌化、时尚化倾向。家庭耐用品消费种类不断丰富，手机、电脑、汽车等高技术耐用品走入"寻常百姓家"，且向科技化、数字化、智能化方向迈进。2018 年，城镇家庭平均每百户拥有移动电话 243.1 部，计算机 73.1 台，家用汽车 41 辆；农村家庭平均每百户拥有移动电话 247 部，计算机 26.9 台，家用汽车 22.3 辆。农村家庭因收入水平低于城镇居民，家庭耐用消费品结构升级也滞后于城镇家庭。随着我国住房市场化制度的发展及城镇化水平的提高，2018 年我国城镇家庭人均居住消费达到 6 255 元，农村家庭人均居住消费达到 2 660 元。但是，房价的高企也对居民总体消费产生了挤出效应，不利于城乡居民消费的持续健康发展。

发展型、享受型消费发展壮大。城乡居民医疗保健消费支出不断提高，2019 年我国城镇居民人均医疗保健支出达到 2 283 元，农村居民人均医疗保健支

出达到 1 421 元。旅游消费内容日益丰富，周边游、乡村游、出境游、自助游等飞速发展。2019 年，我国国内游客达到60.1亿人次，比上年增长8.4%；国内旅游收入 57 251 亿元，增长 11.7%。国内居民出境 16 921 万人次，增长 4.5%[①]。文化设施不断增加，娱乐方式趋于多样化。2017 年文化及相关产业企业营业收入增长10%以上，电影票房突破 500 亿元。服务业规模不断壮大，成为经济增长的重要拉动力。教育培训、家政服务等快速发展，推动着我国现代生活服务业朝着更加广阔、更加多样、更有品质的方向前进。2017 年，规模以上服务业中，战略性新兴服务业营业收入达到 41 235 亿元，比上年增长 17.3%；实现营业利润 7 446 亿元，增长 30.2%[②]。

新消费快速发展。信息消费在消费领域的带动作用显著增强。信息技术的广泛普及，使得人民群众的消费习惯、消费模式、消费流程正在不断被变革、重塑。网络购物平台的发展，为居民消费提供了更多样更广阔的商品选择范围和更灵活便捷的购物时间。移动支付和物流行业的快速发展，居民消费不再受地域和时间限制，消费方式逐步从"线下"向"线上"转变。根据《中国互联网络发展状况统计报告》，截至 2020 年 3 月，我国网民规模为 9.04 亿人，网络购物用户规模达 7.10 亿人，2019 年网络交易规模达 10.63 万亿元。"互联网+"农业、教育、医疗、旅游、文化、娱乐等产业跨界融合，极大地增强了信息消费发展的潜力；同时也刺激了云计算、大数据、物联网等前沿信息基础设施建设。2017 年完成电信业务总量 27 557 亿元，比上年增长 76.4%；全国电话用户总数 161 125 万户，其中移动电话用户 141 749 万户；软件和信息技术服务业完成软件业务收入 55 037 亿元，比上年增长 13.9%[③]。

绿色消费、共享经济蓬勃发展。近年来，随着经济快速发展、人民生活水平不断提高，节能家电、节水器具、绿色食品、绿色建材等产品日益受到消费者的青睐。2017 年我国节能空调、电冰箱、洗衣机、平板电视、热水器等家用电器的国内销售量达到 1.5 亿台，销售额接近 5 000 亿元，有机产品产值近 1 400 亿元，新能源汽车销售 77.7 万辆，共享单车投放量超过 2 500 万辆[④]。2017 年我国共享经济市场交易额约为 49 205 亿元，比 2016 年增长 47.2%；其中非金融共享领域交易额为 20 941 亿元，比 2016 年增长 66.8%[⑤]。

---

① 资料来源：国家统计局. 中华人民共和国 2019 年国民经济和社会发展统计公报. http://www.stats.gov.cn/tjsj/zxfb/202002/t20200228_1728913.html.

② 资料来源：中国政府网. 国民经济稳中向好、好于预期表现在六个方面. http://www.gov.cn/xinwen/2018-01/18/content_5258126.htm.

③ 资料来源：国家统计局. 中华人民共和国 2017 年国民经济和社会发展统计公报。

④ 资料来源：《2017 年中国居民消费发展报告》。

⑤ 资料来源：《中国共享经济发展年度报告（2018）》。

这一阶段相较于居民消费水平的提高，消费结构的升级和消费模式的转变更引人注目。居民消费观念发生改变，不再满足于物质需求，开始追求消费带来的心理上的愉悦和满足感，需求更高品质的商品，重视消费体验，关注消费过程中的服务、文化、环境等因素，倡导绿色消费。家电、手机、电脑等耐用品的智能化、数字化使居民生活更加舒适便捷，互联网的兴起和发展将各大消费产业融合在一起，改变了居民的消费方式和消费习惯。居民维权意识增强，对消费环境有更高的要求。

二、新时代我国逐步迈向中国特色社会主义现代化美好生活的消费需要

当前，我国社会的主要矛盾已经转化为人民日益增长的美好生活需要和不平衡不充分的发展之间的矛盾。居民消费支出中，传统消费提质换挡，服务消费增速明显，新兴消费需要加速涌现，居民消费由满足"基本生活消费需要"向"美好生活消费需要"转变。随着消费需求由过去的数量满足阶段，进入追求更高生活品质的新阶段，我国居民对消费水平、消费品质、消费满意度等方面产生了更高的期待。

美好生活阶段要求消费水平进一步提高。消费水平是居民生存型、发展型和享受型消费所需要达到程度的数量和质量反映，而消费不均衡从数量和质量上制约着美好消费水平的提高。消费差距过大会阻碍产品从高消费水平人群向中低消费水平人群的普及，不利于中低消费水平居民消费结构的优化和升级，进而影响社会消费水平的提升。我国消费不平衡主要体现在城乡、区域、不同产业之间，提升中低消费水平居民的消费能力，缩小消费差距，解决消费发展不平衡问题，是提高社会整体消费水平，实现美好生活的前提。

消费品质升级是美好生活实现的根本。我国已进入消费需求持续增长、消费品质由中低端到高端转变的新阶段。为了追求更高品质的生活，居民不再仅局限于消费数量的满足，而是对商品质量和服务内容提出了更多要求，更加注重消费过程的体验和售后服务。一方面，对于传统型消费，居民更青睐健康安全的食品，美观舒适、彰显个人品位和风格的衣着，高效智能化的家庭耐用品等；对于旅游、文化、娱乐等享受型消费，居民需求贴心周到的服务、舒适愉悦的消费环境和设施。因此需要在消费领域提升商品和服务的品质。另一方面，随着互联网的发展，应运而生的网上购物、移动支付和现代物流改变了居民的消费方式和消费习惯；外卖、一小时达、无人便利店、共享单车和汽车的兴起使得消费更加高效便捷。居民需求更成熟的科技和相应的基础设施建设，完善新型消费模式，提

高消费效率。

美好生活阶段旨在提高居民消费满意度。消费满意度是指居民对基本生存和生活状态、发展机会、发展能力和权益保护等方面的内在知足感，是居民对物质、精神、心理、人文等层面多元需求满足程度的综合感知，大致包括三个方面：获得感、安全感和幸福感。居民对获得感主要来自对物质福利的评价。居民需求更优质更完善的教育、健康、居住、生活、医疗、生活设施等生活服务保障体系，来提升获得感，增强消费信心，减少消费顾虑，提升消费购买力。安全感是居民对公平正义、公共安全的消费环境的评价。居民需求安心放心舒心的消费软环境，要求消费市场要有健全的管理监督、健全的消费者维权机制和消费者权益保护机制。幸福感是在获得感、安全感得到保障的基础上，消费过程中的体验和售后带来的精神层面上的满足，是居民在美好生活需要不断实现的完美体验，也是满足居民美好生活不断努力的方向。

实现全面小康社会后，我国逐步迈向中国特色社会主义现代化的美好生活，而消费是我国居民生活的重要构成因素，直接影响居民主观和客观的生活幸福感。不断满足人民日益增长的美好生活消费需要，是中国特色社会主义发展的最终目的之一，这需要完善消费体制机制来均衡消费发展、提高消费水平、促进消费品质升级，进而提高居民的消费满意度。

第二节　国内外消费体制机制运行的阶段性变化

一、改革开放后我国消费体制机制的改革历程

改革开放后，为促进我国经济良好发展，我国的消费体制在经济改革中不断完善，大致经历了以下四个阶段。

（一）改革开放初期消费体制机制的起步阶段：1978~1991 年

党的十一届三中全会以后，党和国家的工作重点转到了经济建设上来，"调整、改革、整顿、提高"成为我国的经济建设方针。为了恢复生产、发展经济，国家开始实施一系列的经济改革措施。改革从农业领域开始，1978 年后农村逐步实行家庭联产承包责任制，农民拥有了自主经营权，从事农业生产的积极性得到极大增强，农业生产率不断提高。1979 年开始的农产品流通制度改革，逐步放开了农副产品市场，提高了农产品价格，农民收入不断增加。同时，乡镇企业快速发展，推动着农村产业结构的变化，增加了农民就业形式和收入渠道。农村改革

的顺利推进，使得农业状况得到极大改善，为城镇地区的经济改革提供了条件。1984年《中共中央关于经济体制改革的决定》明确提出，要"加快以城市为重点的整个经济体制改革的步伐"。增强企业活力成为城市经济体制改革的中心环节，扩大企业自主权成为重要举措。此外，在调整工业结构中还着重解决了轻重工业的比例失调问题，调整重工业的服务方向，使轻工业得到迅速发展。国民经济积累和消费的比例也得到一定调整，既改善了国民经济的内部比例，也改善了人民生活。城乡经济体制改革的推进，带动了消费体制机制的变革，主要表现在以下方面。

1. 正确处理积累与消费的关系，努力增加城乡居民收入

在积累和消费的关系上，由严格限制消费的政策导向，转变为在保证生产需求的同时，提高消费基金，合理满足人民群众日益增长的物质文化需要。在改革开放前的计划经济体制下，为了保证重工业的发展，"高积累、低消费"成为国家重要的经济政策。这一政策虽然一定程度上保障了重要工业的发展，但忽视了人民群众合理的消费需求。1979年"调整、改革、整顿、提高"方针的提出，使得国民经济积累和消费之间的比例关系得到很大改善。

调整企业分配方式，增加城镇居民收入。1984年《中共中央关于经济体制改革的决定》强调，"要在生产发展、经济效益提高、国家财政收入稳定增长和正确处理积累消费关系的前提下，使我国职工的工资收入逐步有较大的提高，使人民的消费逐步有较大的增长"，要在生产发展允许的限度内适当增加消费。从1984年开始，国务院先后发布了《国营企业奖金税暂行规定》《事业单位奖金税暂行规定》《集体企业奖金税暂行规定》等文件，以"逐步提高职工收入水平"。

农村改革的顺利开展，提高了农民收入水平，增加了农民收入渠道。多种经营方式的发展，激发了农民的生产积极性和农村经济活力，提高了农业生产率，增加了农民生产收入。农村流通制度的改革，促进了农副产品的生产和销售，增加了农民经营性收入。乡镇企业的发展改变了农村传统就业模式，拓宽了农民就业渠道，增加了农民工资性收入。

就业形式的放开，解决了城乡劳动力就业问题。个体经济、零售商业和服务业等对于拓宽就业渠道、促进就业、增加劳动者收入具有重要作用。1981年《国务院关于城镇非农业个体经济若干政策性规定》，中共中央、国务院《关于广开门路，搞活经济，解决城镇就业问题的若干决定》以及1983年《中共中央、国务院关于发展城乡零售商业、服务业的指示》都强调，要发展与人民生活关系密切的商业、服务性行业和消费品生产行业，解决城镇劳动力就业问题，保障失业人群的收入。

2. 积极发展生产，努力增加供给，满足人民群众多样化消费需要

改革开放初期，制约居民消费的一个重要因素是供给严重不足，无法满足人民群众的基本消费需求。为此，国家从多个方面采取措施扩大供给。改革农村生产经营模式，发展乡镇企业。党的十一届三中全会后，农村家庭联产承包责任制的建立和推广，提高了农业生产率，极大地丰富了农产品的供给。乡镇企业的发展推动了农产品加工业的发展，扩大了农副产品的供给。

改革城乡流通体制，打通商品流通渠道。1983 年《国家体改委、商业部关于改革农村商业流通体制若干问题的试行规定》的出台，为农副产品的流通打通了渠道，增加了城镇农副产品的供给。1984 年《关于当前城市商业体制改革若干问题的报告》在城市商业"三多一少"的流通体制改革基础上，提出了城市商业体制进一步改革的措施。

协调重工业和轻工业的关系，优化产业结构。改革开放后，我国在工业发展导向上，一方面，注重协调重工业与轻工业的比例关系，在保证重要、工业基础发展的同时，努力促进与人民群众生活密切相关的轻工业发展；另一方面，注重调整重工业的产品结构，给消费品工业的发展提供数量更多、质量更好的原材料。

发展集体、个体、承包等多种经营形式，满足人民群众多样化需要。1981 年《国务院关于城镇非农业个体经济若干政策性规定》强调，"在国营经济和集体经济占绝对优势的前提下，恢复和发展城镇非农业个体经济，对于发展生产，活跃市场，满足人民生活的需要，扩大就业，都有着重要的意义"。1984 年《中共中央关于经济体制改革的决定》要求，"为城市和乡镇集体经济和个体经济的发展扫除障碍，创造条件，并给予法律保护"。1984 年商业部《关于当前城市商业体制改革若干问题的报告》提出，"小型国营零售商业、饮食服务业转为集体经营或租赁给经营者个人经营"，"国营零售商业和饮食服务业要有计划有步骤地实行经营承包责任制"。经营形式的放开，个体经济等的发展，极大地增加了与人民群众生活密切相关的商品供给，对于满足人民群众的消费需求，发挥着不可替代的作用。

3. 市场消费者主体地位逐渐得到恢复和构建

随着经济体制改革的逐步展开，严格的计划经济体制被改变，农民经营主体地位得到确立，企业自主经营权扩大，国家与企业、企业与职工关系得到调整。企业、农户作为生产者，企业职工、农民作为消费者的消费市场主体地位逐渐形成或恢复。家庭联产承包责任制的发展和确立，农村商业流动体制的改革，使农民作为独立自主的市场生产者和经营者地位逐步确立。

城镇企业作为市场生产者和经营者的地位也在改革中逐渐确立。1980 年《关于扩大企业自主权试点工作情况和今后意见的报告》在总结企业扩权经验的基础上，明确提出要继续扩大企业的决策权、销售权、定价权、分配权，增强企业的经营观念、市场观念、服务观念和竞争观念。1984 年《中共中央关于经济体制改革的决定》提出，"在服从国家计划和管理的前提下，企业有权选择灵活多样的经营方式，有权安排自己的产供销活动"，"要使企业真正成为相对独立的经济实体，成为自主经营、自负盈亏的社会主义商品生产者和经营者"，"让企业在市场上直接接受广大消费者的评判和检验，优胜劣汰"。

城镇个体经济的发展，增加了市场生产、经营主体的构成。1981 年《国务院关于城镇非农业个体经济若干政策性规定》强调，"在国营经济和集体经济占绝对优势的前提下，恢复和发展城镇非农业个体经济"。这一政策的提出，不仅推动了与人民生活关系密切的商业、服务业和消费品生产行业的发展，还促进了生产者市场主体角色的发育，提升了经营者的市场管理能力，对于满足人民群众的消费需求具有重要意义。

市场生产者主体的逐步确立，也加快了市场消费者主体的形成。农民独立经营主体地位的确立和城镇企业与职工关系的变革，逐渐壮大了消费者群体。消费者主体地位的确立，培育了能够在市场进行独立决策、表达需求的消费者，为市场交易机制的恢复创造了重要基础。

4. 各类市场交易机制得到重新建立，经济体制改革的目标逐渐向市场经济迈进

改革开放初期，在发展计划经济的同时引入市场交易机制，并逐步向计划经济与商品经济共同发展的轨道迈进，自由消费市场得到恢复与发展。1982 年党的十二大提出，"计划经济为主，市场调节为辅"； 1984 年《中共中央关于经济体制改革的决定》提出，"建立自觉运用价值规律的计划体制，发展社会主义商品经济"；1987 年党的十三大提出，"社会主义有计划的商品经济体制应该是计划与市场内在统一的体制"。

部分交易领域加快市场化。随着 1982 年《关于逐步放开小商品价格实行市场调节的报告》、1983 年《中共中央、国务院关于发展城乡零售商业、服务业的指示》和《国家体改委、商业部关于改革农村商业流通体制若干问题的试行规定》等文件的出台，部分农副产品、日用小商品和服务修理行业的劳务活动等，逐渐完全由市场调节。

住房和金融市场交易机制逐步构建。20 世纪 80 年代后半期，我国住房改革逐步展开，住房市场开始构建。1991 年国务院住房制度改革领导小组发布《关于全面推进城镇住房制度改革的意见》，提出全面推进住房制度改革，开启了我国住房市场化的序幕。1988 年中国人民银行《关于改革银行结算的报告》提出，"在经济发达、条件较好的城市试办信用卡"。1989 年中国工商银行率先在部分

城市开展"先存款、后消费，允许适当透支"的信用卡业务，随后 1990 年中国农业银行也开始办理信用卡业务。由此，我国消费金融市场开始发展。

5. 消费环境监管制度逐步确立

消费市场管理部门和消费者权益保护组织逐步建立。1978 年国家工商行政管理总局成立，负责消费市场的监管工作。1984 年 12 月中国消费者协会经国务院批准成立，这是对商品和服务进行社会监督、保护消费者合法权益的全国性社会组织。

商品质量监管体系逐步建立。从 1978 年到 1991 年我国先后出台了一系列商品质量管理的文件或法律法规，如《国务院关于不合格品不计算产量产值的通知》、《中华人民共和国优质产品奖励条例》、《工业企业全面质量管理暂行办法》、《中华人民共和国商标法》、《部分国产家用电器"三包"规定》、《工业产品质量责任条例》、《中华人民共和国标准化法》和《中华人民共和国产品质量认证管理条例》等。这些法律法规建立起了改革开放初期，我国从生产到售后的商品质量监管体系，对保障消费者的合法权益发挥了重要作用。

广告和价格管理制度逐步确立。1982 年《广告管理暂行条例》和1987年《广告管理条例》的实施，使得影响消费者行为的广告行业纳入法治监管范畴。1982 年国务院发布《物价管理暂行条例》，1987年《中华人民共和国价格管理条例》的实施，为维护物价改革过程中消费者的合法权利提供了保障。消费环境监管制度的初步建立，为发展社会主义商品经济、维护国家和人民的利益提供了保障，促进了消费者权益的保护和消费市场的发展。

6. 消费调控手段更加多样

消费市场调控制度逐渐由严格的计划管理模式转向以计划为主，财政、金融等政策为辅，多政策共同作用的模式转变。1984 年《中共中央关于经济体制改革的决定》指出，"在改革价格体系的同时，还要进一步完善税收制度，改革财政体制和金融体制……要善于在及时掌握经济动态的基础上综合运用价格、税收、信贷等经济杠杆，以利于调节社会供应总量和需求总量、积累和消费等重大比例关系，调节财力、物力和人力的流向，调节产业结构和生产力的布局，调节市场供求"。1988 年《国务院住房制度改革领导小组关于在全国城镇分期分批推行住房制度改革的实施方案》对我国最初的房贷政策提出了较为具体的方案，如"无力一次付清的，应先付不少于房价 30%的现款，剩下部分可向银行申请长期低息抵押贷款"。住房贷款是我国较早开展的消费信贷服务，一方面反映了我国消费金融市场开始起步，另一方面也体现了政府通过金融政策来调节居民消费行为。产业政策也成为调控供给的重要手段。1984 年发布的《一九八一年——二〇〇〇年全国食品工业发展纲要》和 1989 发布的《国务院关于当前产业政策要点的决定》，都着力解决总需求与总供给、消费结构与产业结构不匹配的问题，以满足人民群众日益增长的消费需求。

在此阶段，我国经济社会得到快速发展，人民收入水平不断提高，城乡居民温饱问题基本解决，居民消费状况不断改善。第一，消费规模快速增加。居民消费总额从 1978 年的 1 759.1 亿元增加到 1991 年的 10 544.5 亿元，年均增幅达到38.4%[①]。第二，居民消费水平不断提高。居民人均消费水平从1978年的 183 元增加到 1991 年的 910 元，年均增长 56 元。第三，城乡居民消费差距（城镇居民消费水平/农村居民消费水平）保持在 2.1~2.8，处于相对较低的区间。第四，消费结构得到改善。城镇居民恩格尔系数从 1978 年的 57.5%下降到 1991 年的 53.8%；农村居民恩格尔系数从 1978 年的 67.7%下降到 1991 年的 57.6%。

上述城乡居民消费状况的改善，一方面反映了改革开放以来，我国经济社会的发展为人民群众带来了实实在在的利益；另一方面也反映了人民群众在经历长期物质短缺时代后，释放了旺盛的消费需求，如1991 年我国城镇居民平均消费倾向为 0.85，农村居民平均消费倾向为 0.87。

改革开放初期我国消费体制机制仍处于起步阶段，这一阶段很多制约城乡居民消费的体制机制问题依然突出。主要表现如下：第一，经济改革过程中对消费的作用和地位认识还不够充分，对新时期消费体制改革的重点、方向和内容等的把握还不是很明确。例如，在处理积累与消费的关系中，积累依然处于绝对的主导地位，政府各种政策的导向依然是严格控制消费基金的增长。第二，消费市场体系单一，商品市场虽然发展较快，但市场的广度和深度还很有限；与居民消费紧密相关的服务市场、金融市场等发展严重不足。消费市场体系发展的不完善制约了人民群众不同消费需求的满足，也不利于发挥消费对经济增长的贡献。第三，消费市场主体的发育不够成熟，生产者处于优势地位，消费者的地位未得到重视，其他市场主体的培育还很滞后。第四，消费市场调控能力不足，行政手段参与市场价格管控的角色依然严重，财政政策、金融政策对居民消费需求的调控能力微弱。面对人民群众日益增长的物质文化需要同落后的社会生产之间的矛盾，如何在推动经济改革进程中构建满足城乡居民消费需求的体制机制，成为 20世纪 90 年代我国经济改革的重要问题。

---

① 根据国家统计局公布的当年城乡居民人均收入和人均消费支出数据计算。如未特殊说明，本节数据都来自国家统计局《中国统计年鉴》。

（二）社会主义市场经济消费体制机制的构建阶段：1992~1997 年

1992 年党的十四大报告在充分论述计划与市场的关系基础上，提出"我国经济体制改革的目标是建立社会主义市场经济体制"。建立社会主义市场经济体制，要尊重价值规律和市场供求规律，使市场在资源配置中起基础性作用。1993 年 11 月党的十四届三中全会通过了《中共中央关于建立社会主义市场经济体制若干问题的决定》，为推动社会主义市场经济体制建立，该决定提出了改革国有企业、培育现代市场体系、建立收入和社会保障制度等多个领域的改革措施。随着这些改革措施的实施，我国居民消费体制机制也加快变革，与社会主义市场经济体制相适应的消费体制机制逐步建立。

1. 加快培育和发展市场体系，为居民消费体制机制的更高层次发展创造条件

在不断深化商品市场发展水平的同时，努力发展生产资料市场。1993 年《中共中央关于建立社会主义市场经济体制若干问题的决定》提出，"在重要商品的产地、销地或集散地，建立大宗农产品、工业消费品和生产资料的批发市场。根据商品流通的需要，构造大中小相结合、各种经济形式和经营方式并存、功能完备的商品市场网络，推动流通现代化"。生产资料市场的发展，对于保障商品生产过程的连续性、高效性具有重要意义，推动着消费品的有效供给。

推动第三产业发展，促进服务市场发育壮大。1992 年《中共中央、国务院关于加快发展第三产业的决定》、1993 年国家旅游局《关于积极发展国内旅游业的意见》等文件的出台，促进了我国第三产业尤其是旅游业的发展。第三产业和服务市场的发展，适应了人民日益增长的物质文化需要。

要素市场成为这一阶段我国市场体系培育的重点。1993 年《中共中央关于建立社会主义市场经济体制若干问题的决定》明确提出，要把发展金融市场、劳动力市场、技术市场和信息市场等作为"当前培育市场体系的重点"。金融市场的发展一方面推进了我国消费金融体系的建设，为后来房地产消费、汽车消费、教育消费等的快速发展提供了基础；另一方面也为居民家庭凭借财产要素获得财产性收入提供了可能，增加了居民收入渠道，提高了收入水平，增强了居民消费能力。房地产市场的发展，促进了居民住房相关的消费，满足了居民住房消费需求，也使房地产业成为我国国民经济的重要支柱产业。劳动力市场的改革，推动了城乡居民就业制度的变革。发展劳动力市场是我国开发利用和合理配置人力资源的出发点，对于促进城镇劳动力就业、鼓励和引导农村剩余劳动力向非农产业的转移发挥了重要作用。同时，也促进了就业形式的多样化，形成了用人单位和劳动者双向选择、合理流动的就业机制。图 4-2 显示了社会主义市场经济的市场体系。

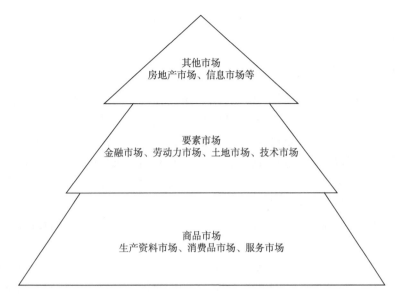

图 4-2 社会主义市场经济的市场体系

2. 收入分配制度和社会保障制度的变革, 深刻改变了居民消费行为

改革收入分配制度, 多种分配方式并存。1992 年党的十四大报告提出, "在分配制度上, 以按劳分配为主体, 其他分配方式为补充, 兼顾效率与公平; 运用包括市场在内的各种调节手段, 既鼓励先进, 促进效率, 合理拉开收入差距, 又防止两极分化, 逐步实现共同富裕"。这一分配制度的提出, 一方面激励了劳动者的生产积极性, 提高了社会生产率, 增加了居民收入; 另一方面健全了生产要素分配机制, 使居民收入来源多样化, 丰富了居民收入渠道。

推进工资制度改革。1993 年《中共中央关于建立社会主义市场经济体制若干问题的决定》要求, "国有企业在职工工资总额增长率低于企业经济效益增长率, 职工平均工资增长率低于本企业劳动生产率增长的前提下, 根据劳动就业供求变化和国家有关政策规定, 自主决定工资水平和内部分配方式"。公务员的工资根据经济发展状况并参照企业平均工资水平确定和调整, 形成正常的晋级和工资增长机制, 有条件的事业单位可以实行企业工资制度。此外, 国家制定最低工资标准, 推进个人收入的货币化和规范化。

深化社会保障制度改革, 逐步建立与市场经济相适应的社会保障制度。1992 年党的十四大报告提出, "积极建立待业、养老、医疗等社会保障制度"; 1993 年《中共中央关于建立社会主义市场经济体制若干问题的决定》提出更具体的要求, 要建立多层次的社会保障体系, 按照社会保障的不同类型确定其资金来源和保障方式, 建立统一的社会保障管理机构。社会保障制度的逐步建立, 对于缓解社会经济改革给城乡居民消费带来的不确定性预期，促进居民消费意愿的提高，具有重要意义。

3. 农村改革的深化，促进了农民收入的提高和农村消费市场的发展

农村市场的培育和发展，区域分销、城乡分割局面的逐渐改变，促进了农产品的流通，为农产品结构和农村产业结构调整提供了条件。为了适应市场的消费需求变化，农产品结构不断优化，农业逐步朝着高产、优质、高效的方向发展。农产品质量的提高，推动着农民经营性收入的增加。农村产业结构的调整，特别是乡镇企业和其他非农产业的较快发展，为更多的农村剩余劳动力向非农产业转移提供了机会，拓宽了农民的就业渠道，增加了农民工资性收入。农民收入水平的增加，为农村消费的发展提供了最重要的基础。农村流通体制的改革，强化了市场在农村经济中的调节作用，促进了城镇工业产品进入农村市场，丰富了农村消费品市场的供给。农村居民家庭人均纯收入由 1992 年的 784 元增加到 1997 年的 2 090.1 元，年均增幅为 33.3%，且收入结构更加多样化。农村居民消费水平从 1992 年的 659.01 元上升到 1997 年的 1 617.15 元，年均增幅达到 29.1%，略低于人均纯收入的增长速度。

4. 教育体制的改革，使得教育成为影响居民消费的重要因素之一

1993 年 2 月中共中央、国务院印发《中国教育改革和发展纲要》（以下简称《纲要》），1994 年《国务院关于〈中国教育改革和发展纲要〉的实施意见》发布。《纲要》明确，要提高非义务教育阶段教育的学费标准，并按不同情况确定义务教育阶段学杂费收费标准；同时，改革高等教育学费制度，"改革学生上大学由国家包下来的做法，逐步实行收费制度"。教育收费制度的改革，促进了城乡居民家庭的教育消费支出。但是，《纲要》也提出，"凡缴纳产品税、增值税、营业税的单位和个人，按'三税'的百分之二到百分之三计征城市教育费附加；农村教育费附加征收办法和计征比例，由各省、自治区、直辖市政府制定，上述所征款主要用于普及九年义务教育。地方政府还可根据当地教育发展的实际需要、经济状况和群众承受能力，开征其他用于教育的附加费"。教育附加费及各种教育费用严重制约了城乡居民消费支出。到 20 世纪末，国家财政性教育经费支出占 GDP 的比重应达到 4%，但目标的爽约，使更多的教育发展负担转移给了城乡居民家庭。

5. 市场经济宏观调控体系的建立和消费者权益保护制度不断完善，增强了政府的消费调控和消费环境管理能力

1994 年 1 月 1 日《中华人民共和国消费者权益保护法》实施，1996 年国家工商行政管理局依据《中华人民共和国消费者权益保护法》相继发布了《欺诈消费

者行为处罚办法》《工商行政管理机关受理消费者申诉暂行办法》。这些消费者权益保护领域法律法规的实施，保护了消费者的合法权益，维护了社会经济秩序，促进了社会主义市场经济的健康发展。

提高产品质量，增加有效供给。为提高我国产品和服务质量的总体水平，1992~1997 年国务院相继印发了《关于发展高产优质高效农业的决定》、《九十年代中国农业发展纲要》、《九十年代中国食物结构改革与发展纲要》、《质量振兴纲要（1996—2010 年）》和《中国营养改善行动计划》等文件。这些文件的出台，改善了城乡居民消费质量，适应了居民不断提高的消费品质需要。

消费税成为调节居民消费的一个重要制度。消费税制度作为调节消费的重要财税手段，得到各国普遍的重视。1994 年《中华人民共和国消费税暂行条例》开始施行，标志着我国的消费税制度成为一个独立的法律法规，并由此构成政府调控居民消费行为的重要手段。

消费信贷体系有所发展。住房贷款成为消费金融发展的一个重要领域。随着我国住房制度市场化改革的推进，住房金融市场得到一定进步，如住房公积金制度的建立和发展、银行系统房贷业务的拓宽，推动着我国住房金融市场走向深入。但是，由于受到经济发展水平、发展政策导向、市场体制机制等诸多因素影响，这一阶段的消费信贷体系发展仍十分缓慢。

随着我国经济改革市场化目标的确定，相比于前一阶段，这一阶段消费体制机制的发展方向更明确、内容更具体，消费体制改革更趋于市场化，同时市场机制被引进住房、医疗、文化教育等消费各领域。随着经济发展水平的不断提高和市场消费体制机制的逐步建立，人民收入和消费水平不断改善。消费规模快速扩大。居民消费总额从 1992 年的 12 312.2 亿元增加到 1997 年的 36 585.8 亿元，年均增幅达到 39.4%。消费水平不断提高，居民消费水平从 1992 年的 1 051 元增加到 1997 年的 2 959 元，年均增长 382 元。消费结构继续改善，生存型消费比重下降，城镇居民恩格尔系数从 1992 年的 53.0% 下降到 1997 年的 46.6%，农村居民恩格尔系数从 1992 年的 57.6% 下降到 1997 年的 55.1%；城乡医疗保健、教育文化娱乐等发展型享受型消费支出不断增加[①]。

这一阶段围绕社会主义市场经济体制的改革也存在一些问题，并为后期的消费发展带来一些长期影响。首先，以按劳分配为主体，效率优先、兼顾公平的收入分配制度，虽然激励了广大劳动者的生产积极性，但同时也快速增加了居民收入差距，抑制了社会总体消费水平的提高。其次，虽然国有企事业单位改革得到快速推进，农业市场化得到快速发展，但与市场经济体制相匹配的多层次社会保障体系却未能很好地跟进。面对日益增加的市场经济不确定性，城乡居民的消费

---

① 如未特殊说明，本节数据皆来自历年《中国统计年鉴》。

风险意识不断增强，储蓄倾向不断提高，1992~1997 年我国城乡居民人民币储蓄存款年底余额年均增长 58.7%，远高于居民消费水平年均 36.3%的增速。再次，教育体制改革的推进，使得城乡居民家庭的教育负担快速增加，储蓄意愿不断增强，成为未来一段时期内制约居民消费发展的重要因素（杨汝岱和陈斌开，2009）。最后，国企改革中为减轻企业负担而进行的企业办社会职能改革，在减轻企业社会负担的同时，政府相应的社会服务职能未能很好地补齐，使得相关的社会服务功能完全转移给家庭，家庭相应的负担增加，从而抑制了居民消费支出。面对收入、医疗、养老、教育等日益增加的不确定性，居民消费倾向下降，并在一段时期里成为制约社会消费规模增长的重要因素。此外，由于消费在"投资、出口、消费"三驾马车中的作用未得到足够重视，宏观经济中鼓励消费的体制机制构建尚未得到很好的重视和发展。

（三）亚洲金融危机后消费体制机制的发展阶段：1998~2007 年

从 1978 年到 1997 年，近二十年的经济改革使得我国对外贸易得到快速发展。出口总额由 1978 年的 167.7 亿元增加到 1997 年的 15 160.7 亿元，增长了 89 倍；出口总额占 GDP 的比重由 1978 年的 4.6%提高到 1997 年的 26.4%；出口对国民经济的增长发挥着举足轻重的作用。然而 1997 年发生的亚洲金融危机对我国的出口构成了严重冲击，经济发展面临严峻形势。1998 年 2 月，国家明确提出，要"立足扩大国内需求"；这是中央文件中第一次明确将"扩大国内需求"作为一项政策提出来（戚义明，2009）。1998 年 12 月中央经济工作会议提出，"扩大国内需求、开拓国内市场，是我国经济发展的基本立足点和长期战略方针"；"要把促进消费需求的增长作为拉动经济增长的一项重大措施，使投资和消费双向启动"。由此，促进包括居民消费需求在内的国内需求，成为宏观经济战略的重要内容。培育新的消费热点，拓宽消费领域，鼓励和引导城乡居民增加消费支出，成为拉动经济增长的重要举措。2000 年我国"十五"计划明确指出，要"坚持扩大国内需求的方针"，"不断提高城乡居民的物质和文化生活水平，是发展经济的出发点和归宿，也是扩大内需、保证经济持续增长的动力"。

为了保证经济增长，刺激消费、扩大城乡居民消费需求成为这一阶段宏观经济政策的重要抓手。为此，主要采取以下措施。

1. 深化收入分配制度改革，理顺收入分配关系

2000 年劳动和社会保障部《关于印发进一步深化企业内部分配制度改革指导意见的通知》提出，坚持基本收入分配制度，建立以岗位工资为主的基本工资制度，管理人员按职责和贡献取得报酬，科技人员实行收入激励政策，在企业内部积极稳妥开展按生产要素分配的试点。2003 年《中共中央关于完善社会主义市场

经济体制若干问题的决定》提出，要"完善按劳分配为主体、多种分配方式并存的分配制度，坚持效率优先、兼顾公平，各种生产要素按贡献参与分配"。

调整收入分配政策，促进城乡居民收入健康发展。为了提高城镇居民收入，1999 年国务院决定从 7 月 1 日起增加机关、事业单位工作人员工资标准和相应增加离退休人员离退休费。同年，《关于做好提高三条社会保障线水平等有关工作意见》提出，要提高下岗职工、失业人员、城镇最低生活保障人员和离退休人员的基本保障水平，"建立企业根据自身经济效益提高职工工资的机制"。为了缩小城乡居民收入差距，2003 年《中共中央、国务院关于促进农民增加收入若干政策的意见》从促进粮食生产、调整农村产业结构等九个方面，提出增加农民收入的措施。2005 年《中共中央、国务院关于推进社会主义新农村建设的若干意见》又从拓宽农民增收渠道，稳定、完善、强化对农业和农民的直接补贴政策，加强扶贫开发工作等方面，提出促进农民持续增收的具体意见。

积极扩大就业，稳定居民收入。1998 年《中共中央、国务院关于切实做好国有企业下岗职工基本生活保障和再就业工作的通知》，对促进国有企业下岗职工再就业问题提出了详细的规定。1998 年《中共中央关于农业和农村工作若干重大问题的决定》要求，"大力发展乡镇企业，多渠道转移农业富余劳动力……开拓农村广阔的就业门路，同时适应城镇和发达地区的客观需要，引导农村劳动力合理有序流动"。2003 年《中共中央关于完善社会主义市场经济体制若干问题的决定》提出，要从农村劳动力培训、乡镇企业改革、发展县域经济；取消对农民进城就业的限制性规定、逐步统一城乡劳动力市场；深化户籍制度改革，完善流动人口管理，引导农村富余劳动力平稳有序转移等方面，促进农民就业。

2. 实施以减税为中心的财政政策和积极的货币政策

改革农村税费制度，增加农村公共投入。2000 年中共中央、国务院下发《关于进行农村税费改革试点工作的通知》，决定在安徽省开展农村税费改革试点。2003 年《中共中央关于完善社会主义市场经济体制若干问题的决定》提出，"完善农村税费改革试点的各项政策，取消农业特产税，加快推进县乡机构和农村义务教育体制等综合配套改革"。2004 年发布《中共中央、国务院关于促进农民增加收入若干政策的意见》，开始推进农业税减免试点工作，到 2006 年农业税在全国范围内取消。此外，农村"新农合""种粮补贴""两免一补"等政策的出台，说明政府对农村的公共支出也开始逐步增加。

运用税收政策，促进居民消费。2000 年我国开始对低污染排放汽车实行减征消费税的政策；2004 年前后国家又实施了大规模的小汽车减征消费税政策。根据2005 年修订的个人所得税法，2006 年 1 月 1 日起工资和薪金所得扣除标准从每月800 元提高至 1 600 元；这是我国个人所得税法自 1980 年设立以来第一次调整起征额。税收政策在促进居民消费上的作用，得到了空前的发挥。

大力发展消费信贷，提升城乡居民生活品质。1998 年中国人民银行下发了《关于加大住房信贷投入、支持住房建设与消费的通知》和《汽车消费贷款管理办法（试点办法）》，以满足人民群众的住房和汽车消费需求。为了贯彻"扩大国内需求"的要求，1999 年初印发的《关于开展个人消费信贷的指导意见》提出，"从 1999 年起，允许所有中资商业银行开办消费信贷业务"，加大消费信贷投入，开发新的消费信贷品种，提高信贷服务质量。2003 年中国银行业监督管理委员会发布《汽车金融公司管理办法》，以促进汽车消费。由此，我国消费信贷进入快速发展的轨道。

发展农村金融，增强农民消费能力。为了发挥农村金融机构在支持农业和农村经济发展中的作用，1999 年中国人民银行《关于做好当前农村信贷工作的指导意见》提出，"扩大农村市场，开办农村消费信贷业务"，包括住房贷款、助学贷款等。2007 年中国银行业监督管理委员会《关于银行业金融机构大力发展农村小额贷款业务的指导意见》提出，"根据当地农村经济发展情况，拓宽农村小额贷款用途""既要满足农民简单日常消费需求，也要满足农民购置高档耐用消费品、建房或购房、治病、子女上学等各种合理消费需求"。

3. 加快构建覆盖城乡的社会保障制度，改善居民消费预期

构建覆盖城乡的最低生活保障制度。1997 年 9 月《国务院关于在全国建立城市居民最低生活保障制度的通知》要求，在全国范围内建立城镇居民最低生活保障制度。1999 年我国《城市居民最低生活保障条例》实施，并逐渐形成随经济社会发展适时提高保障标准的机制。2003 年《中共中央关于完善社会主义市场经济体制若干问题的决定》提出，"有条件的地方探索建立农村最低生活保障制度"。2006 年《中共中央、国务院关于积极发展现代农业扎实推进社会主义新农村建设的若干意见》要求，"在全国范围建立农村最低生活保障制度"，"鼓励已建立制度的地区完善制度，支持未建立制度的地区建立制度，中央财政对财政困难地区给予适当补助"。由此，我国覆盖城乡居民的最低生活保障制度，得到全面建立。

探索建立覆盖城乡的医疗保险制度。1998 年底《国务院关于建立城镇职工基本医疗保险制度的决定》要求，从 1999 年初开始建立保障职工基本医疗需求的社会医疗保险制度。2003 年《中共中央关于完善社会主义市场经济体制若干问题的决定》要求，要继续完善城镇职工基本医疗保险制度，扩大基本医疗保险覆盖面，健全社会医疗救助和多层次的医疗保障体系。2003 年，我国开始进行新型农村合作医疗制度的试点，到 2008 年末参合率达到 91.5%（王天宇和彭晓博，2015），基本实现了全覆盖。新农合制度成为当前中国农村居民的基本医疗社会

保障制度，对于解决农民因病致贫、因病返贫问题发挥着重要作用。2007 年开始城镇居民基本医疗保险试点。

完善企业职工基本养老保险制度，推进城乡居民养老保险制度。2003 年《中共中央关于完善社会主义市场经济体制若干问题的决定》提出，"完善企业职工基本养老保险制度，坚持社会统筹与个人账户相结合，逐步做实个人账户。将城镇从业人员纳入基本养老保险。建立健全省级养老保险调剂基金，在完善市级统筹基础上，逐步实行省级统筹，条件具备时实行基本养老金的基础部分全国统筹"。2006 年《国务院关于保险业改革发展的若干意见》提出，"统筹发展城乡商业养老保险和健康保险，完善多层次社会保障体系"。

完善城镇失业保险制度。1999 年《失业保险条例》实施，2000 年国务院《关于完善城镇社会保障体系的试点方案》要求，推动国有企业下岗职工基本生活保障向失业保险并轨，同时将城镇企业事业单位及其职工纳入失业保险范围，切实保障失业人员基本生活。覆盖城乡的社会保障体系的逐步建立，降低了市场经济改革给消费者带来的不确定性预期，提升了居民消费意愿。

4. 开展多样化的消费者权益保护机制，改善城乡居民消费环境

创建"打假维权消费者满意街"，设立消费者投诉服务专用电话 12315 和"3·15"国际消费者权益日，开展消费者权益活动宣传月、"百城万店无假货""诚信兴商宣传月"等活动，规范工商行政管理机关"12315"消费者申诉举报工作。2001 年国家计划委员会发布《政府价格决策听证暂行办法》，以规范关系群众切身利益的公用事业价格、公益性服务价格和自然垄断经营的商品价格定价行为。

清理抑制消费的不合理规定。2003 年《中共中央关于完善社会主义市场经济体制若干问题的决定》提出，"废止妨碍公平竞争、设置行政壁垒、排斥外地产品和服务的各种分割市场的规定，打破行业垄断和地区封锁"。2005 年《国务院关于促进流通业发展的若干意见》要求，要"切实清除制约全国统一市场形成、实行地区封锁的有关规定，取消各种不合法收费"，"加快电价改革步伐，积极推动工商企业同网同价"。

加强产品质量立法，保障消费安全。2000 年新修订的《中华人民共和国产品质量法》，增加了对各级政府指导、督促企业加强质量管理的责任，明确提出"各级人民政府应当把提高产品质量纳入国民经济和社会发展规划，加强对产品质量工作的统筹规划和组织领导，引导、督促生产者、销售者加强产品质量管理，提高产品质量"。《中国食物与营养发展纲要（2001—2010 年）》《食品安全行动计划》《中华人民共和国农产品质量安全法》《流通领域食品安全管理办法》等法律法规的发布，保障了人民群众"舌尖上的安全"。2007 年《儿童玩

具召回管理规定》和《食品召回管理规定》的发布，推进了产品召回制度的逐步确立。

建立社会信用体系。2003年《中共中央关于完善社会主义市场经济体制若干问题的决定》提出，"按照完善法规、特许经营、商业运作、专业服务的方向，加快建设企业和个人信用服务体系；建立信用监督和失信惩戒制度；逐步开放信用服务市场"。针对恶意拖欠和逃废银行债务、逃骗偷税、商业欺诈、制假售假、非法集资等现象屡禁不止的问题，2007年发布了《国务院办公厅关于社会信用体系建设的若干意见》。

5. 开拓旅游经济和培育消费热点

完善旅游制度，推动旅游消费。1999年新修订的《全国年节及纪念日放假办法》增加了法定休假日，由此形成了春节、"五一"、"十一"三个旅游"黄金周"，激发了人民群众的旅游热情，居民旅游消费进入快速发展轨道。1999年《导游人员管理条例》发布，以规范导游活动，保障旅游者和导游人员的合法权益。针对我国"旅游基础设施还比较落后，旅游资源开发和保护的总体水平较低，市场秩序较差，服务质量有待提高"等问题，2001年发布的《国务院关于进一步加快旅游业发展的通知》，从培育多元化的旅游市场主体和旅游市场需求、改善旅游配套条件、丰富政策支持体系、加强旅游市场管理等多个角度提出了具体措施。2006年《中共中央、国务院关于积极发展现代农业扎实推进社会主义新农村建设的若干意见》要求，要重视发展乡村旅游。

积极培育老年消费、体育消费、信息消费、文化消费、服务消费等消费新热点。2000年《中共中央、国务院关于加强老龄工作的决定》提出，要培育和发展老年消费市场，"积极研制开发适合老年人特点的产品和服务项目，引导老年人合理消费，满足老年人不同层次、不同类型的消费需求"。针对我国人均体育消费较低等问题，2002年《中共中央、国务院关于进一步加强和改进新时期体育工作的意见》提出，"鼓励、支持企事业单位和个人兴办面向大众的体育服务经营实体，积极引导群众的体育消费，大力培育体育市场"。2004年《中共中央办公厅、国务院办公厅关于加强信息资源开发利用工作的若干意见》，从多个方面提出了"促进信息资源市场繁荣和产业发展"具体措施，同时"鼓励信息消费，扩大有效需求"。2005年《国务院办公厅关于加快电子商务发展的若干意见》等文件，就加快我国电子商务规范发展提出了指导性意见。2006年发布的《国家"十一五"时期文化发展规划纲要》提出，"适应城乡居民消费结构变化的趋势，创新文化产品和服务，培育消费热点，拓展消费领域，引导社会公众的文化消费"。2007年《国务院关于加快发展服务业的若干意见》提出，要适应居民消费结构升级的新形势，重点发展现代服务业，规范提升传统服务业。这些消费热点的培育和初步发展，不仅满足了人民群众日益多样的消费需求，也为2010年后我国新消费的快速发展提供了基础。

6. 积极发展农村消费

面对亚洲金融危机的冲击，1998年《中共中央关于农业和农村工作若干重大问题的决定》要求，"进一步加强农业，繁荣农村经济，提高农民购买力，有利于扩大内需，保持整个国民经济增长的良好势头，增加我国在国际合作与竞争中的回旋余地。在充分利用国外市场的同时，努力开拓国内市场特别是农村市场，是我国经济发展的基本立足点"。2000年以后，随着我国农村税费改革的逐步推进，农民种粮补贴、农村义务教育"两免一补"等政策的相继实施，农民负担不断减轻，收入不断提高，农民的消费能力得到增强。"新农合"的快速推进和农村低保制度的逐步建立，使得农村社会保障体系逐步建立，从而降低了农民的不确定性预期，提高了消费意愿。此外，农村商品流通制度的改革，消费环境的改善，也促进了农村居民消费。例如，2001年农业部印发《关于加强农产品质量安全管理工作的意见》，对农产品质量安全提出了具体要求，以"适应农业发展新阶段的需要，提高农产品质量安全水平，保障城乡居民的身体健康，增强农产品市场竞争力，增加农民收入"。从2005年起开展"万村千乡"市场工程建设试点，2006年起在全国实施"双百市场工程"，以加强农产品现代流通体系建设。

亚洲金融危机后的十年，扩大内需得到了空前的重视。刺激居民消费成为扩大内需的重要抓手，因此城乡居民消费也得到快速发展。消费规模不断扩大。居民消费总额由1998年的36 585.8亿元增加到2007年的98 231.3亿元，年均增幅达到18.7%。消费水平快速提高。居民消费水平由1997年3 107元增加到2007年的 7 434 元，年均增长约 481 元。消费结构不断改善。城镇居民恩格尔系数由1998年的 44.7%，下降到 2007 年的 36.3%；农村居民恩格尔系数由 1998 年的53.4%，下降到2007年的43.1%[①]。

尽管这一阶段我国居民消费也获得了较快发展，但制约居民消费的体制机制问题依然十分突出。第一，扩大内需过度依赖投资，形成投资导向性发展模式。内需包括投资需求和消费需求，消费需求又包括政府消费和居民消费。由于各种因素的影响，1998~2007 年十年间内需拉动经济增长的动力主要来自投资需求，而非消费需求，从而形成"投资、出口、消费"的三驾马车模式。最终消费支出对 GDP 增长的贡献率从 1998 年的 65.6%下降到 2007 年的 47.9%；资本形成总额对 GDP 增长的贡献率从 1998 年的 27.7%上升到 2007 年的 44.2%；经济对外依存

---

① 资料来源：历年《中国统计年鉴》。

度由从 1998 年的 32.0% 上升到 2007 年的 61.7%[①]。第二，投资导向型的经济发展模式，通过增加对资本的过度需求，抑制了居民消费需求。这期间我国居民消费率和最终消费率持续下降，而最终消费对 GDP 的贡献率则保持在较高的水平，由此形成一个"悖论"（臧旭恒，2017）。第三，促进居民消费的政策措施缺乏长效机制，更多的是应对国际市场危机对出口冲击的权宜之计。"短平快"式消费刺激政策，很难保证居民消费的持续发展，也就无法发挥居民消费推动经济稳定、有序、健康发展的作用。第四，医疗、养老等社会保障制度对稳定城乡居民消费预期的作用依然有限，尤其是覆盖城乡的居民养老保险制度尚未真正构建。此外，房价和家庭教育支出的高企，对城乡居民消费的制约作用也越来越突出。第五，消费安全尤其是食品安全问题突出，严重影响了居民消费环境和对国产商品的消费信心。如何健全"舌尖上的安全"机制，成为居民消费领域的一个棘手问题。

（四）后金融危机时期消费体制机制的深化阶段：2008~2019 年

面对美国快速蔓延的次贷危机，2007 年党的十七大报告提出，"坚持扩大国内需求特别是消费需求的方针，促进经济增长由主要依靠投资、出口拉动向依靠消费、投资、出口协调拉动转变"。为了加快形成消费、投资、出口协调拉动的新局面，2010 年"十二五"规划从改善宏观调控、扩大消费需求、优化投资结构三个方向提出了目标，其中"建立扩大消费需求的长效机制"成为促进消费的重要着力点。2012 年党的十八大报告强调，要"加快建立扩大消费需求长效机制，释放居民消费潜力，保持投资合理增长，扩大国内市场规模"。随着我国经济进入新常态，经济增速从高速增长转为中高速增长，经济结构不断优化升级，经济驱动力从要素驱动、投资驱动转向创新驱动，2015 年"十三五"规划建议，"发挥消费对增长的基础作用，着力扩大居民消费，引导消费朝着智能、绿色、健康、安全方向转变，以扩大服务消费为重点带动消费结构升级"。针对居民消费面临的供给侧约束，2017 年党的十九大报告要求，深化供给侧结构性改革，"把提高供给体系质量作为主攻方向，显著增强我国经济质量优势"。2018 年发布的《中共中央、国务院关于完善促进消费体制机制 进一步激发居民消费潜力的若干意见》和《完善促进消费体制机制实施方案（2018—2020 年）》，是新时代破解制约居民消费最直接、最突出、最迫切的消费体制机制障碍，增强消费对经济发展的基础性作用的重要文件，具体内容见图 4-3。

---

① 为了更好地反映进出口对国民经济重要性的经济学意义，此处使用对外依存度（进出口总额占国内生产总值的比重）来反映进出口对经济的重要影响，而非货物和服务净出口对国内生产总值增长贡献率，因为后者只有统计意义，详见《人民日报：外贸拖没经济后腿》，2013 年 3 月 18 日。

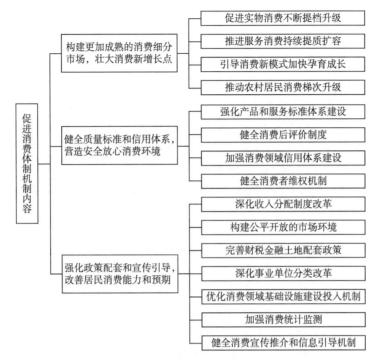

图 4-3　完善促进消费体制机制意见的主要内容

总结起来，这一阶段我国促进居民消费的体制机制措施主要有以下几个方面。

1. 继续推进收入分配制度改革，完善社会保障体系

优化收入分配制度，健全收入分配政策。2007 年党的十七大报告提出，"初次分配和再分配都要处理好效率和公平的关系，再分配更加注重公平"，"逐步提高居民收入在国民收入分配中的比重，提高劳动报酬在初次分配中的比重"。2010 年"十二五"规划提出，要"努力实现居民收入增长和经济发展同步、劳动报酬增长和劳动生产率提高同步"的目标，"逐步建立健全综合和分类相结合的个人所得税制度"。2012 年党的十八大提出，要"完善劳动、资本、技术、管理等要素按贡献参与分配的初次分配机制，加快健全以税收、社会保障、转移支付为主要手段的再分配调节机制"。2015 年"十三五"规划提出，"实施脱贫攻坚"，开展精准扶贫、精准脱贫。2017 年党的十九大报告强调，要"拓宽居民劳动收入和财产性收入渠道"，"加快推进基本公共服务均等化，缩小收入分配差距"。2018 年国务院印发《个人所得税专项附加扣除暂行办法》，将子女教育、继续教育、大病医疗、住房贷款利息或者住房租金、赡养老人等民生支出纳入个人所得税专项附加扣除。

深化就业制度改革。2007 年党的十七大报告提出，"实施扩大就业的发展战

略，促进以创业带动就业"，实现社会就业更加充分的目标。2012 年党的十八大要求，"推动实现更高质量的就业"。2017 年党的十九大报告提出，"要坚持就业优先战略和积极就业政策，实现更高质量和更充分就业"。2019 年《国务院关于大力推进大众创业万众创新若干政策措施的意见》提出，"推进大众创业、万众创新，是扩大就业、实现富民之道的根本举措"。这一阶段，我国的就业政策理念经历了由充分就业到更高质量就业，由被动就业到创新创业的转变。

构建覆盖城乡的养老保险制度。2009 年《国务院关于开展新型农村社会养老保险试点的指导意见》提出，"探索建立个人缴费、集体补助、政府补贴相结合的新农保制度"。到 2012 年末，"新农保"覆盖全国所有县级行政区，当年参保人数达 4.6 亿人。2011 年《国务院关于开展城镇居民社会养老保险试点的指导意见》提出，"建立个人缴费、政府补贴相结合的城镇居民养老保险制度"。到 2012 年底，基本实现城镇居民养老保险制度全覆盖的目标。2014 年《国务院关于建立统一的城乡居民基本养老保险制度的意见》提出，将"新农保"和"城居保"两项制度合并实施，在全国范围内建立统一的城乡居民基本养老保险制度。由此，我国又建立起了覆盖城乡居民的基本养老保障制度。截至 2018 年底，全国城乡居民养老保险参保人数达 5.2 亿人[①]。

全面推进基本医疗保险制度建设。2007 年我国开始开展城镇居民基本医疗保险试点，到 2012 年末基本实现全覆盖。包括城镇职工基本医疗保险、城镇居民基本医疗保险、新型农村合作医疗保险在内的，覆盖城乡居民的基本医疗保障体系得到建立。2015 年《国务院办公厅关于全面实施城乡居民大病保险的意见》提出，要建立完善大病保险制度，不断提高大病保障水平和服务可及性，切实避免人民群众因病致贫、因病返贫。

2. 完善促进消费的财政金融机制

积极发挥财政促进消费的作用。为了应对金融危机的冲击，2008 年国务院决定在全国推广"家电下乡"，2009 年又实施了鼓励汽车、家电"以旧换新"的政策。"家电下乡""以旧换新"政策不仅通过拉动消费带动了生产，促进了经济平稳增长，还改善了居民生活品质，推动了农村居民消费升级。此外，同样为了保持经济平稳增长，从 2008 年底开始，杭州、成都、常州、重庆等部分城市，通过发行"消费券"直接刺激居民消费，这是国内通过财政政策促进消费的一次全新尝试。

增强金融服务居民消费的能力。2008 年《国务院办公厅关于当前金融促进经

---

① 资料来源：全国城乡居民养老保险参保人数突破 5.2 亿人. 中国政府网. http://www.gov.cn/shuju/2019-02/27/content_5368918.htm.

济发展的若干意见》提出，"支持汽车消费信贷业务发展，拓宽汽车金融公司融资渠道；积极扩大农村消费信贷市场"。为了发展消费金融，提高居民消费能力，2009 年《消费金融公司试点管理办法》发布，此后我国消费金融公司如雨后春笋般设立。2009 年《国务院关于加快发展旅游业的意见》提出，"鼓励消费金融公司在试点过程中积极提供旅游消费信贷服务"。2010 年《中央宣传部等关于金融支持文化产业振兴和发展繁荣的指导意见》提出，"积极开发文化消费信贷产品，为文化消费提供便利的支付结算服务"。2015 年国务院印发《推进普惠金融发展规划（2016—2020 年）》明确提出，要促进消费金融公司和汽车金融公司等金融服务机构的发展，激发消费潜力，促进消费升级。2016 年《中国人民银行银监会关于加大对新消费领域金融支持的指导意见》提出金融促进新消费的若干措施，以发挥新消费的引领作用，更好地满足居民在新消费领域的金融需求。

3. 推动消费理念转型升级，优化消费环境

革新消费理念，实现美好生活消费。针对发展中不平衡、不协调、不可持续的突出问题，2007 年党的十七大提出，"到 2020 年基本形成节约能源资源和保护生态环境的……消费模式"。2010 年"十二五"规划提出，"要合理引导消费行为，发展节能环保型消费品，倡导与我国国情相适应的文明、节约、绿色、低碳消费模式"。2012 年党的十八大进一步提出，要"增强全民节约意识、环保意识、生态意识，形成合理消费的社会风尚"。2015 年"十三五"规划强调，要"倡导合理消费，力戒奢侈浪费，制止奢靡之风"；"深入开展反过度包装、反食品浪费、反过度消费行动，推动形成勤俭节约的社会风尚"。2017 年党的十九大报告提出，"加快建立绿色生产和消费的法律制度和政策导向，建立健全绿色低碳循环发展的经济体系"。消费理念的革新，既是我国资源环境约束的反映，也是新时代实现人民美好生活需要的内在要求。

构建制度体系，保障消费环境。针对"三聚氰胺"等事件暴露出的食品消费安全问题，国家先后出台了《乳品质量安全监督管理条例》、《中华人民共和国食品安全法》、《国家食品安全监管体系"十二五"规划》、《食品召回管理办法》和《中共中央　国务院关于深化改革加强食品安全工作的意见》等规章制度，以构筑维护人民群众生命健康权益的制度长城。《缺陷汽车产品召回管理条例》、《缺陷消费品召回管理办法》和《消费品召回管理暂行规定》等的出台，推动着我国问题商品召回制度的建设。为促进网络消费环境的建设，从 2010 年开始国家先后发布了《商务部关于促进网络购物健康发展的指导意见》、《网络交易管理办法》和《互联网广告管理暂行办法》。此外，国务院 2014 年印发了《社会信用体系建设规划纲要（2014—2020 年）》，以推动社会信用体系建设。国家工商总局于 2015 年发布《关于完善消费环节经营者首问和赔偿先付制度切实保

护消费者合法权益的意见》，以推动"经营者首问"制度和"赔偿先付"制度建设。

4. 发展壮大互联网消费，拓展新消费

发展互联网经济，促进网络消费。为了推动网络消费的发展，从 2010 年开始，国家先后出台了《商务部关于促进网络购物健康发展的指导意见》、《国务院关于促进信息消费扩大内需的若干意见》、《国务院关于大力发展电子商务加快培育经济新动力的意见》、《国务院办公厅关于促进跨境电子商务健康快速发展的指导意见》和《国务院关于积极推进"互联网＋"行动的指导意见》等文件，从消费平台、消费环境、发展方向等方面，促进网络消费健康发展。2019 年《中华人民共和国电子商务法》的实施，为网络消费的发展提供了法律保障。《国务院关于促进快递业发展的若干意见》、《国务院办公厅关于深入实施"互联网+流通"行动计划的意见》和《国务院办公厅关于推进电子商务与快递物流协同发展的意见》等的出台，促进了物流业的发展，为网络消费提供了重要支撑。此外，为了满足农民日益增长的网络消费需求，推动农村电子商务发展，国家先后发布了《国务院办公厅关于促进农村电子商务加快发展的指导意见》、《乡村振兴战略规划（2018—2022 年）》和《数字乡村发展战略纲要》。

"新的消费热点"转向"新消费"。为应对国际金融危机的冲击，2009 年《国务院关于加快发展旅游业的意见》强调，要"培育新的旅游消费热点"；《文化产业振兴规划》提出，要"不断适应当前城乡居民消费结构的新变化和审美的新需求，创新文化产品和服务，提高文化消费意识，培育新的消费热点"。2011 年发布的《社会养老服务体系建设规划（2011—2015 年）》和《中国老龄事业发展"十二五"规划》，提出要"引导老年人合理消费，培育壮大老年用品消费市场"。2012 年印发的《服务业发展"十二五"规划》，从家政服务、养老服务、健康服务等多个方面提出了生活服务的发展方向，以促进服务消费。2015 年 11 月《国务院关于积极发挥新消费引领作用加快培育形成新供给新动力的指导意见》发布，提出"以传统消费提质升级、新兴消费蓬勃兴起为主要内容的新消费，及其催生的相关产业发展、科技创新、基础设施建设和公共服务等领域的新投资新供给，蕴藏着巨大发展潜力和空间"。从"新的消费热点"到"新消费"，说明我国已进入人民群众消费需求持续增长、消费结构加快升级的阶段。

5. 推进供给侧结构性改革，促进消费高质量发展

面对经济发展方式粗放、食品安全问题突出、居民消费外流等问题，推进消费的供给侧结构性改革，解决人民群众日益增长的高品质消费需求同低质量供给之间的矛盾，成为我国消费领域迫切需要解决的问题。为此，2015年11月发布的《国务院关于积极发挥新消费引领作用加快培育形成新供给新动力的指导意见》提出，要"着力加强供给侧结构性改革，以更加完善的体制机制引导和规范市场主体行为，推动形成节约、理性、绿色、健康的现代生产消费方式，努力构建新消费引领新投资，形成新供给、新动力的良好环境和长效机制"。

增强源头创新、提升源头供给能力。《中国制造2025》、《国家创新驱动发展战略纲要》、《国务院办公厅关于发挥品牌引领作用推动供需结构升级的意见》、《消费品标准和质量提升规划（2016—2020年）》、《国家标准化体系建设发展规划（2016—2020年）》、《中共中央、国务院关于开展质量提升行动的指导意见》和《中共中央、国务院关于深入推进农业供给侧结构性改革加快培育农业农村发展新动能的若干意见》等的出台，从创新体制机制、产品标准体系、品牌价值、产业升级等方面推动消费领域的源头供给侧结构性改革。2017年党的十九大报告提出，新时代"要在继续推动发展的基础上，着力解决好发展不平衡不充分问题，大力提升发展质量和效益"。

发展生活性服务业，提高服务品质。从2015年开始，国家先后发布了《国务院办公厅关于加快发展生活性服务业促进消费结构升级的指导意见》、《文化和旅游部关于提升假日及高峰期旅游供给品质的指导意见》、《文化和旅游部关于实施旅游服务质量提升计划的指导意见》、《国务院办公厅关于促进家政服务业提质扩容的意见》和《国务院办公厅关于促进全民健身和体育消费推动体育产业高质量发展的意见》等文件，以促进服务业提质升级，增加有效供给。此外，《中共中央、国务院关于支持海南全面深化改革开放的指导意见》、《海南省建设国际旅游消费中心的实施方案》和《关于培育建设国际消费中心城市的指导意见》等文件的出台，推动构建国际性消费中心和消费中心城市，是我国提升消费品质、引领消费趋势、促进消费升级的全新举措。

由于对居民消费重要性认识的增加和促进消费政策体系更加丰富，这一阶段的消费得到较快发展。第一，消费对经济的贡献率和居民消费率逐步回升。最终消费对GDP的贡献率从2008年的44%上升到2019年57.8%，其中居民消费率从2008年的35.42%上升到2019年的38.79%。第二，社会消费规模持续增加和居民消费水平快速上升。居民消费总额由2008年的112 654.7亿元增加到2018年的354 124.4亿元，年均增幅达到21.4%。居民消费水平从2008年的8 483元上升到2019年的27 563元，年均增长1 734.5元。第三，城乡居民消费不平等放缓。城乡消费水平比由2008年的3.4快速下降到2019年的2.4，说明2008年后我国农村居民消费水平的增长速度要高于城镇居民消费水平的增长速度。第四，消费结构不断优化。城镇居民家庭恩格尔系数由2008年的36.3%下降到2019年的27.6%，农村居民家庭恩格尔系数由2008年的43.1%下降到2019年的

30.0%，医疗保健及教育文化娱乐等享受型和发展型消费支出，占家庭总消费支出的比重不断上升[①]。

二、主要发达国家消费政策和消费体制机制的改革历程

根据第二次世界大战后发达国家经济发展的主要阶段及主要相关研究（资树荣，1999；陈晶，2006；孙章伟，2012），把西方的消费调控政策分为四个阶段。

（一）20世纪50~70年代发达经济体消费调控政策体系形成阶段

第二次世界大战之后，随着主要发达国家经济的逐步恢复，与国民经济密切相关的消费也得到重视和发展，消费调控体系逐步恢复或形成。在美国，受凯恩斯有效需求理论的影响，刺激消费成为经济调控的主要目标，由此构建了一系列刺激消费的体制机制。为了刺激居民消费，美国在20世纪50~70年代实施了积极的减税政策，个人所得税率不断下调，由1953年的22.2%~91%下降到1965年的14%~70%，且一直延续到80年代（陈晶，2006）。扩大社会保障的公共支出，成为这一阶段调控居民消费的重要手段。宽松的货币政策也发挥着一定的作用，且持续到70年代的滞胀危机前。为恢复与发展经济，美国政府逐步放松对消费信贷的战时管制，金融机构的消费信贷业务获得较快恢复。同时，为了规范消费信贷行业的发展，于1970年颁布《公平信用报告法》。此外，消费模式的创新也推动了美国消费的繁荣，如超市的兴起、包装革命、折扣店和购物中心的出现。这一时期美国消费者权益保护制度得到很大发展，如相关法律体系的构建和完善、消费者权益保护机构的建立及民间保护制度。在欧洲，联邦德国和法国为了保持消费与生产关系的协调，努力促进供给与需求的平衡。1945年英国率先建成了"从摇篮到坟墓"的社会保障制度，法国1945年发布的《社会保障法》为其现代社会保障制度奠定了基础。法国的银行机构于1960年开始办理消费信贷业务，此后随着经济的发展，消费信贷的规模和品种不断扩展，消费信贷的内容不断更新，以适应消费者消费需求的发展。

借助美国的援助和国内社会经济政策调整，第二次世界大战后的日本经济得到快速恢复，国民收入水平不断提高。为了促进消费，日本政府采取了多个方面的措施。在收入上，1960年日本实施了"国民收入倍增计划"（全毅等，2014），提高居民的收入水平；通过城镇化、健全农业政策、实施农产品价格支持政策等，消除城乡二元结构，提高农民收入。积极推进收入再分配政策，控制国民收入差距，如日本从1962年起推行"所得税扣除"的个税减免政策（孙章

[①] 资料来源：历年《中国统计年鉴》。

伟，2012）。构建社会保障体系，日本 1961 年开始实施全民医保体制，除了基本的医疗、养老保障制度外，这一阶段日本还陆续出台了针对儿童、老人、残疾人、守寡等弱势群体的社会保障政策。在金融政策上，20 世纪 60 年代日本银行持续下调基准利率，以约束居民的储蓄动机。民间借贷的出现，也在一定程度上增强了居民的消费能力。此外，在保护消费者权益上，除了成立"日本消费者协会"等消费者权益保护组织外，还颁布《消费者保护基本法》等法律法规。20 世纪 50 年代中期到 70 年代石油危机前，日本居民的生活耐用消费品得到快速普及，由此形成了"消费革命"（袁仕正和杜涛，2010）。消费革命扩大了内需，促进了日本经济的高速增长。

（二）20 世纪 80 年代的发达经济体消费政策变革阶段

在经历 20 世纪 70 年代的滞胀危机之后，美国的需求侧宏观调控政策逐渐被 80 年代的供给侧结构性改革所替代。促进消费和生产的协调增长，实现消费的供需平衡成为宏观经济政策的主要目标。美国政府在延续减税政策的同时，逐渐缩减政府支出，同时鼓励私人储蓄。缩减政府支出的一个重要表现是，改革社会保障制度，推动社会保障私人化，减轻政府的社会保障负担。货币政策在调控居民消费上的作用得到加强，调控手段从调节利率转向以调节货币供应量为主。面对 80 年代的利率高企问题，美国金融监管机构从放松业务管制、启动利率市场化、允许存款类金融机构发放浮动利率贷款、放宽信贷提供主体的经营范围等方面着手，保持消费金融的稳定发展（赵旭等，2016）。

20 世纪 80 年代初期，日本经济高速增长背景下掩盖的生产与消费矛盾逐渐凸显，经济快速增长趋势受到制约。在这一背景下，从 80 年代中期开始，日本开始转变外需导向型的经济发展模型，通过刺激消费，扩大国内需求，把经济转向内需导向型。在收入分配上，积极调整收入分配政策，改善国内基尼系数，缩小收入差距。60 年代起日本社会的基尼系数持续下降；到 80 年代逐步形成了稳定的中产阶级（孙章伟，2012）。社会保障体系得到改善，消费者权益保护制度得到加强，尤其是消费信贷行业得到规范发展。

（三）20 世纪 90 年代发达经济体消费政策的调整阶段

为了应对经济增速下降、高失业率和高财政赤字，20 世纪 90 年代美国政府开始提高个人所得税，削减政府支出，财政政策在促进居民消费上的作用继续弱化。货币政策的作用则得到强化，且由调控货币供应量的方式转向调控利率。美国货币当局通过数次降低利率的政策，减轻了居民消费的利息负担，促进了住房、汽车等耐用消费品的消费。信用消费的日益流行和消费信贷二级市场的发展，推动着这一阶段美国消费信贷的快速发展，信用卡消费规模不断扩大。20 世纪 90 年代，德国经济出现下滑、失业人数剧增。为了刺激经济、扩大居民消费需求，德国政府主要从财政政策、培育新的市场主体和寻找新的经济增长点等方面着手，推动经济发展（齐兰，1999）。例如，1992 年进行了以所得税为重点的税制改革，通过调整税收结构与规模、降低所得税税率，减轻税收负担，增加居民可支配收入；1994 年实施了"四年经济发展政策"，重点发展服务业，创造新的就业机会；1997 年取消了财产税，以减轻企业负担，保障就业机会。

20 世纪 90 年代初，日本经济面临失业率上升、内需不足、市场相对萎缩等问题，刺激消费成为保证经济增长的重要手段（喻卫斌，2001）。为了刺激居民消费，日本政府采取了一系列的财政、金融措施。1994 年日本政府针对个人所得税实施了"特别减税"计划，此后这一政策又得到继续实施并得以发展。1990 年日本实行了低利率政策，多次调低利率，使得利率长期维持在很低的水平。低利率政策，一方面通过减少居民储蓄来刺激了居民消费；另一方面也通过促进股票等市场的发展，增加居民财产收入，刺激了居民消费。住房信贷、消费金融公司等消费信贷体系的快速发展，也使得消费金融成为促进日本居民消费的重要机制（张艾莲和刘柏，2013）。此外，为了促进商品供给与需求的更好衔接，推动流通业的发展，日本政府先后发布了《90 年代流通展望》（1989 年）、《面向 21 世纪的流通蓝图》（1995 年）等流通产业政策。

（四）21 世纪以来发达经济体消费体制机制的完善阶段

进入 21 世纪，减税成为美国的重要经济政策。2001 年美国布什政府提出未来十年的减税计划，2005 年开始针对双亲家庭的减税额不断增大，其他收入所得税率也逐年降低。2009 年后奥巴马政府继续推行积极的减税政策，包括税收抵免和工薪税补贴等。在货币政策上，为了刺激经济增长，2001~2004 年美国货币当局实施了宽松的货币政策，多次降低银行利率，使得居民家庭通过信贷购买耐用消费品的成本降低，有效刺激了居民耐用消费品的消费。2009 年后，美联储逐步实行了量化宽松货币政策。随着信息时代的深入发展，美国消费金融业务也借助信息化的便利从线下逐步向线上转移，如 P2P（peer-to-peer，互联网金融点对点借贷平台）的发展推动着消费金融的便利化和低成本发展。进入 21 世纪，德国逐步建立起了与联合国和欧盟的可持续消费政策进程相呼应的消费政策体系，既能反映全球和欧盟区域的可持续发展需求，也能实现国家层面可持续发展的需要，促进了居民消费的可持续发展，提升了消费品质（杨晓燕和贺姣佼，2015）。

日本于 2001 年发布了《农业经营政策大纲》，2011 年开始推行"农户收入补偿制度"，以保障农民的收入。日本政府在 2000 年以后构建了全国统一的消费金融监管体系，以促进消费金融业的健康发展。为了保护消费者权益，2000 年后日本先后颁布了《消费者合同法》《食品安全基本法》等多部法律，以健全消费者权益保护的法律制度。2009 年日本还成立了维护消费者权益的政府部门"消费者厅"和"消费者委员会",以加强消费者权益的监管(孙章伟,2012)。

第三节 当前我国实现美好生活消费需要的消费体制机制制约

人民美好生活需要不仅包括物质文化需要的"硬约束",还包括安全感、获得感、幸福感等"软约束"。具体到消费领域,"硬约束"主要表现为消费水平升级和消费质量提高的需要,"软约束"主要表现为消费过程中安全感、获得感、幸福感的满足,更具体的表现就是消费满意度的提升。因此,要满足人民美好生活消费需要,就需要从消费体制机制视角破解制约消费领域不平衡不充分的软硬约束。

一、制约消费水平均衡充分发展的消费体制机制因素

社会发展的不平衡、不充分从数量和质量上制约着我国人民美好生活消费水平的实现。一是收入分配不平衡限制了居民消费能力的提升。高、中、低收入群体结构的不平衡,造成中等收入群体比重偏低,低收入群体比重过大,使得收入分配在不同群体间不平衡,限制了社会总体消费能力的提升。国民收入在政府、企业和居民不同部门间的分配不均衡,导致了居民收入增长受到限制。收入分配制度在不同领域、不同行业间的不合理,也拉大了社会收入差距,限制了收入分配制度在不同领域、不同行业间的平衡发展。

二是城乡发展不平衡制约了农村居民消费水平的提升。改革开放后,我国长期存在的城乡二元经济结构,使得农村经济社会的发展水平严重滞后于城镇。近些年虽有改善,但城乡差距依然较大,突出表现在农村居民家庭收入水平的增长、农村社会保障制度的发展、农村公共服务供给的水平、农村消费设施和环境建设等方面都严重滞后于城镇地区。这种城乡发展的不平衡,制约了农村居民消费水平的提高。

三是区域发展不平衡制约了中西部地区居民消费水平的提升。改革开放过程中,我国在区域发展上实行优先发展东部地区的战略,一方面集中资源促进了东部地区的快速发展;另一方面也造成了地区经济发展不平衡的问题。尽管后来实行了西部大开发、中部崛起、振兴东北老工业基地等一系列区域发展战略,但地区发展差距依然明显。地区间经济社会发展的差距,使得中西部地区在居民收

入、社会保障、公共服务、消费设施和环境等方面滞后于东部发达地区，从而制约了中西部地区居民消费水平的提升。

四是经济与社会发展的不平衡增加了居民的不确定性预期。改革开放以来，我国经济得到快速发展，国内生产总值高速增长，人民收入水平不断提高。但是，与经济领域的飞速发展不同，社会建设领域的发展则相对较慢，一些领域甚至严重滞后，如医疗、教育、养老等领域，使得看病难、看病贵，入学难、上学贵，养老难、养老贵等问题十分突出，增加了人民群众的不确定性预期，制约了消费意愿的提升。

五是实物消费和服务消费发展不平衡制约了不同消费领域消费水平的提升。近年来，我国居民消费水平虽然有了较大提高，人民群众的物质文化需求得到较大满足，但这更多地体现在实物消费或物质消费上，服务消费的发展则严重滞后。新时代人民群众从实物消费向服务消费转变，对服务消费的内容更加多样。服务消费发展的滞后，一方面制约了新时代人民群众更加多样的服务消费需要得到满足；另一方面也使得居民消费构成中实物消费和服务消费增长比例的失衡，制约居民消费总体的发展潜力。

二、制约消费品质升级的消费体制机制因素

对于消费品质的理解，学者有不同角度。一种倾向从人们对生活舒适、便利程度的心理感受角度来理解（林白鹏，1991），另一种则倾向从影响人们物质和精神生活的客观条件方面来理解（尹世杰和蔡德容，2000）。共同的认知是，消费品质提升是美好生活的重要内容，但是，目前不合理的消费品供给结构严重制约居民消费品质的升级。

一是有效供给不充分。一方面，随着居民消费结构加快升级，居民对个性化、多样化、服务化的需求日益增加；另一方面，重复投资导致部分领域产能过剩，而新产品和新服务的供给却存在严重不足。国内市场供需的脱节，带来了"海淘""代购"等"消费外流"现象，"需求外溢"严重影响了居民高品质消费需求的满足。当前，我国社会经济发展已进入新阶段，结构转型的要求越发明显，亟须进行供给侧结构性改革，提升有效供给。

二是产业发展不平衡不充分。消费结构与产业结构的有效匹配对居民消费品质具有重要影响。我国低端产业和高端产业、传统产业和新兴产业、制造业和现代服务业发展的不平衡不充分，使得产品和服务结构无法很好地满足居民的高质量消费需要，制约了居民个性化、多样化、高品质消费需要的满足。

三是化解供需错配的制度创新不充分。产品质量问题、消费者维权难、市场

监管部门被动监管等问题的频繁发生，凸显了当前提升居民消费品质的市场监管制度缺陷。流动人口在享受流入地教育、医疗、住房等公共服务上的限制，制约了进城群体消费品质的提升。房地产市场的膨胀，房价的高企，使得城乡家庭"为买房而储蓄"的现象普遍，房价尤其成为一二线城市中低收入家庭消费品质升级的"拦路虎"。

三、制约消费满意度提升的消费体制机制因素

随着经济社会的发展，人民群众的消费需要不仅仅是追求物质上的满足，也更加注重消费过程的获得感、幸福感和安全感。近年来，我国居民消费满意度随消费水平和消费品质的提升稳步增加，但是随着消费者的诉求更加广泛，消费体制机制的不完善也制约着居民消费满意度提升。

一是消费者的决策过程体验关系其获得感的提升。根据生活满意度理论，生活领域的具体活动可以通过自下而上溢出来的形式，来影响该领域以及整体的生活满意度。消费获得感源自消费者对消费生活中具体事件和体验的满意，因此消费者在消费过程中的决策和体验直接影响消费者获得感。

二是消费品和服务质量、消费环境关系消费者安全感的提升。消费品和服务的质量直接关系消费者的人身财产安全，高质量的消费品和服务过程能使得消费者获得更好的消费安全感。"苏丹红""三聚氰胺""地沟油"等事件不仅严重威胁了人民群众的生命财产安全，还影响了居民消费意愿，使得居民"不敢消费"，制约了美好生活消费需要的满足。

三是生态环境、政治文化环境、社会和国家治理等关系消费者幸福感的提升。消费者幸福感是消费者对其消费活动的一种总体满意度评价和积极/消极情感的反映。除影响消费的内部环境外，新时代消费外部环境的好坏既是消费者对消费过程的主观评价，也会影响消费者消费幸福感的满足，进而形成对消费行为的影响。当前促进我国消费的外部环境因素的管理制度、法律法规制度等还不够完善，既不利于居民消费满意度的提升，也不利于壮大国内消费市场。

第四节　本　章　小　结

一、主要研究结论

本章首先分四个阶段梳理了改革开放以来人民美好生活消费内容的演变与阶

段性特征，对新时代居民美好生活消费的特征进行了展望。其次，按 1978~1991 年改革开放初期、1992~1997 年社会主义市场经济目标确立时期、1998~2007 年亚洲金融危机后的发展时期和 2008~2019 年国际金融危机后的快速发展时期四个阶段，详细梳理了我国消费体制改革的历程，并对比了第二次世界大战结束以来主要发达国家消费体制机制的演变模式。最后归纳了当前我国实现人民美好生活消费需要的消费体制机制障碍。主要结论有以下几个方面。

第一，我国居民消费发展与经济发展紧密相关。改革开放以来，我国人民美好生活消费需要在消费规模、消费水平、消费结构等方面经历了"解决温饱—总体小康—全面小康—美好生活初期"的变化过程。

第二，我国消费体制机制的变革是构成经济改革的重要内容之一。我国满足人民群众美好生活消费需要的政策实践，经历了起步、构建、发展和深化四个阶段。居民消费体制机制虽然在各个阶段具有不同的特点，但每个阶段的发展都是在我国经济发展水平基础上，为解决人民日益增长的美好生活需要和不平衡不充分的发展之间的矛盾而进行的变革，消费体制机制在满足不断提高的居民消费需求中改进完善。

第三，收入分配、城乡发展、区域发展、经济与社会发展、产业发展、制度建设等领域的不平衡、不充分制约了我国人民美好生活消费水平、消费品质和消费满意度的提升。

二、主要创新点

第一，从满足人民群众美好生活消费需要这一立场出发，本章详细梳理了改革开放以来我国人民美好生活消费内容的阶段性变化。

第二，利用历史与逻辑分析方法，详细梳理了改革开放以来我国有关经济体制改革、消费体制改革与扩大内需等方面的近 400 份政策文件，系统归纳了改革开放进程中满足人民群众消费需要的政策实践和消费体制机制的构建过程。

第三，着重从制度供给的角度梳理出促进满足人民群众消费需要的需求侧和供给侧的体制机制性障碍，丰富了破解国内大循环中扩大居民消费的政策研究视角。

第五章 人民美好生活消费水平均衡发展的体制机制创新研究

　　实现人民美好生活消费水平均衡发展是实现美好生活消费需要的基本要求，更是新时代新常态下刺激消费、扩大内需和保持我国经济长期稳定健康发展的重要前提。受社会历史文化、制度和自然资源等多重因素影响，不同区域和人群之间的消费观念、消费意愿、消费能力等存在明显差异，城乡、区域、不同收入群体之间的消费水平呈现出非均衡发展态势。国家统计局数据显示，2019 年城镇消费品零售额是乡村地区消费品零售额的 5.82 倍[①]，城乡居民消费差距较大。已有研究发现低收入家庭边际消费倾向高于高收入组家庭（甘犁等，2018），收入差距的扩大可能拉大居民消费的非均衡发展。区域发展不平衡以致出现"东北爱打扮，东部住房贵，中西部重温饱"的区域消费分化现象，且东部地区居民人均消费支出显著高于中西部地区。工业与服务业、传统服务业与现代新型服务业的行业发展不平衡以及有效供给不足、供需错位也逐步成为消费发展非均衡化的重要表现。以上一系列的发展不平衡问题直接影响了居民的消费水平均衡发展，制约居民美好生活消费需要的实现。

　　长期以来，城乡和区域差距、收入不平等、地区价格差异等对消费的影响在已有研究中得到充分关注（刘悦等，2019；魏晓敏和王林杉，2018；宋泽等，2020），但较少有研究系统全面地将城乡、区域、收入差距以及行业结构等纳入一个统一的研究框架，也较少对人民美好生活消费水平的均衡发展进行全面梳理总结。基于此，已有研究不能全面系统理解和把握影响居民消费水平均衡发展的重要因素，更难系统构建实现人民美好生活消费水平均衡发展的消费体制机制，深入挖掘实现居民消费均衡发展的内在规律。为此，本章将紧密结合新时代的社会现状和已有研究成果，以完善促进我国人民美好生活消费需要为中心，以实现

[①] 《2019 年国民经济和社会发展统计公报》显示，按经营地统计，城镇消费品零售额 351 317 亿元，乡村消费品零售额 60 332 亿元. http://www.stats.gov.cn/tjsj/zxfb/202002/t20200228_1728913.html.

人民美好生活消费水平的均衡发展为主线，系统梳理当前人民美好生活消费需要与发展不平衡的矛盾体现，分析制约居民消费均衡发展的消费体制机制性影响因素。

第一节　当前居民消费发展不平衡的主要表现

随着我国经济持续长期向好发展，居民整体的消费意愿、消费能力显著增强。数据显示，1978 年全社会消费品零售总额为 1 558.6 亿元，2019 年全社会消费品零售总额高达 41 1649 亿元，相当于 1978 年的 264 倍，42 年内年平均增长率高达 641.74%。在扣除消费价格影响后，我国居民消费水平由 2000 年的 3 698 元增长到 2019 年的 17 850.81 元，提高了 3.83 倍[①]。1978~2019 年城镇居民恩格尔系数由 57.5% 下降到 27.6%，农村居民恩格尔系数由 67.7% 下降到 30%，居民消费水平和消费习惯得到明显改善[②]。此外，随着居民消费的持续快速增长，消费对经济增长的基础性作用显著增强，已成为拉动经济增长的第一动力。然而当前城乡、区域、不同收入群体、行业及供需之间的发展不平衡问题突出，且这些问题已经或将成为继续提升消费扩大内需、巩固强化当前消费对经济发展的基础性作用的阻碍。本节将主要基于国家统计局数据、微观调查数据，从城乡、区域、收入等多角度全方位分析当前消费发展存在的不平衡问题，为研究消费水平失衡因素和构建促进消费水平均衡发展的消费体制机制创新路径提供坚实的现实依据。

（一）城乡消费对比

我国独特的城乡"二元"经济结构造成城乡发展失衡已经是学术界公认的事实，当前我国社会最大的发展不平衡问题也是城乡发展不平衡。近年来各省市改革建立了推动城乡一体化发展的体制机制和政策体系，城乡在资源要素配置、产业发展、公共服务、居民收入等方面向均衡化迈进，城乡发展差距逐步改善，但在消费方面仍存在些许差异。这些消费差异的表现是多方面的，需要从消费水平、消费倾向、消费结构（包括食物消费、耐用品消费等）等多角度通过历史数据纵向对比，系统全面分析其发展历程，才能深入把握城乡居民消费状况以及未来可能的变化趋势，为后续破解城乡消费非均衡化发展提供现实依据。

---

① 资料来源：中经网统计数据库，通过全国居民消费水平数据和居民消费价格指数计算得到。
② 城乡恩格尔系数来自国家统计局。

1. 城乡居民消费水平稳步上升，城乡消费差距逐步缩小

城乡居民消费水平反映了城乡各类实物消费品和服务性消费的人均支出，能较好从支出角度对比反映出城乡居民的消费能力和实际生活水平。

如图 5-1 所示，1980~2019 年我国居民消费水平随经济发展一直呈现出上升趋势，主要存在三次明显的阶段性变化。1980~1994 年居民消费水平变化平稳，城乡居民消费水平较为接近。1993 年为应对经济大步前进中增长过热的现象，中央做出深化改革、加强宏观调控的部署安排，加快了财贸、金融、投资等宏观经济体制改革步伐，经济发展呈现出稳中向好的局面，居民消费水平开始缓慢增长。1994~2000 年城乡居民消费水平稳步提升，但城镇居民消费水平增长高于农村居民，城乡消费差距开始显现。

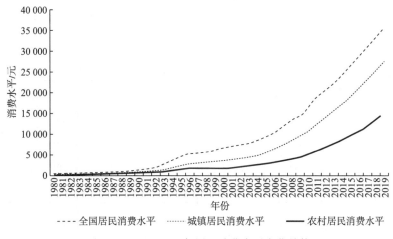

图 5-1　1980~2019 年居民消费水平变化趋势
资料来源：中经网统计数据库

2001 年至今，居民消费水平整体上呈现出大幅度增长趋势。主要得益于以下几个方面：一是 2001 年中国加入世界贸易组织（World Trade Organization，WTO），融入经济全球化的步伐加快，外贸出口增加产生新的工作岗位和就业机会，居民收入得到显著改善，消费能力也得到提高；但外贸扩展也加快了人口迁移，引起城乡人口格局变动，放大了城乡消费差距。二是 2008 年美国次贷危机爆发迅速波及全球，中国果断采取 4 万亿元财政投资和放宽信贷的组合政策以期实现扩大内需和稳增长的目标。民生工程投资大幅度增加，居民消费水平增长率加快。2008 年起全国居民消费水平大幅度提升，增长率明显高于之前的时期。三是消费政策发力。例如，"十二五"规划纲要明确提出"建立扩大消费需求的长效机制"；党的十七大报告强调促进经济增长由主要依靠投资、出口拉动向依靠消费、投资、出口协调拉动转变；党的十八大报告指出"要牢牢把握扩大内需这一

战略基点，加快建立扩大消费需求长效机制，释放居民消费潜力……扩大国内市场规模"；党的十九大报告进一步强调"完善促进消费的体制机制，增强消费对经济发展的基础性作用"。这一系列政策文件发力，消费保障、消费环境、消费品质等方面得到进一步释放，消费水平增速加快。但在这一系列政策措施中城镇居民可能得到更多的消费实惠和消费保障，导致城乡居民的消费差距进一步拉大。从图 5-1 也可看出，2008 年以后城镇居民的消费水平增速明显快于农村地区。

表 5-1 报告了 1980~2019 年城乡居民消费水平比。从表中可看出，1993 年之前城乡居民消费水平比一直保持在 3 以内，1993~2013 年城乡居民消费水平比一直保持在 3 以上。"十二五"规划以来相关政策发力，城乡居民消费水平明显提升，截至 2019 年城镇居民消费水平差距已回落到改革开放初期水平，但仍有 2.38 倍的差距。在实现消费均衡发展的过程中，保障农村居民消费、提升农村居民消费水平成为缩小城乡消费差距的关键。

表 5-1　1980~2019 年城乡居民消费水平比（农村居民消费水平=1）

年份	城乡居民消费水平比	年份	城乡居民消费水平比	年份	城乡居民消费水平比	年份	城乡居民消费水平比
1980	2.71	1990	2.23	2000	3.53	2010	3.35
1981	2.50	1991	2.42	2001	3.47	2011	3.16
1982	2.15	1992	2.83	2002	3.45	2012	3.11
1983	2.14	1993	3.20	2003	3.38	2013	3.00
1984	2.14	1994	3.35	2004	3.37	2014	2.88
1985	2.13	1995	3.50	2005	3.38	2015	2.82
1986	2.15	1996	3.14	2006	3.34	2016	2.73
1987	2.19	1997	3.08	2007	3.35	2017	2.59
1988	2.34	1998	3.21	2008	3.37	2018	2.43
1989	2.26	1999	3.42	2009	3.33	2019	2.38

注：城乡居民消费水平来源于中经网统计数据库

2. 城乡居民平均消费倾向整体上趋于下降，但近年来农村居民平均消费倾向缓慢上升

平均消费倾向表示消费支出在收入中的占比，反映了居民的消费意愿，能很好度量居民在某一时段内的消费意向变动趋势。平均消费倾向可能随收入水平、消费环境、消费品质、消费满意度的变化而改变，城乡居民平均消费倾向的对比在一定程度上可显示出城乡因收入、社会保障服务、消费环境、供需等失衡造成

的消费差距。

图 5-2 显示了改革开放以来我国城乡居民平均消费倾向的变动趋势，整体而言，城镇居民平均消费倾向在波动中缓慢下降，从 1981 年的 0.91 下降到 2019 年的 0.66。与城镇相比，农村居民平均消费倾向从改革开放以来波动较大，呈现出五个明显的阶段性特征。第一阶段为 1981~1984 年，平均消费倾向由 1981 年的 0.85 下降到 1984 年 0.77。第二阶段为 1985~1989 年，平均消费倾向由 1985 年的 0.80 上升至 1989 年的 0.89。第三阶段为 1990~1999 年，平均消费倾向由 1990 年的 0.85 下降至 1999 年的 0.71。第四阶段为 2000~2012 年，平均消费倾向保持平稳，一直在 0.71~0.78 波动。第五阶段为 2013~2019 年，平均消费倾向显著提升。

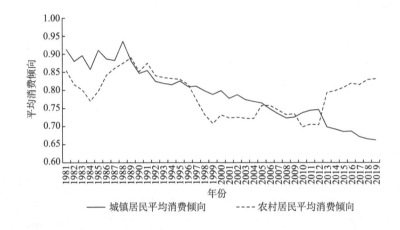

图 5-2　城乡居民平均消费倾向趋势图
资料来源：中经网统计数据库，平均消费倾向由家庭人均消费支出与人均可支配收入/人均纯收入计算得到

从农村地区经济发展阶段看：1981~1984 年，平均消费倾向有快速下降的趋势，可能原因是收入增长带动了平均消费倾向的下降，1982~1983 年正处于家庭联产承包责任制的初期，农村居民的收入在这一阶段快速增长，但农村消费品市场尚未得到有效开放，家庭消费较为稳定。1985~1989 年，农村消费品市场逐渐扩大，居民潜在需求得到有效释放。在农村地区经济发展阶段，农产品价格大幅度提升增加了农民的名义收入，货币幻觉使得农民的消费增量大于收入增量（臧旭恒，2001；陈冲，2016）。在农村地区经济发展阶段，农村居民平均消费倾向明显增加。1990~1999 年，农村居民平均消费倾向又开始呈现出下降态势，尤其是在 1995~1999 年下降的幅度较大。农村地区经济发展阶段的变化可能与经济发展中农村居民的不确定性感受相关（陈冲，2016）。1991 年华东水灾、1998 年特大洪水、1993~1994 年通货膨胀创造新中国历史新高，20 世纪 90 年代国有企业改

革以及其间高等教育收费改革、医疗市场化改革等多类冲击造成了农村居民不确定性预期增加，储蓄增加，平均消费倾向减少。2000~2012 年农村居民平均消费倾向较为稳定，其间略有增加。这可能与政府对"三农"问题的重视以及相关政策发力有关。2004 年至今，中央政府每年都发布事关"三农"问题的一号文件，对促进农村居民增收、改善农村公共服务、提振消费极为有利。2004 年开始减免农业税，2008 年推广家电下乡。此外，在 2000~2012 年，新型农村社会养老、医疗保险制度全面铺开，义务教育全面实施，农村种粮、养殖补贴力度加大，一系列惠农政策有效实施为农村居民的收入、消费提供了有力保障，可支配收入和消费稳步增加，使得平均消费倾向较为稳定。在最后一阶段，2013~2019 年农村居民平均消费倾向明显提升。值得注意的是在 2013 年之前，农村居民平均消费倾向一直低于或略高于城镇居民平均消费倾向，但 2013 年后农村居民平均消费倾向高于城镇居民平均消费倾向。主要原因可能是在该阶段一系列惠农富农政策实施力度加大并落到实处。精准扶贫顺利推进，乡村振兴战略稳步实施，农村电子商务发展，农村居民的社会养老、医疗保险等广覆盖，收入增加，消费环境改善，消费渠道畅通，农村居民的消费能力、消费信心、消费意愿都在不断增强，消费能力得到释放。

3. 城乡家庭恩格尔系数趋于下降

恩格尔系数表示家庭食品支出在家庭总消费支出的占比。食品消费作为家庭生存生活的基本消费，只有在食物需求得到满足时消费重心才会转向穿、用，甚至娱乐服务等消费。"仓廪实而知礼节，衣食足而知荣辱"正是反映消费由基本消费向其他消费转移升级的过程。随着经济发展、收入增长，一个地区或家庭的食物消费达到饱和后会转向其他消费，食品消费占家庭总消费支出的比将会下降。为此，恩格尔系数越小，表示家庭生活越富裕。联合国根据恩格尔系数对各国生活水平进行划分，认为当国家平均家庭恩格尔系数大于 60% 时为贫穷，在 50%~60% 为温饱，在 40%~50% 为小康，在 30%~40% 为相对富裕，在 20%~30% 为富足，低于 20% 则为极其富裕。

图 5-3 显示了 1990~2019 年城乡居民家庭恩格尔系数变化趋势。整体来看，城乡居民家庭恩格尔系数呈现下降趋势，且农村家庭的系数下降幅度更大，从 1990 年的 58.8% 下降到 2019 年的 30%，表明我国居民生活水平不断改善，已由 20 世纪 90 年代的温饱状况步入相对富裕阶段；城镇家庭恩格尔系数一直低于农村家庭，说明城乡居民之间的生活水平一直存在明显差异，但值得庆幸的是，城乡居民食品消费支出在家庭消费总支出中的比重在缓慢接近，恩格尔系数差距不断缩小，已由 1999 年的 10.5 个百分点下降到 2019 年的 2.4 个。

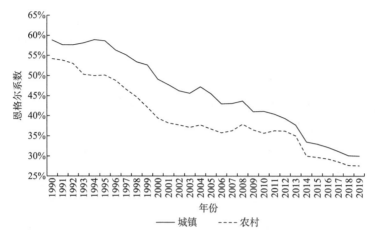

图 5-3　1990~2019 年城乡居民家庭恩格尔系数变化趋势
资料来源：历年《中国社会统计年鉴》

4. 城乡居民耐用品消费差距逐步缩小

许多耐用品都是大件消费品，且在初次购买后能持续使用，也具有一般非耐用消费品和资产的某些属性。此外，大件耐用品购买支出金额较大，往往会影响到整个家庭的收入分配状况，影响家庭其他非耐用品消费决策。一些学者将耐用品的生产和消费作为经济波动的指示器（张兵兵和徐康宁，2013），认为繁荣耐用品市场有助于刺激生产和消费保证宏观经济运行稳定。本部分将重点从洗衣机、彩色电视机、电冰箱和计算机这四种耐用品消费分析城乡居民家庭耐用品消费的演变趋势，为深入探究城乡居民消费差距、促进城乡消费均衡发展提供事实依据。

如表 5-2 所示，整体上看，城乡平均每百户家庭拥有洗衣机、彩色电视机、电冰箱和计算机的数量在不断增长，但农村家庭拥有的数量一直低于城镇家庭。从变化趋势来看，20 世纪 90 年代城镇地区洗衣机、彩色电视机消费市场可能供给充足且城镇家庭可支配收入较高，城镇家庭购买力较强，洗衣机、彩色电视机拥有量也较高。从 1995 年到 2018 年，城镇家庭的洗衣机和彩色电视机拥有量只增加了 8.73 台和 31.51 台，而农村家庭的洗衣机和彩色电视机拥有量增加迅速，从 1995 年的 16.90 台和 16.92 台增加到 2018 年的 88.50 台和 116.60 台。在此期间，城乡家庭洗衣机和彩色电视机的拥有量差距也在明显缩小。洗衣机由 1995 年 72.07 台的差距缩小到 2018 年的 9.20 台，彩色电视机由 1995 年 72.87 台的差距缩小到 2018 年的 4.70 台。在电冰箱和计算机方面，20 世纪末可能由于消费市场中的供给不足或价格较高，城乡家庭的拥有量都较低，尤其是农村家庭，1995 年每百户家庭仅有 5.15 台电冰箱，在 2000 年时每百户家庭仅有 0.47 台计算机。随着社会经济发展，城乡在电冰箱拥有量上的差距不断缩小，截至2018年城乡家庭电冰箱拥有量仅相差5台，但计算机拥有量仍相差46.20台。城乡洗衣机、彩色电视机和电冰箱拥有量差距不断缩小的重要原因可能是"家电下乡"补贴政策的推进。2008年国务院启动非城镇户口居民购买彩色电视、冰箱和洗衣机等产品按其售价的13%给予补贴，2010年又加大了补贴范围和补贴力度。从表5-2也可以看出，农村家庭拥有洗衣机、电冰箱的数量在2009年后增加迅速，这与"家电下乡"补贴政策推进时间一致。

表5-2　平均每百户年末主要耐用消费品拥有量（单位：台）

年份	洗衣机		彩色电视机		电冰箱		计算机	
	城镇	农村	城镇	农村	城镇	农村	城镇	农村
1995	88.97	16.90	89.79	16.92	66.22	5.15		
1996	89.12	20.54	93.50	22.91	69.67	7.27		
1997	90.06	21.87	100.48	27.32	72.98	8.49		
1998	90.57	22.81	105.43	32.59	76.08	9.25		
1999	91.44	24.32	111.57	38.24	77.74	10.64		
2000	90.50	28.58	116.60	48.74	80.10	12.31	9.70	0.47
2001	92.51	29.94	120.81	54.41	82.09	13.59	13.27	
2002	92.66	31.80	126.20	60.45	86.98	14.83	20.59	
2003	94.41	34.27	130.50	67.80	88.73	15.89	27.81	3.36
2004	95.90	37.32	133.44	75.09	90.15	17.75	33.11	3.68
2005	95.51	40.20	134.80	84.08	90.72	20.10	41.52	2.10
2006	96.77	42.98	137.43	89.43	91.75	22.48	47.20	2.73
2007	96.77	45.94	137.79	94.38	95.03	26.12	53.77	3.68
2008	94.65	49.11	132.89	99.22	93.63	30.19	59.26	5.36
2009	96.01	53.14	135.65	108.94	95.35	37.11	65.74	7.46
2010	96.92	57.32	137.43	111.79	96.61	45.19	71.16	10.37
2011	97.05	62.57	135.15	115.46	97.23	61.54	81.88	17.96
2012	98.02	67.22	136.07	116.90	98.48	67.32	87.03	21.36
2013	88.40	71.20	118.60	112.90	89.20	72.90	71.50	20.00
2014	90.70	74.80	122.00	115.90	91.70	77.60	76.20	23.50
2015	92.30	78.80	122.30	116.90	94.00	82.60	78.50	25.70
2016	94.20	84.00	122.30	118.80	96.40	89.50	80.00	27.90
2017	95.70	86.30	123.80	120.00	98.00	91.70	80.80	29.20
2018	97.70	88.50	121.30	116.60	100.90	95.90	73.10	26.90

资料来源：历年《中国统计年鉴》

在信息化、数字化和智能化时代，互联网已经成为生活方式的一部分，智能手机、计算机成为网络联通的重要桥梁，同时也是实现消费扩容升级，实现消费的新业态、新场景不可或缺的硬件设施。当前城乡家庭在计算机拥有量上还存在较大差距，城乡信息消费非均衡化发展、农村互联网普及度不高和互联网下沉力度不够可能是直接推手。已有研究表明，互联网可通过"收入效应"和"消费净效应"等多维路径降低城乡居民消费差距（程名望等，2016），为此加强农村地区互联网基础设施建设、推进计算机和智能手机的普及度是缩小城乡消费差距的有力途径。

（二）区域消费对比

除城乡发展不平衡外，区域发展不平衡是我国又一重大基本国情。我国区域发展经历了均衡发展到非均衡发展，再从非均衡发展到非均衡协调发展的演变历程。中华人民共和国成立初期为拓展生产力发展空间实行了均衡发展战略。改革开放后，国家对资源配置进行重大调整，强调先富带动后富，从区域均衡发展战略转变为促进国民经济整体发展、强调宏观经济整体效益，东部沿海地区依靠区位优势和经济资源优势得到优先发展。非均衡发展使国民经济得到较快发展，但也加快了区域发展不平衡。近些年，国家强调区域发展的协调性，西部大开发战略、振兴东北老工业基地、中部崛起战略相继实施，又重点推进"一带一路"建设，京津冀协同发展，长江经济带、雄安新区、粤港澳大湾区等区域协调发展战略。区域发展的非均衡性和协调性必将影响到区域经济发展效益和居民消费。本部分内容将紧紧围绕区域非均衡发展分析区域消费水平，通过纵向和横向对比用特征事实描述东中西部以及东北地区区域间的消费差距。

1. 区域消费水平差距逐步缩小

改革开放以来，东部沿海地区借助区域和资源优势快速调整产业结构、构建对外开放格局，尤其是在中国加入 WTO 以后，通过对外贸易将"引进来"和"走出去"有机结合在一起，加速了经济发展步伐。经济发展，居民收入增加，消费水平随之提高。从图 5-4 中可看出，东部地区的居民消费水平明显高于东北和中西部地区，且在中国加入 WTO 后增长速度加快，2011 年个税改革后东部地区[①]居民消费增速进一步提高。

---

① 东部地区包括北京、天津、河北、上海、江苏、浙江、福建、山东、广东及海南 10 个省（市），中部地区包括山西、安徽、江西、河南、湖北、湖南 6 个省，西部地区包括重庆、四川、贵州、云南、陕西、甘肃、青海、宁夏、新疆、内蒙古、广西11 个省（区、市），东北地区包括辽宁、吉林、黑龙江 3 省。和已有文献研究一致，西藏因数据原因没有包含在我们的分析范围。

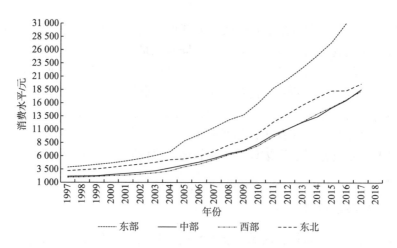

图 5-4　地区间居民消费水平变化趋势

资料来源：《中国统计年鉴》，各地区消费水平由地区居民消费除以常住人口得到

20 世纪 90 年代以来，东北地区凭借出色的重工业和农业基地优势取得较快发展，其经济发展程度仅次于东部沿海地区，居民收入水平也较高，消费能力较强，从图 5-4 看出，东北地区居民消费水平一直高于中西部地区。随着经济发展进入新常态，东北地区工业产品过剩、工业和房地产投资下滑，人口流失和老龄化加剧，经济下行压力加大，2015 年之后东北地区居民消费水平增速放缓。此外，从社会经济发展情况看，中部地区的 GDP 总量、居民平均可支配收入、公共服务水平明显高于西部地区，但由图发现，中部地区居民消费水平仅仅略高于西部地区。

图 5-5 显示了 1997 年以来东部、中部、西部以及东北地区居民消费水平的差距。由于我国东部地区率先发展起来，东部全社会固定资产投资、人均 GDP 增长较快，居民收入和消费水平也较高，与中部、西部以及东北地区的居民消费水平比都大于 1。东部与东北地区消费差距较小，与中西部地区消费差距较大。1997~2004 年东部与东北地区消费差距一直稳定在 1.212~1.287，但 2004 年消费差距由 1.287 快速上升至 2006 年的 1.69，此后振兴东北老工业基地战略对居民消费的作用开始显现，东部与东北地区消费差距开始缩小，然而 2015 年后消费差距又有扩大趋势。东部与中西部居民消费差距不断缩小，尤其是 2006 年之后，东中西部居民消费差距下降得更快。这较大程度上得益于中部崛起、西部大开发战略的持续推进。2004 年政府工作报告中明确提出促进中部地区崛起，2006 年中共中央正式出台促进中部崛起的若干意见，同年年底制定了《西部大开发"十一五"规划》，随后，2009 年、2012 年国务院、国家发展和改革委员会进一步强化了中部崛起规划和对西部大开发战略的解读。区域协调发展政策持续发力，区域经济效

应持续显现，居民消费水平提升，区域消费不平衡得到有效遏制。图 5-5 也可看出中西部、东北地区与中西部地区的消费差距呈现出在逐步缩小的趋势。

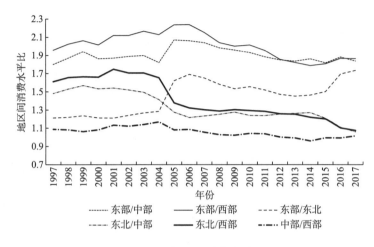

图 5-5　地区间居民消费水平差距
资料来源：历年《中国统计年鉴》，消费差距由地区消费水平比计算得到

2. 区域消费率差距逐步缩小

居民和政府消费率指某一地区（国家）在一定时期内居民消费或政府消费支出占当年 GDP 的比率，是国民收入分配和再分配的结果，常常用来作为衡量消费在国民经济发展中重要地位的指标。本部分内容将重点从居民和政府消费率的视角分析东部、中西部及东北地区区域间的消费差距。

表 5-3 显示出 1997~2017 年我国各地区居民和政府消费率的变化特点。在该期间，各地区政府消费率一直保持相对稳定态势，且历年西部地区的政府消费率高出东中部、东北地区 2~5 个百分点。与其他地区相比，西部地区公共服务基础设施发展滞后，政府需要投入更多民生性支出改善公共服务体系，促进城乡、区域间公共服务均衡化。基于居民消费率视角，十八大以前外贸出口、投资一直是实现我国经济增长的两大主要驱动力，四大区域的居民消费率总体呈现下降态势。十八大以来，经济进入新常态，消费成为经济增长的主要驱动力，消费与投资比例关系趋于合理，居民消费率开始呈现出增长趋势。横向对比，东部地区居民消费水平高，但居民消费率明显低于其他地区，西部地区居民消费水平低，但消费率高于其他地区。从居民消费率差异变化趋势看，截至 2017 年，东中部居民消费率差异由 1997 年的 14 个百分点下降至 1 个百分点，东西部居民消费率差异由 1997 年的 13 个百分点下降至 3 个百分点。四大区域间居民消费率的差异逐步缩小，且存在明显的趋同趋势。

表 5-3　各区域居民和政府的消费率

年份	东部		中部		西部		东北	
	居民	政府	居民	政府	居民	政府	居民	政府
1997	0.36%	0.11%	0.50%	0.13%	0.49%	0.15%	0.46%	0.12%
1998	0.35%	0.11%	0.48%	0.13%	0.47%	0.15%	0.45%	0.13%
1999	0.34%	0.12%	0.47%	0.14%	0.47%	0.15%	0.45%	0.14%
2000	0.34%	0.13%	0.47%	0.14%	0.46%	0.17%	0.43%	0.15%
2001	0.34%	0.14%	0.46%	0.15%	0.43%	0.19%	0.44%	0.17%
2002	0.33%	0.14%	0.45%	0.15%	0.43%	0.18%	0.43%	0.17%
2003	0.32%	0.14%	0.44%	0.14%	0.40%	0.18%	0.42%	0.16%
2004	0.30%	0.14%	0.42%	0.13%	0.38%	0.18%	0.40%	0.16%
2005	0.33%	0.14%	0.41%	0.13%	0.42%	0.17%	0.35%	0.14%
2006	0.33%	0.14%	0.40%	0.13%	0.40%	0.18%	0.33%	0.14%
2007	0.32%	0.14%	0.37%	0.13%	0.38%	0.18%	0.32%	0.14%
2008	0.32%	0.14%	0.36%	0.12%	0.37%	0.17%	0.32%	0.14%
2009	0.32%	0.14%	0.36%	0.12%	0.37%	0.17%	0.32%	0.15%
2010	0.32%	0.13%	0.35%	0.12%	0.35%	0.17%	0.31%	0.15%
2011	0.32%	0.13%	0.34%	0.12%	0.35%	0.16%	0.30%	0.14%
2012	0.33%	0.14%	0.34%	0.12%	0.35%	0.17%	0.31%	0.14%
2013	0.33%	0.14%	0.35%	0.12%	0.35%	0.16%	0.32%	0.14%
2014	0.34%	0.14%	0.35%	0.12%	0.37%	0.15%	0.33%	0.14%
2015	0.36%	0.14%	0.38%	0.13%	0.38%	0.17%	0.36%	0.13%
2016	0.37%	0.13%	0.39%	0.13%	0.39%	0.17%	0.38%	0.15%
2017	0.38%	0.13%	0.39%	0.13%	0.41%	0.17%	0.40%	0.14%

资料来源：历年《中国统计年鉴》，消费率由居民消费、政府消费与地区生产总值计算得到

（三）收入群体对比

收入是消费的前提和基石，收入水平的高低直接决定了消费能力的高低和间接影响消费信心、消费意愿。在经典消费理论中，不管是绝对收入假说还是相对收入假说、持久收入假说，都强调收入对消费的决定性作用。在消费非均衡化方面，收入不平等也是影响消费水平和消费不平等的重要原因（邹红等，2013；赵达等，2017；刘悦等，2019）。图 5-6 描述了改革开放以来我国收入差距整体的变化趋势，可以发现，基尼系数从 1981 年的 0.310 上升至 2008 年的 0.491，随后虽然出现缓慢的下降趋势，但 2018 年仍然保持在 0.474。收入差距可能放大不同收入群体的消费差距，整体上扩大了居民的消费差距。本部分将利用宏观统计数据和全国代表性微观家庭调查数据从收入角度描述不同收入群体的消费情况，基

于典型事实分析收入不平衡与消费非均衡发展的相关关系。

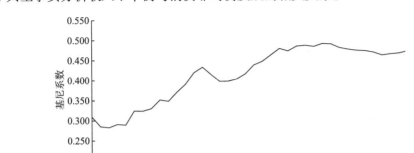

图 5-6　全国基尼系数变化

资料来源：1981~2002 年数据来自 Ravallion 和 Chen（2007）的研究；2003~2017 年数据来自《中国住户调查年鉴》

1. 相比农村，城镇家庭人均消费水平差距不断扩大

图 5-7 描述了城镇家庭不同收入群体家庭人均消费水平变化趋势。数据显示城镇家庭人均消费水平随社会经济发展明显提高，与图 5-1 一致，但在不同收入群体之间，城镇家庭人均消费呈现出扩大趋势。根据《中国统计年鉴》数据，1987 年最高收入 10%家庭的人均消费是最低收入 10%家庭的 2.63 倍，是全国城镇家庭人均消费的 1.63 倍，但至 2012 年，最高收入 10%家庭的人均消费是最低收入 10%家庭的 5.16 倍，是全国城镇家庭人均消费的 2.26 倍（图 5-7 中全国家庭人均消费水平未报告）。此外，1987 年城镇中等收入家庭人均消费是全国城镇家庭人均消费的 0.99 倍，是最低收入 10%家庭人均消费的 1.59 倍，但截至 2012 年，城镇中等收入家庭人均消费是全国城镇家庭人均消费的 0.94 倍，是最低收入 10%家庭人均消费的 2.15 倍。以上数据表明，城镇不同收入群体间的消费差距逐年扩大，消费发展不均衡有逐年增强的趋势，且城镇中等收入以下家庭尤其是最低收入家庭的人均消费可能受到抑制。

图 5-8 利用农村固定观察点 1986~2013 年的数据描述了农村家庭不同收入群体家庭人均消费水平变化趋势。鉴于国家统计局的宏观数据只能观察到 2002~2012 年农村不同收入群体家庭人均消费水平，本部分利用具有全国代表性的数据描述农村家庭不同收入群体家庭人均消费水平变化趋势，跨度时间更长。值得强调的是，农村固定观察点数据由中央政策研究室和农业农村部组织实施的全国性农村工作调查，能反映全国各地农户的生产、投资及消费等情况（程名望等，2014；徐舒等，2020）。图 5-8 同样显示出随时间变化农村居民人均消

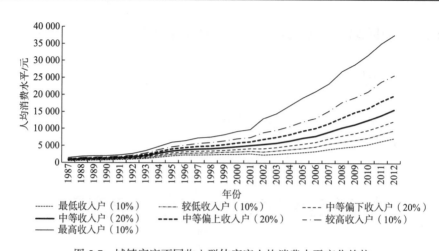

图 5-7　城镇家庭不同收入群体家庭人均消费水平变化趋势

资料来源：1987~2012 年的《中国统计年鉴》，2012 年之后年鉴未报告分收入等级的人均消费支出

费水平明显提高，但在不同收入群体之间，居民人均消费水平差距较大。根据农村固定观察点 1986~2013 年数据，1986 年农村最高收入 10%家庭的人均消费是最低收入 10%家庭的 3.59 倍，是中等收入家庭人均消费的 2.14 倍，是较高收入家庭人均消费的 1.47 倍。截至 2013 年，农村最高收入 10%家庭的人均消费仍是最低收入 10%家庭的 3.54 倍，是中等收入家庭人均消费的 2.21 倍，是较高收入家庭人均消费的 1.42 倍。

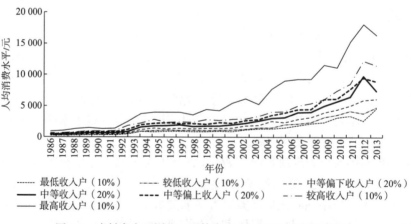

图 5-8　农村家庭不同收入群体家庭人均消费水平变化趋势

资料来源：农村固定观察点调查（1986~2013 年）

结合图 5-7 与图 5-8 发现，城镇家庭的人均消费水平在高收入群体和低收入群体之间呈现出扩大的趋势，而农村家庭的人均消费水平在不同收入群体之间的差距一直保持在相对稳定的状态。从 21 世纪 80 年代至 2012 年，城镇地区不同收入

群体的人均消费差距明显大于农村地区。

2. 城镇地区高收入与低收入群体的平均消费倾向差距不断拉大

表 5-4 和表 5-5 分别利用《中国统计年鉴》和农村固定观察点数据计算了城乡不同收入组家庭的平均消费倾向。纵向看，与前面的分析结论一致，城乡不同收入群体的平均消费倾向随社会经济发展呈现出下降态势，尤其是城镇家庭较为明显。横向对比，低收入组的平均消费倾向整体上高于高收入组的平均消费倾向。对于城镇家庭，最低 10%收入群体与最高 10%收入群体的平均消费倾向差距呈现出先增加再缓慢下降的态势，高收入家庭平均消费倾向下降得更快，消费意愿随经济发展而减弱。通过全国城镇平均消费倾向与中等收入平均消费倾向对比发现，中等收入群体的平均消费倾向略高于全国平均水平，在一定程度上说明全国城镇家庭消费倾向的下降较大程度上是受高收入群体影响。此外，1987 年城镇最高收入群体的人均收入是最低收入群体人均收入的 2.91 倍，最高收入群体的人均消费是最低收入群体人均消费的 2.63 倍；但到 2012 年，城镇最高收入群体的人均收入是最低收入群体人均收入的 8.24 倍，最高收入群体的人均消费是最低收入群体人均消费的 5.16 倍。为此，我们认为相对高收入群体，城镇低收入群体的平均消费倾向高，但消费可能受到收入掣肘（尤其是最低收入的群体），高收入群体消费意愿较低，若是收入差距扩大将可能抑制城镇居民消费增长。

表 5-4 城镇不同收入组家庭的平均消费倾向（1987~2012 年）

年份	全国	最低收入户（10%）	较低收入户（10%）	中等偏下收入户（20%）	中等收入户（20%）	中等偏上收入户（20%）	较高收入户（10%）	最高收入户（10%）	最低收入户-最高收入户
1987	0.87	0.92	0.90	0.90	0.88	0.87	0.84	0.83	0.09
1988	0.93	0.96	0.96	0.94	0.94	0.92	0.90	0.89	0.07
1989	0.87	0.94	0.93	0.91	0.88	0.87	0.84	0.80	0.14
1990	0.84	0.91	0.89	0.87	0.86	0.83	0.81	0.76	0.15
1991	0.85	0.93	0.90	0.88	0.86	0.83	0.82	0.77	0.16
1992	0.82	0.93	0.89	0.86	0.84	0.81	0.78	0.73	0.20
1993	0.82	0.93	0.89	0.87	0.84	0.81	0.77	0.72	0.21
1994	0.81	0.95	0.91	0.86	0.85	0.80	0.78	0.70	0.25
1995	0.82	0.95	0.91	0.87	0.85	0.82	0.77	0.73	0.22
1996	0.81	0.95	0.88	0.86	0.83	0.80	0.76	0.70	0.25
1997	0.81	0.95	0.89	0.86	0.79	0.79	0.76	0.71	0.24
1998	0.79	0.96	0.89	0.85	0.81	0.78	0.76	0.69	0.27
1999	0.78	0.95	0.89	0.84	0.80	0.77	0.74	0.68	0.27
2000	0.79	0.95	0.90	0.85	0.81	0.78	0.75	0.69	0.26

续表

年份	全国	最低收入户（10%）	较低收入户（10%）	中等偏下收入户（20%）	中等收入户（20%）	中等偏上收入户（20%）	较高收入户（10%）	最高收入户（10%）	最低收入户–最高收入户
2001	0.77	0.95	0.89	0.84	0.80	0.76	0.72	0.65	0.30
2002	0.74	0.94	0.85	0.81	0.77	0.74	0.71	0.65	0.29
2003	0.72	0.93	0.84	0.80	0.75	0.72	0.68	0.62	0.31
2004	0.71	0.93	0.84	0.79	0.74	0.70	0.67	0.61	0.32
2005	0.70	0.92	0.83	0.78	0.74	0.69	0.65	0.61	0.31
2006	0.68	0.88	0.80	0.75	0.72	0.67	0.64	0.60	0.28
2007	0.67	0.88	0.81	0.74	0.70	0.65	0.63	0.58	0.30
2008	0.66	0.87	0.78	0.73	0.69	0.64	0.63	0.57	0.30
2009	0.65	0.86	0.75	0.71	0.67	0.65	0.62	0.56	0.30
2010	0.64	0.82	0.72	0.69	0.67	0.63	0.61	0.56	0.26
2011	0.63	0.82	0.72	0.68	0.65	0.62	0.61	0.55	0.27
2012	0.62	0.79	0.70	0.67	0.64	0.61	0.59	0.54	0.25

资料来源：1987~2012 年的《中国统计年鉴》

表 5-5　农村不同收入组家庭的平均消费倾向（1986~2013 年）

年份	最低收入户（10%）	较低收入户（10%）	中等偏下收入户（20%）	中等收入户（20%）	中等偏上收入户（20%）	较高收入户（10%）	最高收入户（10%）	最低收入户–最高收入户
1986	0.83	0.70	0.65	0.59	0.54	0.54	0.40	0.43
1987	0.70	0.65	0.59	0.54	0.50	0.51	0.38	0.32
1988	0.71	0.70	0.60	0.56	0.55	0.50	0.41	0.30
1989	0.74	0.69	0.61	0.57	0.60	0.55	0.41	0.33
1990	0.70	0.67	0.60	0.58	0.57	0.52	0.37	0.33
1991	0.66	0.66	0.59	0.57	0.51	0.53	0.37	0.29
1993	0.72	0.60	0.56	0.51	0.55	0.66	0.37	0.35
1995	0.78	0.60	0.56	0.55	0.51	0.47	0.38	0.40
1996	0.74	0.60	0.63	0.55	0.52	0.55	0.37	0.37
1997	0.77	0.63	0.55	0.56	0.53	0.45	0.36	0.41
1998	0.78	0.62	0.58	0.61	0.53	0.46	0.35	0.43
1999	0.83	0.67	0.58	0.53	0.54	0.47	0.31	0.52
2000	0.78	0.62	0.59	0.54	0.51	0.54	0.38	0.39
2001	0.79	0.64	0.56	0.52	0.52	0.50	0.36	0.43
2002	0.65	0.65	0.58	0.57	0.50	0.47	0.38	0.27
2003	0.75	0.61	0.61	0.53	0.51	0.45	0.36	0.39

续表

年份	最低收入户（10%）	较低收入户（10%）	中等偏下收入户（20%）	中等收入户（20%）	中等偏上收入户（20%）	较高收入户（10%）	最高收入户（10%）	最低收入户-最高收入户
2004	0.71	0.58	0.55	0.54	0.47	0.45	0.31	0.40
2005	0.67	0.56	0.65	0.58	0.56	0.49	0.41	0.26
2006	0.68	0.65	0.56	0.54	0.56	0.45	0.50	0.18
2007	0.69	0.57	0.58	0.58	0.52	0.48	0.43	0.26
2008	0.72	0.60	0.57	0.54	0.49	0.47	0.39	0.33
2009	0.73	0.70	0.61	0.55	0.56	0.49	0.45	0.28
2010	0.80	0.69	0.60	0.53	0.48	0.46	0.39	0.41
2011	0.70	0.64	0.56	0.54	0.51	0.43	0.42	0.28
2012	0.76	0.61	0.56	0.60	0.45	0.48	0.40	0.36
2013	0.88	0.56	0.53	0.49	0.49	0.50	0.41	0.47

资料来源：农村固定观察点调查（1986~2013 年），其中 1992 年和 1994 年的数据缺乏，故未放入表中

　　对于农村家庭，1986~2013 年最低收入群体与最高收入群体的平均消费倾向差一直保持相对稳定的态势。根据农村固定观察点 1986~2013 年数据，1986~2013 年农村收入最高群体的人均收入和最低群体的人均收入差距一直稳定在 7.5 倍左右，人均消费水平差距一直稳定在 3.5 倍左右，可见城镇地区收入差距对居民整体消费水平的影响大于农村地区。

　　表5-6利用CHFS数据，进一步观测近年来我国城乡家庭不同收入群体消费的变化趋势。横向对比，家庭消费倾向随收入群体的提高而减少，与表5-4和表5-5显示的结果一致。从时间维度看，2011~2017 年中低收入群体的平均消费倾向有上升趋势，而高收入群体平均消费倾向继续呈现出下降趋势。在农村，中低收入群体平均消费倾向增加的趋势明显，与宏观数据图 5-2 显示的结果一致，可推测图 5-2 中农村家庭平均消费倾向增加可能较大程度由中低收入群体平均消费倾向增加引起。十八大以来国家陆续推进精准扶贫、乡村振兴战略，农村家庭尤其是低收入家庭的消费能力增强，消费潜力逐步得到释放，居民的消费意愿开始提升。

表5-6　城乡不同收入组家庭的平均消费倾向（2011~2017 年）

年份	最低收入户（10%）	较低收入户（10%）	中等偏下收入户（20%）	中等收入户（20%）	中等偏上收入户（20%）	较高收入户（10%）	最高收入户（10%）
全国							
2011	0.66	0.58	0.56	0.50	0.47	0.44	0.34
2013	0.64	0.60	0.57	0.51	0.49	0.45	0.35
2015	0.68	0.64	0.61	0.54	0.50	0.45	0.35
2017	0.68	0.63	0.60	0.54	0.50	0.44	0.34

续表

年份	最低收入户（10%）	较低收入户（10%）	中等偏下收入户（20%）	中等收入户（20%）	中等偏上收入户（20%）	较高收入户（10%）	最高收入户（10%）
城镇家庭							
2011	0.73	0.65	0.61	0.53	0.49	0.44	0.35
2013	0.68	0.65	0.61	0.53	0.51	0.46	0.35
2015	0.70	0.66	0.63	0.56	0.52	0.46	0.36
2017	0.70	0.66	0.62	0.56	0.52	0.46	0.35
农村家庭							
2011	0.64	0.52	0.46	0.42	0.38	0.41	0.30
2013	0.61	0.50	0.45	0.39	0.37	0.31	0.25
2015	0.64	0.57	0.51	0.43	0.39	0.34	0.23
2017	0.66	0.57	0.50	0.43	0.37	0.33	0.21

资料来源：CHFS

（四）行业对比

1. 行业投资结构逐步优化

表5-7和表5-8展示了2005~2017年全国主要行业全社会固定资产投资和增加值构成情况。数据显示，制造业投资额一直占据全国全社会固定资产投资的首位，其次是房地产业。此外，从表5-7各行业固定资产投资占比可以看出，行业间投资呈现出非均衡态势，一方面可能和行业特征相关；另一方面可能与行业间发展不平衡相关。从变化趋势看，第一产业农林牧渔业投资占比总体呈上升趋势，尤其是十八大以来投资加速，这得益于中央对第一产业的重视。精准扶贫、乡村振兴战略顺利施策，现代农业产业体系、生产体系和经营体系不断完善更新，催生了再生产投资的新动能。与人民生活密切相关的批发零售业投资逐年增加，总体投资规模和投资占比不断增加。

表5-7　2005~2017年全国主要行业全社会固定资产投资占总投资的比重

行业	2005年	2007年	2009年	2011年	2013年	2015年	2017年
农林牧渔业	2.62%	2.48%	3.07%	2.81%	3.02%	3.74%	4.17%
采矿业	4.04%	4.28%	4.10%	3.77%	3.28%	2.31%	1.44%
制造业	29.94%	32.41%	31.44%	32.98%	33.10%	32.09%	30.21%
电力热力燃气及水生产供应业	8.51%	6.89%	6.43%	4.71%	4.40%	4.75%	4.65%

续表

行业	2005年	2007年	2009年	2011年	2013年	2015年	2017年
建筑业	1.26%	0.95%	0.89%	1.08%	0.82%	0.88%	0.60%
批发零售业	1.93%	2.10%	2.29%	2.39%	2.85%	3.37%	2.62%
交通运输仓储和邮政业	10.83%	10.31%	11.12%	9.08%	8.24%	8.75%	9.58%
住宿和餐饮业	0.91%	1.11%	1.17%	1.27%	1.35%	1.16%	0.96%
信息传输及信息技术服务业	1.78%	1.35%	1.15%	0.70%	0.69%	0.98%	1.09%
金融业	0.12%	0.11%	0.16%	0.21%	0.28%	0.24%	0.17%
房地产业	21.97%	23.62%	21.98%	26.22%	26.62%	23.89%	22.80%
租赁和商务服务业	0.62%	0.69%	0.91%	1.09%	1.32%	1.68%	2.08%
科学研究和技术服务业	0.49%	0.41%	0.53%	0.54%	0.7%	0.85%	0.93%
水利和公共设施管理业	7.07%	7.39%	8.85%	7.87%	8.44%	9.91%	12.80%
服务修理和其他服务业	0.41%	0.32%	0.36%	0.46%	0.47%	0.49%	0.43%
教育业	2.49%	1.73%	1.57%	1.25%	1.22%	1.37%	1.73%
卫生和社会工作业	0.75%	0.64%	0.83%	0.75%	0.70%	0.92%	1.14%
文化、体育和娱乐业	0.97%	0.91%	1.06%	1.02%	1.17%	1.2%	1.36%
公共管理社会保障和社会组织业	3.30%	2.31%	2.11%	1.81%	1.32%	1.4%	1.24%

资料来源：全社会固定资产投资额来源于《中国统计年鉴》，各行业占比经计算得到

表 5-8　2005~2017 年全国主要行业的增加值构成

行业	2005年	2007年	2009年	2011年	2013年	2015年	2017年
农林牧渔业	12.24%	10.77%	10.33%	9.70%	9.57%	8.72%	7.88%
采矿业	5.63%	5.06%	4.91%	5.37%	4.28%	2.78%	2.56%
制造业	32.81%	32.91%	32.30%	31.98%	30.55%	29.51%	29.30%
电力热力燃气及水生产供应业	3.71%	3.62%	2.46%	2.53%	2.52%	2.18%	2.05%
建筑业	5.53%	5.75%	6.57%	6.73%	6.87%	6.80%	6.74%
批发零售业	7.39%	7.88%	8.50%	8.94%	9.46%	9.65%	9.46%
交通运输仓储和邮政业	5.91%	5.49%	4.91%	4.46%	4.38%	4.44%	4.53%
住宿和餐饮业	2.29%	2.09%	2.09%	1.75%	1.72%	1.77%	1.79%
信息传输及信息技术服务业	2.60%	2.52%	2.39%	2.11%	2.31%	2.70%	3.22%
金融业	3.44%	5.02%	5.21%	6.27%	6.92%	8.44%	7.97%

续表

行业	2005年	2007年	2009年	2011年	2013年	2015年	2017年
房地产业	4.50%	4.62%	5.47%	5.76%	6.05%	6.08%	6.58%
租赁和商务服务业	1.59%	1.42%	1.82%	1.93%	2.24%	2.49%	2.67%
科学研究和技术服务业	1.12%	1.10%	1.39%	1.62%	1.85%	1.96%	1.97%
水利和公共设施管理业	0.46%	0.42%	0.43%	0.44%	0.51%	0.56%	0.58%
服务修理和其他服务业	1.71%	1.50%	1.55%	1.54%	1.45%	1.58%	1.79%
教育业	3.09%	2.74%	3.07%	3.02%	3.18%	3.54%	3.65%
卫生和社会工作业	1.60%	1.43%	1.49%	1.52%	1.85%	2.18%	2.32%
文化、体育和娱乐业	0.65%	0.57%	0.65%	0.64%	0.65%	0.72%	0.81%
公共管理社会保障和社会组织业	3.73%	3.25%	4.45%	3.69%	3.64%	3.88%	4.15%

资料来源：主要行业的增加值数据来源于《中国统计年鉴》，构成通过增加值除以当年 GDP 计算得到

国家统计局数据显示，截至 2018 年末，批发零售业企业法人单位资产总计比 2013 年末增长 56.1%；全年实现的营业收入比 2013 年增长 44.1%。批发零售业法人单位数和从业人员数均居第三产业各行业首位。在批发零售行业内部，小规模非实体零售业发展较快。国家统计局第四次全国经济普查报告显示，2018 年末货摊无店铺及其他零售业企业法人单位数比 2013 年末增长 308.4%，年均增长 32.5%，综合零售、家用电器及电子产品专卖零售也同比增长 151.5%和 137.6%。从表 5-8 行业增加值构成看，批发零售业对 GDP 的贡献率逐年增加，且还是继续增加的态势。批发零售业的发展与居民消费需求、消费升级密切相关。在新经济新常态下进一步优化行业投资结构，从政策导向、税收和融资渠道上引导加强批发零售业的投资力度，有助于满足居民消费需求，继续扩大内需，增加消费对经济发展的基础性作用。

2. 行业间收入差距较大

2000 年前我国行业间的工资差距基本保持在 2.5 倍以下水平，和许多国家的行业工资差距较为接近。统计年鉴数据显示，1980 年我国城镇单位就业人员人均工资最高行业与人均工资最低行业的工资差距为 2.18 倍，1985 年该差距缩小到 1.81 倍，1990 年继续缩小到 1.76 倍，截至 2000 年又扩大到 2.63 倍。2000 年后我国行业间收入分配向技术密集型、资本密集型行业和新兴产业倾斜，人均工资最高的行业由电力热力燃气及水生产和供应业、科学研究和技术服务业向信息传输和软件及信息技术服务业、金融业转移，行业间的工资差距跳跃式拉大。从表 5-9 可看出 2005 年城镇单位就业人员人均工资最高行业与最低行业的工资比为 4.73，之后呈现出小幅度降低，2016 年该比下降至 3.64，但已高于部分发达国

家。例如，日本2016年人均工资最低行业与最高行业的比值仅为1.72。2016年我国人均工资最高行业与最低行业的差距高达 88 866 元。此外，据国家统计局2019 年数据，城镇非私营企业人均工资最高行业（信息传输和软件及信息技术服务业）与最低行业（农林牧渔业）工资绝对值差高达 122 012，工资之比达到4.1，也就是说信息传输和软件及信息技术服务业单季度工资等于农林牧渔业全年的工资。

表 5-9　主要行业城镇单位就业人员平均工资（单位：元）

行业	2005年	2007年	2009年	2011年	2013年	2015年	2016年
农林牧渔业	8 207	10 847	14 356	19 469	25 820	31 947	33 612
采矿业	20 449	28 185	38 038	52 230	60 138	59 404	60 544
制造业	15 934	21 144	26 810	36 665	46 431	55 324	59 470
电力热力燃气及水生产供应业	24 750	33 470	41 869	52 723	67 085	78 886	83 863
建筑业	14 112	18 482	24 161	32 103	42 072	48 886	52 082
批发零售业	15 256	21 074	29 139	40 654	50 308	60 328	65 061
交通运输仓储和邮政业	20 911	27 903	35 315	47 078	57 993	68 822	73 650
住宿和餐饮业	13 876	17 046	20 860	27 486	34 044	40 806	43 382
信息传输及信息技术服务业	38 799	47 700	58 154	70 918	90 915	112 042	122 478
金融业	29 229	44 011	60 398	81 109	99 653	114 777	117 418
房地产业	20 253	26 085	32 242	42 837	51 048	60 244	65 497
租赁和商务服务业	21 233	27 807	35 494	46 976	62 538	72 489	76 782
科学研究和技术服务业	27 155	38 432	50 143	64 252	76 602	89 410	96 638
水利和公共设施管理业	14 322	18 383	23 159	28 868	36 123	43 528	47 750
服务修理和其他服务业	15 747	20 370	25 172	33 169	38 429	44 802	47 577
教育业	18 259	25 908	34 543	43 194	51 950	66 592	74 498
卫生和社会工作业	20 808	27 892	35 662	46 206	57 979	71 624	80 026
文化、体育和娱乐业	22 670	30 430	37 755	47 878	59 336	72 764	79 875
公共管理社会保障和社会组织业	20 234	27 731	35 326	42 062	49 259	62 323	70 959

资料来源：《中国统计年鉴》。2016 年之后城镇单位主要行业就业人员平均工资分为私营和非私营企业，与之前的统计不一样，因此未报告 2017 年的数据

目前我国工资性收入占居民可支配收入的比重高达 56%以上，工资性收入较大程度上决定了居民收入分配格局。收入是消费的基石，行业间工资性收入差距可直接影响居民的消费能力。据前文分析可看出，高收入群体平均消费倾向低，消费意愿低，低收入群体具有较高平均消费倾向。行业间收入差距直接影响到居民收入分配结构，从而可能抑制低收入群体的消费能力和消费意愿。

（五）供需对比

当前适应人民美好生活消费需要的有效供给不足是宏观经济运行的主要特征。新经济新常态下居民消费升级加快，消费需要由一般的物质文化需要向美好生活消费需要迈进，消费需求由数量向更高水平的质量转变、由有形产品向消费服务转变，消费更注重多元化、个性化、高端化与场景化，侧重消费体验和舒适感。现实问题是当前供给难以适应居民消费升级的需要，主要表现为产品供给类型与需求类型不适应；产品供给品质与需求品质不匹配，导致国内供给过剩和消费外流。

1. 产品供给类型与需求类型不适应

当前居民消费需要已发生明显改变，从传统的食物、衣着、居住等生存型消费需要逐步向教育文化娱乐、医疗保健等享受发展型消费需要转变，消费类型由实物型发展为实物与服务消费并重。数据显示，2019 年全国人民人均食品烟酒与衣着消费支出比例进展 34.4%，教育文化娱乐、医疗保障及交通通信服务占据 33.8%，比 2010 年提高了将近 4 个百分点①。在人口老龄化背景下，医疗健康、家政服务、养老等传统的老年服务消费逐步成为当前及未来消费的主要内容。然而，当下产品供给类型和需求类型明显不一致，产能过剩与供给不足同时并存，供给类型难以满足居民真实消费需要。当前炼油、钢铁、煤炭、平板玻璃、水泥电解铝、船舶、光伏、风电等行业生产过剩，降低企业投资预期和居民消费预期，给经济结构调整带来不利影响。现代服务业供给不足。例如，在老年用品消费市场中，中国老龄协会发布的《需求侧视角下老年人消费及需求意愿研究报告》指出，当前全球老年用品有 6 万多种，但我国仅有 2 000 多种。我国老年人已超过 2 亿人，是全球老年人口最多的国家，但健康服务产出比仅占总产出的 1.7%，远远低于部分发展中国家和发达国家（俄罗斯该比为 3.5%，日本和美国该比分别为 5.9%和 6.7%）。此外，现有养老办公机构大多停留在基本生活服务阶段，且养老机构床位数供给不足，对服务失能、失智老年人的照料机构紧缺。民政部数据显示，截至 2019 年底，全国养老机构（含社区）共有床位 429.1 万张，

---

① 资料来源：国家统计局 2020 年国民经济和社会发展统计公报。

养老护理员有 31.2 万人，平均每位老年人仅拥有 0.073 名护理员，且许多护理人员文化程度较低。当前照料失能和半失能老年人的护理人员需求分别为 386 万人和 294 万人，但目前我国从事护理专职或兼职的人员仅为 200 多万人。

2. 产品供给品质与需求品质不匹配

随着生活质量的改善，消费渠道和消费空间的扩展与延伸，人们越来越追求品质消费、放心消费、舒心消费，追求消费的多样化、个性化。国内产品供给品质与居民消费需求品质并不一致，不合格的食品、假冒伪劣商品、低质廉价的服饰鞋包等层出不穷。在经济全球化背景下，国外产品与服务进入国内市场及国人出境消费变得更加便利，净化器、奶粉、马桶盖等产品海淘、代购及出境旅游逐步成为国内消费热点。据调查，当下许多老年人在运动、健康、养生、度假方面有强烈需求，并希冀在旅游中将这些需求实现，但目前国内 80%以上老年跟团旅游都是走观光路线，老年人的实际旅游需求难得到满足。《中国出境旅游发展年度报告 2019》显示，2018 年我国出境游客境外消费超过 1 300 亿美元，增速超过 13%。2018 年文化和旅游发展统计公报显示，2018 年国内旅游人数同比增长 10.8%，而出境旅游人数同比增长 14.7%。

（六）小结

本部分利用我国历年宏微观数据通过典型事实分析，重点描述当前居民消费非均衡发展的演化趋势和现状，认为当前消费发展不平衡主要表现如下。

第一，城乡和地区间的消费差异。城乡发展不平衡是我国当前最大的不平衡，城乡收入、公共服务水平及消费环境等差异引发了城乡居民消费需要实现的差异。区域间，东部地区与中西部地区居民消费差距一直保持稳定且有缓慢减小的趋势，但东北地区受经济发展下行压力影响，与东部地区的居民消费差距有扩大态势。

第二，不同收入群体的消费差异。高收入人群具有较低消费倾向，低收入人群消费倾向较高但可能受收入限制，消费潜力得不到释放。若居民消费差距扩大将会影响消费不平等，对城镇地区居民影响更大。此外，城镇地区行业间的工资性收入差距会影响收入分配，进而可能影响城镇居民的消费不平等。

第三，有效供给不足抑制居民消费需求。新时代新经济下居民对消费的需要发生量与质的改变，对消费升级的诉求日益增长。然而，当前有效的产品与服务供给难以满足居民实际生活需要，甚至引发消费外流。

第二节　城乡基本公共服务差距对消费不平等的
实证研究

　　第一节的描述分析充分表明，现阶段我国城乡、不同收入群体、不同区域间的消费不均衡问题是客观真实存在的，且有持续扩大态势，其中城乡消费差距、不同收入群体间的消费差距是消费水平失衡的主要表现形式。影响不同群体间的消费非均衡发展因素是多方面的，城乡的公共服务和社会保障非均等化、收入差距等都是消费失衡形成的重要原因。本节将重点选取公共服务不均视角分析居民消费不平衡的具体原因及机制，以期为促进居民消费均衡发展寻找具体的解决方案。

　　从宏观视角直观看，我国城乡消费差距存在的主要原因是长期过于注重经济建设而忽视社会发展的滞后。工业化初期为保障城市物资供给、加快经济建设采用剪刀差的方式压低农产品价格强化了城乡二元分化，改革开放后城乡二元结构进一步凸显。当下如何破解城乡发展不平衡的二元结构难题、推动城乡发展一体化、实现城乡公平共享发展成为社会和学界关注的焦点。许多观点认为基本公共服务的税收调节机制和财政支出机制是政府进行再分配的重要方式与有效途径，能够有效提高低收入群体的收入、调节收入差距，以此促进城乡基本公共服务均衡化可成为缩小城乡差距、破解城乡二元结构难题的出发点和促进社会公平的着力点（姜晓萍，2012；罗兴奇和孙菲，2016；刘成奎等，2018）。

　　实现基本公共服务均衡化能促进社会资源在各部门、各群体之间公平、合理配置，提升基本公共服务有助于持续增进民生福祉。在消费方面，基本公共服务可以直接或间接地影响居民实际收入改变消费能力，通过储蓄-消费选择改变居民消费预期、改变消费环境、影响居民消费习惯等方式扩大或缩小消费支出（刘飞，2018）。已有实证文献较多从公共服务支出视角研究公共服务对城乡收入差距和消费差距的影响（董黎明和满清龙，2017；焦健和罗鸣令，2018；周心怡等，2021）。地方财政支出具有城市偏向，提升公共服务支出可能会导致城乡公共服务水平不断提升而城乡公共服务差距没有改变，甚至呈现出扩大趋势（吕炜和许宏伟，2015；李丹和裴育，2019；肖育才和钟大能，2020）。地方公共服务支出的增加可能较大程度改善城镇家庭的福利，但对农村居民的影响较小。只有实现城乡基本公共服务均衡化，推动城乡一体化发展，才能将公共服务惠及更多农村居民，改善其民生需要。当前许多学者已意识到城乡公共服务均衡化对城乡差距的影响，但更多的研究处于理论探索阶段或从实证角度验证城乡公共服务均衡化对城乡收入差距的影响（姜晓萍和肖育才，2017；李丹和裴育，2019），较少从实证角度对城乡消费差距给予论证。本节将重点从实证角度关注城乡基本公共服务的相对水平对城乡消费差距的影响。

（一）模型与数据

1. 模型构建

为分析城乡基本公共服务均等化对城乡居民消费差距的影响，本部分构建如下形式的固定效应（fix effect，FE）回归模型：

$$C_{it} = \alpha_0 + \alpha_1 \text{Safe}_{it} + \alpha_2 \text{Edu}_{it} + \alpha_3 \text{Med}_{it} + \sum \gamma_r X_{it}^r + \eta_i + \varepsilon_{it} \qquad (5\text{-}1)$$

其中，i 和 t 分别表示第 i 个省和第 t 年；α_0 表示常数项；η_i 表示不可观测的地区效应；ε_{it} 表示随机误差项；C 表示各个省城乡居民消费差距；Safe、Edu 和 Med 分别表示城乡社会保障服务差距、城乡义务教育差距及城乡基本医疗服务差距。本节用社会保障、义务教育和基本医疗服务衡量城乡基本公共服务水平。X 表示一系列控制变量，具体包括财政支农资金、地区产业结构、城镇化水平及人均 GDP。地方财政支农资金直接应用到"三农"问题的建设，对促进农民增收、提振消费具有重要影响。地区产业结构、城镇化水平及人均 GDP 反映地区的生产结构和经济发展特征，应作为控制变量纳入模型。

模型（5-1）只能反映城乡基本公共服务差距对消费差距影响的静态特征，考虑到现实生活中城乡居民消费可能存在惯性以及"自增强机制"，我们在模型（5-1）的基础上加入城乡居民消费差距的滞后项作为稳健性检验。具体的模型如下：

$$C_{it} = \alpha_0 + \lambda C_{it-1} + \alpha_1 \text{Safe}_{it} + \alpha_2 \text{Edu}_{it} + \alpha_3 \text{Med}_{it} + \sum \gamma_r X_{it}^r + \eta_i + \varepsilon_{it} \qquad (5\text{-}2)$$

2. 数据及变量说明

本部分研究的主要内容为城乡基本公共服务差距，为此在数据选取时扣除了数据中城乡界限难以划分清晰的 4 个直辖市（北京、天津、上海和重庆），同时与已有研究一致，扣除西藏和港澳台地区，主要研究对象为 26 个省（区）。鉴于数据的可得性和研究变量的完整性，本部分研究的时间跨度为 1995~2017 年，数据主要来源于《中国统计年鉴》、《中国卫生统计年鉴》、《中国教育经费统计年鉴》和《中国农村统计年鉴》及中经网统计数据库等，所有经济变量都以 1995 年为基期进行价格平减。主要的变量测量如下。

被解释变量城乡消费差距：已有文献用城乡人均消费支出比衡量城乡消费差距，但城乡消费差距主要体现为两端的变化，本节采取泰尔指数测量城乡消费差距。图 5-9 描述了我们用泰尔指数计算出的城乡居民消费差距，从时间趋势来看与表 5-1 一致，城乡居民消费自 1996 年至 21 世纪初先增加，随后呈现出下降趋势。

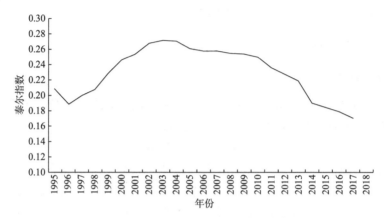

图 5-9　城乡居民消费差距的变化趋势

核心控制变量：本部分核心控制变量为城乡基本公共服务差距，主要包括城乡社会保障差距、城乡义务教育差距和城乡医疗卫生差距。由于各省部分年份的城乡基本公共服务数据缺失，考虑到数据的代表性、连续性及测量口径的一致性，城乡社会保障差距用农村家庭人均转移性收入与城镇家庭人均转移性收入之比表示，城乡义务教育差距用农村小学和初中生人均教育经费支出与地区地方小学和初中生人均教育经费支出之比表示，城乡医疗卫生差距用农村人均医院床位数和地区人均医院床位数之比表示。

其他控制变量：支农资金占比用地区财政支农资金[①]与一般公共预算支出之比表示。产业结构用地区第三产业产值与 GDP 比表示。城镇化用地区非农人口占总人口比重表示。表 5-10 报告了相关变量的统计特征。

表 5-10　描述性统计

变量	均值	标准差	最大值	最小值
城乡消费差距	0.230	0.053	0.361	0.056
城乡社会保障差距	0.149	0.244	2.716	0.013
城乡义务教育差距	0.928	0.093	1.353	0.686
城乡医疗卫生差距	0.364	0.118	1.120	0.140

①　鉴于部分年份统计年鉴中的支农资金统计口径不同，1995~2003 年支农资金包括支援农业生产、农林水利气象事业费和农业综合支出，2004~2006 年支农资金包括支援农业生产、农林水利气象事业费和林业支出，2007 年及之后用农林水事务表示。

续表

变量	均值	标准差	最大值	最小值
支农资金占比	0.097	0.029	0.190	0.045
产业结构	0.382	0.053	0.561	0.254
城镇化	0.424	0.140	0.866	0.135
人均GDP	4.775	0.793	6.496	2.905

（二）估计结果分析

表 5-11 报告了城乡基本公共服务差距对消费差距影响的估计结果。第（1）列只控制了时间趋势和省份固定效应，估计系数均在 1%的置信水平上显著，说明缩小城乡基本公共服务差距有利于减缓城乡居民消费差距[①]，结果与理论预期一致。在乡村振兴战略及即将推进的"十四五"规划中，我国应加大农村地区基本公共服务供给力度，高度重视农村社会保障制度、义务教育制度及医疗卫生制度的建设，不仅能够缩小城乡基本公共服务差距，实现城乡基本公共服务均衡化，也有利于实现城乡居民消费均等化。为减少遗漏变量问题和提高估计结果的准确性，我们在第（2）列加入地区层面的宏观控制变量，估计结果与第（1）列基本一致，城乡社会保障差距减少 1 个单位，城乡消费差距将显著减少 0.073，城乡医疗卫生差距缩小 1 个单位，城乡消费差距将显著减少 0.042，提升农村社会保障制度和医疗卫生制度有利于减少城乡居民消费差距，但城乡义务教育差距对消费差距的影响不再显著。从描述统计看，义务教育阶段农村生均教育经费支出与地区生均教育经费比为 0.928，两者较为接近，说明城乡义务教育阶段生均教育经费支出差距较小。当前城乡九年义务教育已全面实施，且农村地区小学还推行营养早餐、初中生每年能领取生活补贴，城乡在生均义务教育经费支出方面较为均衡，但师资力量可能是义务教育均衡发展的瓶颈。近年来农村师资不断外流，高质量教师欠缺，高考进入一本线和名牌高校的比例不断缩小，仅从义务教育阶段生均教育经费支出来看城乡义务教育差距在缩小，但整体上可能还存在不断扩大的趋势。

表 5-11　城乡基本公共服务差距对消费差距的影响

变量	固定效应 （1）	固定效应 （2）	GMM模型 （3）
滞后一期城乡消费差距			0.711*** （0.014）

[①] 城乡社会保障差距、城乡义务教育差距与城乡医疗卫生差距用农村基本公共服务与地区或城镇基本公共服务的比值测量，在我们的指标中，值越大表示城乡基本公共服务差距越小。

续表

变量	固定效应 （1）	固定效应 （2）	GMM模型 （3）
城乡社会保障差距	−0.079*** （0.007）	−0.073*** （0.007）	−0.097*** （0.008）
城乡义务教育差距	−0.086*** （0.026）	−0.044 （0.029）	−0.169*** （0.017）
城乡医疗卫生差距	−0.100*** （0.017）	−0.042* （0.022）	−0.042** （0.018）
支农资金占比		−0.673*** （0.084）	−0.022 （0.025）
产业结构		−0.092** （0.047）	−0.011 （0.025）
城镇化		−0.117*** （0.030）	−0.031*** （0.011）
人均GDP		0.016 （0.013）	−0.016** （0.006）
时间趋势	0.001*** （0.000）	0.002* （0.001）	0.004*** （0.001）
省份固定效应	是	是	是
常数项	−1.625** （0.649）	−4.638 （2.826）	−8.401*** （1.378）
AR（1）			−3.855***
AR（2）			0.786
Hansen 检验			22.210
观测值	598	598	572

*、**、***分别表示在 10%、5%、1%的置信水平上显著，括号内为稳健标准差

其他控制变量对城乡居民消费差距的影响有所不同，但整体符合预期。财政支农资金直接作用到农业生产领域，加强农业生产支出有利于提升农业经济效益，提高农民收入，从而带动消费。第三产业发展能带动非农就业，新增的服务业就业岗位帮助农村居民进入城镇提升收入。城镇化有利于降低城乡居民消费差距，与已有研究一致（徐敏和姜勇，2015）。

表 5-11 第（3）列考虑了消费惯性及模型可能存在的内生性问题，采用两阶段系统 GMM（Gaussian mixture model，高斯混合模型）进行估计，其中工具变量选取被解释变量的滞后项，根据 AR（1）和 AR（2）的统计量及过度识别的 Hansen 统计值显示我们的估计模型有效，基本估计结果与静态模型较为一致。

缩小城乡基本公共服务差距有助于减轻城乡消费差距，为获取更多基本公共服务差距对消费差距影响的信息，进一步分析其中的作用渠道。表 5-12 参照国家统计局对消费的划分标准，将消费分为食品、衣着、居住、生活用品和服务、医疗、交通和通信、文化教育娱乐七大类，探析城乡基本公共服务差距对消费差距的影响。

表 5-12 城乡基本公共服务差距对消费差距的影响（分消费结构）

变量	食品	衣着	居住	生活用品和服务	医疗	交通和通信	文化教育娱乐
城乡社会保障差距	−0.065*** （0.007）	−0.073*** （0.008）	−0.025** （0.012）	−0.081*** （0.010）	−0.125*** （0.012）	−0.046*** （0.010）	−0.100*** （0.011）
城乡义务教育差距	−0.041 （0.029）	0.022 （0.037）	−0.105** （0.051）	0.015 （0.043）	−0.098* （0.052）	0.111*** （0.041）	−0.049 （0.046）
城乡医疗卫生差距	0.054** （0.022）	−0.069** （0.028）	−0.156*** （0.039）	−0.044 （0.032）	−0.084** （0.039）	−0.167*** （0.031）	−0.060* （0.035）
支农资金占比	−0.413*** （0.086）	−0.626*** （0.107）	−0.865*** （0.149）	−0.915*** （0.124）	−1.456*** （0.151）	−0.144 （0.121）	−0.665*** （0.134）
产业结构	−0.074 （0.048）	−0.335*** （0.060）	0.092 （0.084）	−0.149** （0.070）	−0.189** （0.085）	−0.255*** （0.068）	−0.200*** （0.075）
城镇化	−0.190*** （0.031）	−0.223*** （0.038）	−0.005 （0.054）	−0.278*** （0.045）	−0.107* （0.054）	−0.028 （0.044）	−0.049 （0.048）
人均GDP	0.079*** （0.014）	−0.022 （0.017）	−0.128*** （0.024）	−0.073*** （0.020）	−0.058** （0.024）	−0.039** （0.019）	0.084*** （0.021）
时间趋势	−0.002 （0.001）	0.005** （0.002）	0.019*** （0.003）	0.009*** （0.002）	0.009*** （0.003）	−0.002 （0.002）	−0.004* （0.002）
省份固定效应	是	是	是	是	是	是	是
常数项	3.658 （2.901）	−8.390** （3.606）	−36.826*** （5.052）	−18.021*** （4.200）	−16.149*** （5.107）	3.737 （4.085）	9.077** （4.520）
观测值	598	598	598	598	598	598	598

*、**、***分别表示在 10%、5%、1%的置信水平上显著，括号内为稳健标准差

注：本表报告的是固定效应估计结果

表 5-12 的估计结果表明，城乡社会保障差距对居住消费差距的影响最小，对医疗消费支出差距影响最大，缩小城乡社会保障差距有助于缓解城乡各类型的消费差距。家庭的居住消费包含租房、住房装潢、购买装修建筑材料、缴纳水电燃料费等支出，此类消费支出变动频率较低，每次开支可能涉及的金额较大，而基本社会保障主要为保障居民的基本生活需要，转移支付占家庭收入比较低，因此对居住类消费影响较小。"看病难、看病贵"一直是我国医改课题的难点和痛点，在农村情况更为严重，因社会保障、医保不完善，"看病贵"导致部分低收入居民"讳疾忌医"。随着农村社会保障体系逐步完善，转移性收入的增加，城乡居民的医疗消费支出差距开始缩小。另外，从城乡医疗卫生差距的估计系数也可看出，医疗卫生差距的缩小显著降低了城乡居民医疗消费支出差距。可见，建立健全更加完善的农村社会保障、医疗体系有助于改善农村居民的医疗支出和身体健康。

考虑到我国经济发展的区域特征，本节将从东、中、西[①]分样本分析城镇基

---

① 样本限制，仅仅将样本分为东、中、西 3 个区域，不考虑 4 个直辖市、西藏和港澳台，其中东部包括辽宁、广东、海南、广西、江苏、福建、浙江、山东和河北 9 个省，中部地区包括黑龙江、湖南、湖北、吉林、内蒙古、江西、山西、安徽和河南 9 个省（区），西部地区包括云南、四川、贵州、甘肃、陕西、青海、新疆和宁夏 8 个省（区）。

本公共服务差距对消费差距的影响，具体实证结果见表 5-13。

表 5-13　城乡基本公共服务差距对消费差距的影响（分区域）

变量	东部	中部	西部
城乡社会保障差距	-0.028*** (0.006)	-0.215*** (0.018)	-0.340*** (0.027)
城乡义务教育差距	-0.003 (0.039)	-0.144*** (0.039)	-0.092* (0.054)
城乡医疗卫生差距	0.024 (0.032)	-0.039 (0.030)	0.093 (0.074)
支农资金占比	-0.675*** (0.138)	-0.365*** (0.107)	-0.260** (0.121)
产业结构	-0.205** (0.087)	0.078 (0.070)	0.134** (0.063)
城镇化	0.058 (0.039)	-0.222*** (0.052)	-0.002 (0.085)
人均GDP	0.026 (0.022)	0.088*** (0.022)	-0.057*** (0.020)
时间趋势	-0.002 (0.002)	-0.003 (0.002)	0.010*** (0.002)
省份固定效应	是	是	是
常数项	5.096 (4.591)	5.814 (4.714)	-18.940*** (3.753)
观测值	207	207	184

*、**、***分别表示在 10%、5%、1%的置信水平上显著，括号内为稳健标准差
注：本表报告的是固定效应估计结果

由表 5-13 可知，分区域的估计结果与全国数据的估计结果基本一致，减小城乡社会保障差距、城乡义务教育差距能显著缩小城乡消费差距，具体强度在东、中、西部地区存在明显差异。在城乡社会保障方面，缩小城乡社会保障差距对西部地区城乡消费差距的影响最大，对东部地区城乡消费差距的影响最小。值得注意的是，该效应在东部虽在统计意义上显著，但在经济意义上较为微弱，这可能与东部地区城乡失衡已得到较好治理有关，城乡社会保障差距缩小的边际收益似乎已递减到一个较低的程度。我们还发现，西部地区农村居民的转移性收入与城镇居民的转移性收入比为 0.125，明显低于东部（0.185）和中部（0.134），另外利用泰尔指数计算三个区域的城乡收入差距，发现西部城乡收入差距（0.292）远高于东部（0.204）和中部（0.222）。西部地区经济发展薄弱，城乡收入差距大，社会保障水平低，增加农村地区社会保障支出有利于提升农民消费预期和能力。在城乡义务教育方面，提高中西部地区的义务教育水平对降低城乡消费差距更为显著。相对东部地区，中西部地区大部分教育资源集中在城镇，农村学生享受到的教育资源有限。义务教育作为人力资本投资的基本阶段，直接决定和影响

人力资本后期的积累，提升教育水平、加强人力资本累积有助于提升收入，增加消费能力。新时代各级政府应继续加大对中西部农村地区的教育投资力度，保障教育经费、优质师资供给，提升中西部农村地区的教育质量。

基本公共服务如社会保障、医疗卫生等，可通过减少居民面临的不确定性和改变消费预期影响消费水平与消费差距，社会保障也可通过增加转移性收入提升居民可支配收入水平增强消费能力。据此，基本公共服务对城乡消费差距的影响可能不完全是直接的，还可通过改变居民收入、影响城乡居民收入差距改善城乡居民消费差距，即城乡收入可作为部分传导渠道影响城乡消费差距，表 5-14 对此进行验证。

表 5-14　城乡收入差距传导渠道检验

变量	城乡收入差距	城乡消费差距
城乡收入差距		0.889*** （0.026）
城乡社会保障差距	−0.065*** （0.006）	−0.015*** （0.004）
城乡义务教育差距	−0.023 （0.026）	−0.024 （0.016）
城乡医疗卫生差距	−0.068*** （0.020）	0.018 （0.012）
支农资金占比	−0.404*** （0.077）	−0.314*** （0.049）
产业结构	−0.038 （0.043）	−0.058** （0.027）
城镇化	−0.027 （0.028）	−0.093*** （0.017）
人均GDP	0.029** （0.012）	−0.011 （0.008）
时间趋势	0.001 （0.001）	0.001* （0.001）
省份固定效应	是	是
常数项	−2.040 （2.612）	−2.823* （1.612）
观测值	598	598

*、**、***分别表示在 10%、5%、1%的置信水平上显著，括号内为稳健标准差
注：本表报告的是固定效应估计结果

表 5-14 针对城乡收入差距发挥传导渠道的检验结果显示，对中间渠道城乡收入差距而言，缩小城乡基本公共服务差距（尤其是减小城乡社会保障差距和城乡医疗卫生差距）能够显著降低城乡收入差距。当将城乡收入差距作为控制变量纳入我们的估计模型，发现城乡基本公共服务差距对城乡消费差距的影响依然存在，与表 3-2 第（2）列的主效应对比发现，基本公共服务差距的估计系数偏小，

说明中间渠道变量城乡收入差距发挥了部分中介作用。

（三）小结

缩小城乡消费差距是促进人民美好生活消费需要均衡发展的具体表现，也是增进民生福祉、促进社会公平、实现发展成果由城乡人民共享的应有之义。已有文献研究发现，加强基本公共服务财政支出有利于提升居民消费意愿和增强消费能力。然而地方公共财政支出具有城市偏向，较大部分基本公共服务支出会进入城镇地区而农村居民较少享受到实惠。

本节实证考察了城乡基本公共服务差距对城乡消费差距的影响，分区域讨论了其中存在的异质性，并识别其影响机制。研究发现：城乡社会保障差距降低 1个百分点，城乡消费差距将下降 0.073~0.097 个百分点；城乡义务教育差距下降 1个百分点，城乡消费差距会下降 0.044~0.169 个百分点；城乡医疗卫生差距缩小 1个百分点，城乡消费差距将下降 0.042~0.100 个百分点，促进城乡基本公共服务均等化有助于缩小城乡消费差距。区域异质性分析发现，缩小西部地区城乡基本公共服务差异对城乡消费均衡发展的影响更大。机制分析表明，城乡基本公共服务均等化的发展一方面能直接降低城乡居民消费面临的不确定性、提升消费意愿，另一方面能通过降低城乡收入差距促进城乡消费均衡发展。目前城乡消费发展不均衡是我国消费发展最大的不平衡，促进城乡基本公共服务均衡化有助于促进城乡消费均衡发展。

第三节　收入不平等对消费不平等的实证研究

从第一节的事实描述可发现，城镇地区不同收入群体的消费不平等大于农村地区的消费不平等，且城镇地区高收入群体与低收入群体之间的消费差距呈现出扩大态势，城镇内部的消费不平等更值得关注。究竟是何原因引起这种不平等，如何缓解城镇地区的消费不平等以便实现消费均衡发展值得思考。收入是消费的前提和基石，经典的消费理论就将收入作为影响消费的核心变量，为此消费不平等很大程度上可能就是由收入不平等引起的。许多文献分析了收入不平等与消费不平等之间的关系，研究的结论却不完全一致。例如，Cai 等（2010）认为1992~2003 年我国城镇居民的消费不平等程度持续上升，且消费不平等的走势密切追随收入不平等的走势。Jappelli 和 Pistaferri（2010）利用意大利 1980~2006 年的家庭收入财富调查数据研究发现，家庭的收入不平等明显高于消费不平等。曲兆鹏和赵忠（2008）基于生命周期理论探索中国农村收入和消费不平等的关系，发现消费不平等低于收入不平等。邹红等（2013）利用 1989~2009 年 CHFS 的数据对家庭耐用品消费不平等进行度量，发现家庭的消费不平等一直大于收入不平等。收入与消费紧密联系，收入不平等一直是消费不平等变化的重要原因（周龙飞和张军，2019）。

从居民收入的组成看，不同收入的不平等程度对总收入不平等的贡献不全相同（陈志刚和吕冰洋，2016），为此不同收入项的不平等程度对消费不平等的影响也应不尽相同。已有文献较多分析不同收入项对收入不平等的贡献程度（Shorrocks，1982；程名望等，2016；江克忠和刘生龙，2017）。例如，程名望等（2016）利用 2003~2010 年农村固定点观测数据研究发现在收入结构中，家庭经营性收入对农村家庭基尼系数的贡献度最大，其次是工资性收入，且在各分项收入中，只有工资性收入增加能降低总的收入不平等。江克忠和刘生龙（2017）利用中国家庭追踪调查（China family panel studies，CFPS）数据发现工资性收入对家庭总收入不平等的贡献度最高，研究结论与程名望等（2016）的研究存在些许差别。此外，目前鲜有文献基于不同收入项研究消费不平等。细分收入结构及各收入项的不平等程度，可从收入视角挖掘更多关于消费不平等的信息，为研究消费不平等的成因及机制，探索实现人民美好生活消费水平均衡发展的路径提供更多启发性思考。

此外，关于收入或消费不平等的测度，当前既有文献较多结合基尼系数、泰尔指数、变异系数、阿特金森指数及分位数比等指标来测度（邹红等，2013；程名望等，2016）。以上指标主要侧重于从组群整体层面研究收入或消费不平等，或以组群为单位研究组群内部不同收入或消费群体的相对变化，难以结合微观家庭个体特征研究经济不平等的变化规律。与组群整体层面的不平等相比，个体层面的不平等能更好地衡量微观主体的生活福利和生活满意度，个体层面的消费不平等也更能体现出居民的获得感、幸福感和安全感。收入或消费不平等问题的研究对象从宏观转移到微观家庭个体层面，任国强等（2017）和杨晶等（2019）认为个体在参照组内面临差异化的资源禀赋而引致收入、消费的排序与分配效应，若不平等的资源禀赋在参照组内分配不均，群体的收入和消费会发生分异，使弱势群体（低收入或低消费群体）受到更大的不平等。

基于以往研究，本部分内容将主要围绕以上值得进一步探讨的问题，基于 2002~2009 年的中国城镇住户调查数据从收入不平等及不同收入项的不平等程度实证分析收入对城镇家庭消费不平等的影响。主要的创新和贡献体现在以下两个方面：第一，与之前文献测量收入和消费不平等的方式不同，本部分将从微观家庭个体层面对收入和消费进行测度。较组群整体层面的不平等，个体层面的不平等能真正客观描绘出微观主体的真实生活福利。第二，衔接已有研究成果，本节基于收入结构视角研究各分项收入不平等对家庭消费不平等的影响，并进一步从部门工资差异、社会保障视角深入探究分项收入不平等对消费的作用机理，丰富了消费不平等的研究内容，并从影响机理中探究实现消费均衡发展的实施路径。

（一）数据与模型构建

1. 数据来源及说明

本节的数据主要来源于国家统计局城镇住户调查。该数据的调查对象涵盖居住在城镇区域内的所有住户，覆盖面广，跨度时间长，具有代表性。调查内容包含城镇家庭人口结构特征、家庭收入、消费等经济特征，是国内学者研究收入、消费的重要微观数据来源（周龙飞和张军，2019），同时也是国家统计局计算城镇各行业居民收入、消费、失业率及 CPI（consumer price index，消费者物价指数）等数据的微观基础。本节使用 2002~2009 年的连续数据，涵盖北京市、山西省、辽宁省、黑龙江省、上海市、江苏省、安徽省、江西省、山东省、河南省、湖北省、广东省、重庆市、四川省、云南省及甘肃省 16 个省（市）。在数据处理过程中，我们首先选取 22~70 岁的户主（家庭主要的经济决策者）作为研究对象，其次将户主的年龄、性别、受教育年限、婚姻状态、职业等个人特征和家庭特征、收入与消费结构进行匹配。另外对家庭收入和消费数据中最高与最低的 1%异常值进行截尾处理，最后得到 157 650 个观测值。由于家庭消费不可分割性，家庭人口结构特征会对消费产生影响，在数据处理时我们用家庭的人均收入和人均消费控制家庭人口规模的影响，且所有的收入和消费数据都以 2002 年为基期通过各省市的 CPI 进行价格调整。

表 5-15 和表 5-16 分别报告了家庭各年的分项收入与总消费、家庭人口特征。从分项收入看，家庭工资性收入一直占据城镇家庭可支配收入的 78%以上，构成家庭的主要收入来源。其次家庭收到的离退休金、失业救济金、住房公积金及家庭间的赠送与赡养等转移性收入占据家庭可支配收入的 20%以上，是城镇家庭的第二大收入来源。财产性收入偏低。从本节使用的样本看，户主平均年龄为 47.096 岁，30%左右的户主为女性，平均受教育年限为高中，平均家庭少儿抚养比和老年抚养比分别为 0.133 和 0.054[1]。家庭社会保障[2]均值为 0.179。房价收入[3]比为 4.312，与张川川等（2016）计算的房价收入比较为接近。

---

[1] 少儿抚养比为家庭 16 岁以下小孩占比，老年抚养比为家庭 65 岁以上老人占比。

[2] 参考陈志刚和吕冰洋（2016）的研究，社会保障以家庭养老金或离退休金、社会救济收入和失业保险收入占家庭总收入的比重衡量。

[3] 已有研究表明高房价具有财富效应和房奴效应，是影响家庭消费的重要变量，因此将其纳入模型作为控制变量。具体计算参考张川川等（2016）、何兴强和杨锐锋（2019）的研究，以地级市为单位用城镇家庭目前住房市场价值中位数与家庭总收入中位数之比衡量。

表 5-15　家庭各年份的分项收入与总消费均值（单位：元）

年份	可支配收入	工资性收入	经营性收入	财产性收入	转移性收入	总消费
2002	22 524.62	18 032.70	835.942	231.683	4 853.702	17 697.48
2003	23 601.90	18 668.39	1 090.191	265.972	5 179.810	18 126.27
2004	27 129.27	21 515.45	1 209.852	339.658	6 024.077	20 468.12
2005	29 436.25	23 152.33	1 590.099	364.812	6 568.550	21 842.51
2006	32 620.31	25 782.05	1 716.993	446.333	7 151.128	23 651.14
2007	37 292.67	29 857.05	2 229.298	287.128	7 954.460	26 600.34
2008	41 858.51	32 720.70	2 724.753	589.462	8 578.312	29 227.32
2009	44 828.07	35 314.44	2 832.504	649.299	9 721.241	31 288.2

表 5-16　家庭人口特征描述统计

变量	样本数/个	均值	标准差	最小值	最大值
户主年龄	157 650	47.096	9.379	22	70
户主性别（男性=1）	157 650	0.691	0.462	0	1
受教育年限	157 650	11.894	2.909	0	19
婚姻状态（已婚=1）	157 650	0.945	0.228	0	1
家庭住房面积	157 650	75.086	34.386	0	240
少儿抚养比	157 650	0.133	0.168	0	0.50
老年抚养比	157 650	0.054	0.174	0	1
社会保障	157 650	0.179	0.293	0	0.997
房价收入比	157 650	4.312	1.660	1.505	7.654

2. 不平等的度量

不平等是一个相对的概念，反映个体与参照组内其他群体的比较。本部分从微观家庭视角刻画个体的收入或消费不平等。当前从个体层面测度不平等的代表性指标主要有 Kakwani 指数、Yitazhaki 指数及 Podder 指数（Rosen，1984；任国强等，2017；杨晶等，2019）。鉴于 Kakwani 指数在收入和消费的分布中具有良好性质且度量比较客观（杨晶和黄云，2019），本部分将 Kakwani 指数用于测量家庭的收入和消费不平等。详细的度量方法如下：首先，基于数据调查的年份、家庭所在城市及户主的年龄组[①]将样本分为不同的组群，同时删除组群中样本量小于等于 30 的观测值，建立度量不平等的参照群体；其次，对于每个样本数量为 n 的参照群 Y，将组群内的收入或消费按照升序排列，得到组群内总收入或消费的分布向量 $Y=(y_1, y_2, \cdots, y_n)$，其中 $y_1 \leqslant y_2 \leqslant \cdots \leqslant y_n$。与第 j 个家庭相比，第 i 个家庭受到的不平等为 $\text{Kakwani}(y_j, y_i)$，家庭面临的整体收入或消费不平等为

---

① 以每十年为一个年龄组，具体分为 21~30 岁、31~40 岁、41~50 岁、51~60 岁及 61~70 岁五个年龄组。

$$\text{Kakwani}\left(y_j, y_i\right) = \frac{1}{ne_y}\left[\sum_{j=i+1}^{n}\left(y_j - y_i\right)\right] = \gamma_{y_i}^{+}\left[\left(e_{y_i}^{+} - y_i\right)/e_y\right] \qquad (5\text{-}3)$$

其中，$\text{Kakwani}\left(y_j, y_i\right)$ 表示家庭 i 面临的收入或消费不平等；y 表示家庭的收入或消费支出；e_y 表示组群中所有样本的家庭收入或消费的均值；$e_{y_i}^{+}$ 代表组群中收入或消费超过家庭 i 的收入或消费的均值；$\gamma_{y_i}^{+}$ 表示在组群中收入或消费超过家庭 i 的样本数量占组群内总体样本数量的百分比。

利用中国城镇家庭住户调查数据，对城镇家庭 2002~2009 年的可支配收入、分项收入及总消费不平等程度测算结果如表 5-17 所示。全样本发现 2002~2009 年城镇家庭可支配收入的 Kakwani 指数平均为 0.295，总消费的 Kakwani 指数平均为 0.300，可支配收入与总消费的不平等程度较为接近。从纵向看，家庭可支配收入的不平等和消费不平等都出现暂时性的向上波动之后又下降的趋势。经营性收入、财产性收入及转移性收入不平等总体呈下降趋势。横向对比发现，家庭财产性收入和经营性收入的不平等程度较高，而工资性收入的不平等程度最低。原始调查数据显示，将近 90%的家庭缺少经营性收入和财产性收入，这个可能是导致家庭经营性收入和财产性收入不平等偏高的一个重要原因。

表 5-17　家庭各年份的分项收入与总消费的 Kakwani 指数

年份	可支配收入	工资性收入	经营性收入	财产性收入	转移性收入	总消费
2002	0.269	0.378	0.894	0.923	0.661	0.276
2003	0.292	0.408	0.897	0.917	0.660	0.293
2004	0.290	0.407	0.894	0.924	0.654	0.288
2005	0.294	0.424	0.902	0.926	0.646	0.298
2006	0.286	0.414	0.903	0.916	0.649	0.293
2007	0.307	0.421	0.907	0.933	0.658	0.315
2008	0.334	0.456	0.896	0.905	0.646	0.345
2009	0.313	0.441	0.894	0.905	0.625	0.328
平均	0.295	0.416	0.899	0.919	0.651	0.300

表 5-18 报告了家庭各年分项消费的不平等程度。与邹红和喻开志（2013a）的估计结果基本一致，从消费类别看，食品消费不平等程度明显小于其他消费不平等。食品满足家庭日常生活的基本需要，2002~2009 年全国平均食品消费不平等的 Kakwani 值不超过 0.3。医疗保健、交通和通信、教育文化娱乐服务等消费支出不平等一直位居高位。随着居民消费结构不断升级，但享受发展型消费的不平等仍然较高，说明尽管经济发展推动着消费升级的态势持续向好，但城镇内部家庭消费不平等仍然未发生好转，甚至还存在消费分级的可能。家用设备主要涵盖

了家庭的耐用品消费，2002~2009 年家用设备的不平等程度逐步改善。

表 5-18 家庭各年份的分项消费的 Kakwani 指数

年份	食品	衣着	家用设备	医疗保健	交通和通信	教育文化娱乐	居住	其他
2002	0.223	0.408	0.591	0.598	0.448	0.542	0.430	0.529
2003	0.237	0.433	0.600	0.603	0.456	0.566	0.437	0.538
2004	0.229	0.434	0.593	0.615	0.449	0.561	0.424	0.546
2005	0.242	0.437	0.586	0.616	0.448	0.569	0.428	0.555
2006	0.241	0.426	0.581	0.617	0.441	0.559	0.424	0.555
2007	0.271	0.430	0.577	0.620	0.451	0.574	0.449	0.570
2008	0.298	0.456	0.564	0.617	0.477	0.594	0.469	0.579
2009	0.281	0.441	0.546	0.605	0.464	0.584	0.453	0.565
平均	0.248	0.432	0.583	0.611	0.452	0.567	0.436	0.553

（二）估计模型

本部分主要目的是基于城镇住户调查数据实证分析收入不平等对城镇家庭消费不平等的影响。首先我们实证分析收入不平等对家庭消费的影响，其次实证分析收入不等对消费不平等的影响。我们认为收入不平等只有在影响家庭消费的前提下才会进一步影响家庭的消费不平等。后面本部分分收入组进行异质性分析，以及探究了社会保障在收入不平等影响消费不平等中的作用机理。构建基本的回归模型如下：

$$\text{Consume}_{it} = \beta_0 + \beta_1 Y_{it} + \gamma^T X_{it} + \mu_{it} \tag{5-4}$$

其中，i 表示第 i 个家庭；t 表示年份。被解释变量 Consume 表示家庭人均消费的对数形式或消费不平等（即 Kakwani 指数）度量的家庭消费不平等程度；Y 表示家庭面临的可支配收入不平等或各分项收入（包括工资性收入、经营性收入、财产性收入及转移性收入）不平等；X 表示一系列其他控制变量，主要包括户主的个体特征和家庭人口特征等，如户主年龄、性别、受教育年限、婚姻状态、家庭抚养比、住房面积①、社会保障、房价收入比等，同时也包括户主职业、调查年份及家庭所在省份的虚拟变量。

（三）估计结果

1. 基本回归结果

表 5-19 报告了收入不平等对家庭人均消费的影响。其中第二、三列报告家庭可支配收入对家庭人均消费支出的影响，第四、五列报告了不同收入项的不平等

---

① 由于城镇住户调查数据没有包含家庭资产存量等信息，这里用家庭住房面积代表家庭的财富。

程度对人均消费支出的影响。从第二列看，可支配收入不平等每增加 0.01 个百分点，家庭人均消费支出将显著减少 1.661%。在第三列控制了户主人口特征和家庭特征变量后发现系数稍微变小，但仍然发现可支配收入的不平等每增加 0.01，家庭人均消费支出将在 1% 的置信水平上显著减少 1.505%。这一结果表明收入差距的扩大会显著挤出家庭人均消费支出。实证结论与纪园园和宁磊（2018）的研究一致，他们基于相对收入假说研究发现城市层面的收入不平等会抑制家庭消费，只不过我们更细致地将城市层面的收入不平等聚焦到家庭个体层面的收入不平等。

表 5-19　收入不平等对家庭人均消费的影响

变量	被解释变量：ln（人均总消费）			
可支配收入不平等	-1.661*** （0.006）	-1.505*** （0.007）		
工资性收入不平等			-1.044*** （0.005）	-0.982*** （0.007）
经营性收入不平等			-0.351*** （0.006）	-0.348*** （0.005）
财产性收入不平等			-0.181*** （0.006）	-0.159*** （0.005）
转移性收入不平等			-0.522*** （0.004）	-0.433*** （0.006）
户主年龄		0.005*** （0.000）		0.003*** （0.000）
户主性别		-0.024*** （0.003）		-0.026*** （0.003）
受教育年限		0.013*** （0.000）		0.021*** （0.001）
婚姻状态		0.221*** （0.006）		0.267*** （0.006）
ln（住房面积）		0.127*** （0.002）		0.162*** （0.003）
少儿抚养比		0.351*** （0.008）		0.295*** （0.008）
老年抚养比		-0.038*** （0.008）		0.124*** （0.008）
社会保障		-0.170*** （0.007）		0.055*** （0.010）
房价收入比		0.096*** （0.001）		0.095*** （0.001）
职业	否	是	否	是
年份固定效应	是	是	是	是
省份固定效应	是	是	是	是

续表

变量	被解释变量：ln（人均总消费）			
常数项	10.377^{***} （0.010）	8.816^{***} （0.021）	11.116^{***} （0.013）	9.272^{***} （0.024）
观测值	157 650	157 650	157 650	157 650

***表示在 1% 的置信水平上显著，括号内为稳健标准差

表 5-19 实证结果的第四列和第五列报告了分项收入不平等对家庭人均消费支出的影响。两列对比发现加入户主人口特征和家庭特征等控制变量并不会改变分项收入不平等对人均消费支出的影响。我们重点以第五列加入其他控制变量为例对分项收入影响人均消费支出的情况进行说明。尽管在各分项收入中，工资性收入不平等程度最低，但工资性收入不平等对家庭人均消费支出的影响最大，当工资性收入不平等增加 0.01 时，人均消费支出将显著下降 0.982%。经营性收入不平等程度较高，对消费支出的影响也较大。当经营性收入不平等增加 0.01 时，人均消费支出将显著下降 0.348%。财产性收入不平等较高，但对家庭人均消费支出的影响最小。

对于其他控制变量，估计结果基本和已有研究一致（邹红和喻开志，2013b；纪园园和宁磊，2018）。户主年龄越大，会显著增加家庭人均消费支出，这与家庭消费存在倒"U"形趋势的生命周期理论相符合。当户主为男性时，家庭人均消费支出会减少，这与现实中男女消费观念较为一致。随受教育年限的增加，家庭消费支出增加。住房面积的大小在一定程度上代表家庭财富的多寡，住房面积大，富裕的家庭消费支出也较多。家庭抚养比的增加会显著提升家庭消费支出，可能存在的解释是家庭中子女数量增加家庭需要增加食品、衣物、文化教育方面的支出，而老年人口的增加需提升家庭医疗健康消费支出，从而带动家庭整体的消费支出增加。房价收入比的增加能显著提升家庭消费水平，说明住房存在财富效应。

表 5-20 根据式（5-4）报告了收入不平等对消费不平等的影响。与表 5-19 的结构类似，我们先报告不控制户主人口特征与家庭特征的结果，再报告控制了所有变量后的估计结果。接下来主要以加入所有控制变量的结果进行说明。估计结果表明，可支配收入不平等增长 1 个单位，消费不平等会显著下降 0.772 个单位。分收入结构看，若工资性收入不平等增加 1 个单位，消费不平等将下降 0.414 个单位。工资性收入不平等对消费不平等的影响最大，其次是转移性收入不平等和经营性收入不平等，财产性收入不平等对消费不平等的影响最小。尽管家庭的工资性收入不平等不是最高，但对消费不平等的影响最大。

表 5-20　收入不平等对家庭消费不平等的影响

变量	被解释变量：消费不平等（Kakwani指数）			
可支配收入不平等	0.741*** （0.002）	0.722*** （0.002）		
工资性收入不平等			0.397*** （0.002）	0.414*** （0.002）
经营性收入不平等			0.135*** （0.002）	0.142*** （0.002）
财产性收入不平等			0.060*** （0.002）	0.059*** （0.002）
转移性收入不平等			0.232*** （0.001）	0.154*** （0.002）
户主年龄		0.000*** （0.000）		0.001*** （0.000）
户主性别		0.006*** （0.001）		0.011*** （0.001）
受教育年限		−0.002*** （0.000）		−0.007*** （0.000）
婚姻状态		0.017*** （0.002）		−0.003 （0.002）
ln（住房面积）		−0.010*** （0.001）		−0.033*** （0.001）
少儿抚养比		0.016*** （0.002）		0.058*** （0.003）
老年抚养比		0.013*** （0.002）		−0.057*** （0.003）
社会保障		−0.009*** （0.002）		−0.125*** （0.004）
房价收入比		0.001* （0.000）		0.002*** （0.000）
职业	否	是	否	是
年份固定效应	是	是	是	是
省份固定效应	是	是	是	是
常数项	0.095*** （0.003）	0.146*** （0.006）	−0.168*** （0.004）	0.076*** （0.008）
观测值	157 650	157 650	157 650	157 650

*、***分别表示在 10%、1%的置信水平上显著，括号内为稳健标准差

　　前面我们分析了收入不平等会抑制家庭人均总消费支出、加大人均消费的不平等，那么这一结论对于各分项消费不平等是否依然成立呢？表 5-21 从消费结构看收入不平等对家庭分项消费不平等的影响。

表5-21 收入不平等对家庭分项消费不平等的影响

被解释变量：消费不平等（Kakwani指数）

变量	食品	衣着	家用设备	医疗保健	交通和通信	教育文化娱乐	居住	其他
工资性收入不平等	0.331*** (0.002)	0.512*** (0.003)	0.326*** (0.003)	0.229*** (0.004)	0.463*** (0.003)	0.329*** (0.003)	0.187*** (0.003)	0.385*** (0.003)
经营性收入不平等	0.113*** (0.002)	0.169*** (0.003)	0.104*** (0.003)	0.063*** (0.003)	0.175*** (0.003)	0.092*** (0.003)	0.082*** (0.002)	0.122*** (0.003)
财产性收入不平等	0.024*** (0.002)	0.049*** (0.002)	0.060*** (0.003)	0.050*** (0.003)	0.056*** (0.002)	0.082*** (0.003)	0.051*** (0.002)	0.064*** (0.003)
转移性收入不平等	0.127*** (0.002)	0.063*** (0.003)	0.145*** (0.003)	0.175*** (0.003)	0.123*** (0.003)	0.127*** (0.003)	0.111*** (0.002)	0.124*** (0.003)
其他控制变量	是	是	是	是	是	是	是	是
观测值/个	157 650	157 650	157 650	157 650	157 650	157 650	157 650	157 650

***表示在1%的置信水平上显著，括号内为稳健标准差

注：其他控制变量包括户主的年龄、性别、受教育年限、职业虚拟变量等个人特征，家庭抚养比、社会保障等家庭特征及房价收入比，同时也控制了省份、年份固定效应。因篇幅所限，未报告以上控制变量的估计结果

从表 5-21 可以看出，不同收入类型的消费不平等均对不同类型的消费有不同程度的影响。和前文一致，工资性收入不平等对各类消费不平等的影响最大，其次是经营性收入不平等和转移性收入不平等。从消费类型来看，当工资性收入不平等增加 1 个单位时，食品消费不平等增加 0.331 个单位，相比其他类型消费，收入不平等对食品消费的影响不大。可能存在的解释是食品消费属于生存型消费，满足基本生活需要，且从描述统计看食品消费不平等程度最低。从估计系数来看，收入不平等对居住类消费不平等的影响最小。当工资性收入不平等增加 1 个单位时，居住消费不平等增加 0.187 个单位。居住类的消费具有消费和投资双重属性，且从消费属性来看，居住属于地位性商品同时也具备刚性需求特征，收入低者可能因攀比或刚性需求通过借贷或压缩其他开支增加居住消费，高收入者为投资或维持其自身社会地位增加居住消费。从这一角度来看，收入不平等对居住类消费的不平等影响较小不难理解。医疗、药品费用是刚性支出，在需要时为身体健康不得不消费，为此家庭各项收入不平等对医疗保健支出①不平等的影响较小。

2. 异质性分析

1）收入群体间收入不平等对消费不平等的影响

不同收入群体的消费能力和消费意愿不同，不同收入来源的边际消费倾向也存在明显差异，为此不同收入群体的分项收入不平等对消费不平等的影响可能存在异质性。基于收入群体的异质性分析有助于针对性地制定促进不同收入群体消费均衡发展的政策。我们将家庭可支配收入根据年份和省份平均分为五等份，并将收入组的虚拟变量与各项收入不平等进行交互探究收入不平等对不同收入群体消费不平等的影响，表 5-22 报告了不同收入水平下收入不平等对消费不平等影响的估计结果。

表 5-22　收入不平等对消费不平等的影响：基于收入异质性分析

变量	被解释变量：消费不平等（Kakwani指数）				
	（1）	（2）	（3）	（4）	（5）
工资性收入不平等×中等偏下收入组	−0.122*** （0.005）				−0.171*** （0.006）
工资性收入不平等×中等收入组	−0.155*** （0.005）				−0.256*** （0.006）
工资性收入不平等×中等偏上收入组	−0.160*** （0.005）				−0.291*** （0.006）
工资性收入不平等×高收入组	−0.198*** （0.006）				−0.345*** （0.006）

---

① 在医疗保健支出中，医疗费用、药品费占比超过 80%，保健支出占比较少。

续表

变量	被解释变量：消费不平等（Kakwani指数）				
	（1）	（2）	（3）	（4）	（5）
经营性收入不平等×中等偏下收入组		−0.002 （0.005）			−0.044*** （0.006）
经营性收入不平等×中等收入组		−0.000 （0.005）			−0.074*** （0.006）
经营性收入不平等×中等偏上收入组		−0.000 （0.005）			−0.090*** （0.006）
经营性收入不平等×高收入组		0.029*** （0.005）			−0.089*** （0.005）
财产性收入不平等×中等偏下收入组			−0.031*** （0.007）		−0.033*** （0.007）
财产性收入不平等×中等收入组			−0.034*** （0.007）		−0.038*** （0.007）
财产性收入不平等×中等偏上收入组			−0.042*** （0.007）		−0.045*** （0.007）
财产性收入不平等×高收入组			−0.048*** （0.006）		−0.047*** （0.006）
转移性收入不平等×中等偏下收入组				−0.034*** （0.005）	−0.093*** （0.005）
转移性收入不平等×中等收入组				−0.072*** （0.005）	−0.170*** （0.005）
转移性收入不平等×中等偏上收入组				−0.104*** （0.004）	−0.215*** （0.005）
转移性收入不平等×高收入组				−0.158*** （0.004）	−0.270*** （0.005）
工资性收入不平等	0.435*** （0.005）	0.295*** （0.003）	0.294*** （0.003）	0.289*** （0.003）	0.516*** （0.005）
经营性收入不平等	0.095*** （0.002）	0.090*** （0.004）	0.096*** （0.002）	0.095*** （0.002）	0.153*** （0.004）
财产性收入不平等	0.044*** （0.002）	0.043*** （0.002）	0.080*** （0.006）	0.042*** （0.002）	0.082*** （0.006）
转移性收入不平等	0.110*** （0.002）	0.117*** （0.002）	0.117*** （0.002）	0.216*** （0.004）	0.294*** （0.004）
其他控制变量	控制	控制	控制	控制	控制
观测值	157 650	157 650	157 650	157 650	157 650

***表示在1%的置信水平上显著，括号内为稳健标准差

表 5-22 下方各分项收入不平等对消费不平等的估计系数都显著为正，且工资性收入不平等对消费不平等的估计系数低，再次说明收入不平等增加确实会放大家庭的消费不平等，工资性收入不平等对消费不平等的贡献度较大。根据第（1）列，中等偏下、中等、中等偏上及高收入组虚拟变量与工资性收入不平等

交互项的系数都显著为负，且估计系数的绝对值逐渐增大，说明相对低收入家庭，收入水平的提升能显著改善工资性收入不平等对消费不平等的负面影响。在第（2）、（3）和（4）列，我们分别将五个收入组的虚拟变量与经营性收入不平等、财产性收入不平等和转移性收入不平等进行交互，第（5）列将前四列中五个收入组与各分项收入不平等的估计结果纳入同一个模型，一致发现类似的效果，提升家庭收入有助于降低收入不平等对消费不平等的影响，收入越高，受到各项收入不平等对消费不平等的负面影响就越小，收入不平等对消费不平等的影响在低收入群体中总是最大的。

我们使用的城镇住户调查数据统计显示，低收入群体年平均工资性收入仅为9 410.27 元，而高收入群体年平均工资性收入为 46 616.72 元，约为低收入群体年平均工资性收入的 5 倍。高收入家庭人均转移性收入是低收入家庭人均转移性收入的 3.27 倍，基于收入、消费不平等的测算，低收入、中等偏下收入、中等收入、中等偏上收入及高收入群体的可支配收入 Kakwani 指数分为 0.549、0.375、0.272、0.185 和 0.095，家庭人均消费支出的 Kakwani 指数分为 0.481、0.349、0.282、0.227 和 0.164。低收入群体面临的收入不平等和消费不平等更大，其主要原因是高低收入群体间存在较大的收入差距，意味着提升低收入群体的工资性收入，政府在转移性收入上向低收入群体倾斜等可有效缓解低收入群体面临的消费不平等。

2）公共部门与非公共部门的差异研究

前面的实证分析发现工资性不平等对家庭消费不平等的影响最大。公共部门与非公共部门工资性收入存在较大差异（尹志超和甘犁，2009；姚东旻等，2016；刘冲和张红，2020），那么公共部门与非公共部门之间收入不平等对消费不平等是否存在差异呢？我们试图根据家庭户主就业情况将其家庭分为公共部门和非公共部门[①]，对此进行简要讨论，表 5-23 报告了基本估计结果。

表 5-23　公共部门与非公共部门的异质性分析

变量	被解释变量：消费不平等（Kakwani指数）				
	（1）	（2）	（3）	（4）	（5）
工资性收入不平等×公共部门	0.028*** （0.005）				0.013*** （0.005）

---

① 在城镇住户调查数据中个人的就业情况如下：国有经济单位职工、城镇集体经济单位职工、其他各种经济类型单位职工、城镇个体经营者、城镇个体被雇者、离退休再就业人员、其他就业者、离退休人员、丧失劳动能力者、家务劳动者、待业人员、待分配者、在校学生、待升学者、其他非就业者。我们将在国有经济单位和城镇集体经济单位工作的识别为在公共部门工作，在其他各种经济类型单位、城镇个体经营及其他就业的就业者识别为在非公共部门工作。在数据处理中剔除了非就业人员、户主工资性收入为 0 的受访家庭。

续表

变量	被解释变量：消费不平等（Kakwani指数）				
	（1）	（2）	（3）	（4）	（5）
经营性收入不平等×公共部门		−0.069*** （0.004）			−0.067*** （0.004）
财产性收入不平等×公共部门			−0.031*** （0.005）		−0.028*** （0.005）
转移性收入不平等×公共部门				−0.024*** （0.004）	−0.022*** （0.004）
工资性收入不平等	0.588*** （0.004）	0.611*** （0.003）	0.608*** （0.003）	0.608*** （0.003）	0.602*** （0.004）
经营性收入不平等	0.047*** （0.002）	0.099*** （0.003）	0.048*** （0.002）	0.048*** （0.002）	0.097*** （0.003）
财产性收入不平等	0.044*** （0.002）	0.043*** （0.002）	0.067*** （0.004）	0.044*** （0.002）	0.065*** （0.004）
转移性收入不平等	0.117*** （0.002）	0.116*** （0.002）	0.117*** （0.002）	0.136*** （0.004）	0.134*** （0.004）
公共部门	0.047*** （0.002）	0.099*** （0.003）	0.048*** （0.002）	0.048*** （0.002）	0.097*** （0.003）
其他控制变量	控制	控制	控制	控制	控制
观测值	100 141	100 141	100 141	100 141	100 141

***表示在1%的置信水平上显著，括号内为稳健标准差

以在非公共部门工作的群体作为参考系，研究发现在公共部门工作人群的工资性收入不平等增加会加大消费不平等，但经营性收入不平等、财产性收入不平等与转移性收入不平等的增加不会显著扩大消费不平等。一般来说，公共部门工资性收入较为稳定，弹性小，不会在短时间内出现大幅度波动，如工资性收入发生变动会较大程度影响到家庭的持久性收入、消费预期，直接改变消费行为，因此工资性收入不平等的增加会放大消费差距。此外，公共部门可能存在较多的隐性福利，如非工资性收入、实物补贴等较多，而这些隐性福利可能较大程度上只会影响暂时性收入，长期内对家庭消费行为的影响较小，导致非工资性收入差距增加对消费不平等的影响较小。

3. 社会保障、收入不平等与消费不平等

表 5-20 估计系数显示社会保障能显著降低家庭消费不平等，降低消费不平等。收入不平等的增加加重了消费不平等，那么通过社会保障支出能否缓解收入不平等对消费不平等的影响？我们试图探究各分项收入不平等与社会保障共同作用下对消费不平等的影响，表5-24 报告了社会保障与收入不平等交互作用对消费不平等的影响，表5-25 进一步分收入探究该交互作用对消费不平等的影响。

表 5-24　社会保障与收入不平等交互作用对消费不平等的影响

变量	被解释变量：消费不平等（Kakwani指数）				
	（1）	（2）	（3）	（4）	（5）
工资性收入不平等×社会保障	−0.594*** （0.006）				−0.482*** （0.005）
经营性收入不平等×社会保障		−0.191*** （0.006）			−0.212*** （0.005）
财产性收入不平等×社会保障			−0.017** （0.008）		−0.019*** （0.006）
转移性收入不平等×社会保障				0.774*** （0.006）	0.639*** （0.006）
工资性收入不平等	0.502*** （0.002）	0.427*** （0.002）	0.414*** （0.002）	0.428*** （0.002）	0.511*** （0.002）
经营性收入不平等	0.159*** （0.002）	0.179*** （0.002）	0.142*** （0.002）	0.143*** （0.002）	0.198*** （0.002）
财产性收入不平等	0.049*** （0.002）	0.060*** （0.002）	0.062*** （0.002）	0.060*** （0.002）	0.054*** （0.002）
转移性收入不平等	0.226*** （0.002）	0.152*** （0.002）	0.154*** （0.002）	0.089*** （0.002）	0.158*** （0.002）
社会保障	0.410*** （0.006）	0.042*** （0.006）	−0.108*** （0.008）	−0.338*** （0.004）	0.336*** （0.009）
其他控制变量	控制	控制	控制	控制	控制
观测值	157 50	157 650	157 650	157 650	157 650

、*分别表示在5%、1%的置信水平上显著，括号内为稳健标准差

表 5-25　社会保障与收入不平等交互作用对消费不平等的影响：基于收入异质性分析

变量	被解释变量：消费不平等（Kakwani指数）				
	（1）	（2）	（3）	（4）	（5）
社会保障×工资性收入不平等×中等偏下收入组	−0.053*** （0.004）				−0.010 （0.015）
社会保障×工资性收入不平等×中等收入组	−0.078*** （0.005）				−0.008 （0.015）
社会保障×工资性收入不平等×中等偏上收入组	−0.098*** （0.005）				−0.011 （0.014）
社会保障×工资性收入不平等×高收入组	−0.121*** （0.006）				−0.074*** （0.014）
社会保障×经营性收入不平等×中等偏下收入组		−0.024*** （0.004）			0.008 （0.010）
社会保障×经营性收入不平等×中等收入组		−0.018*** （0.005）			−0.011 （0.011）
社会保障×经营性收入不平等×中等偏上收入组		0.005 （0.005）			−0.004 （0.011）

续表

变量	被解释变量：消费不平等（Kakwani指数）				
	（1）	（2）	（3）	（4）	（5）
社会保障×经营性收入不平等×高收入组		0.068*** （0.006）			0.020* （0.011）
社会保障×财产性收入不平等×中等偏下收入组			−0.024*** （0.004）		0.016 （0.015）
社会保障×财产性收入不平等×中等收入组			−0.013*** （0.005）		0.043*** （0.016）
社会保障×财产性收入不平等×中等偏上收入组			0.012** （0.005）		0.051*** （0.015）
社会保障×财产性收入不平等×高收入组			0.075*** （0.006）		0.096*** （0.015）
社会保障×转移性收入不平等×中等偏下收入组				0.107*** （0.010）	0.019 （0.015）
社会保障×转移性收入不平等×中等收入组				0.304*** （0.012）	0.082*** （0.017）
社会保障×转移性收入不平等×中等偏上收入组				0.556*** （0.014）	0.182*** （0.019）
社会保障×转移性收入不平等×高收入组				0.934*** （0.019）	0.298*** （0.023）
其他控制变量	控制	控制	控制	控制	控制
观测值	157 650	157 650	157 650	157 650	157 650

*、**、***分别表示在10%、5%、1%的置信水平上显著，括号内为稳健标准差

表5-24 的结果表明，社会保障能发挥调节作用降低各项收入不平等对消费不平等的放大作用。数据中的社会保障包括养老金或离退休金、社会救济及保险收入，属于家庭转移性收入的一部分，增加社会保障有利于提升家庭整体收入，降低家庭整体收入的不平等。尤其是社会保障中的社会救济收入，更多偏向低收入群体[①]，能显著增加低收入群体的家庭总收入，而家庭收入水平的整体提升可降低家庭面临的消费不平等。表 5-24 第（4）列和第（5）列表明社会保障支出显著扩大了转移性收入不平等对消费不平等的影响。社会保障包括养老金或离退休金、保险收入，高收入群体往往能获得较多养老金和保险收入，社会保障放大了家庭转移性收入不平等，同时也加剧了转移性收入不平等对消费不平等的负面效应。

表 5-25 第（1）~（3）列的结果表明，增加社会保障支出能显著降低各项收

---

① 城镇住户调查数据显示，低收入群体得到的社会救济收入较多，低收入、中低收入、中等收入、中高收入及高收入群体平均得到的社会救济收入分别为 232.97 元、66.932 元、35.905 元、18.989 元及 14.611 元。

入不平等对低收入群体消费不平等的负面影响。同时，表 5-25 第（4）列和第（5）列也表明，收入越高的群体，社会保障与转移性收入不平等对消费不平等的估计系数更大，进一步验证了当前的社会保障放大了转移性收入不平等对消费不平等的负面影响。目前我国许多社会保障收入（如养老保险、医疗保险）都是根据工资性收入缴纳一定的比例得到，缴纳金额越多得到的社会保障收入也越高。低收入群体的工资性收入较低，因此获得的养老、医疗保险金额较少，而养老保险金占据城镇家庭转移性收入的大部分，养老保险等缴费制度在一定程度上加大了家庭转移性收入的不平等，为此政府和社会应加大对低收入群体的社会救济力度，可降低家庭的转移性收入不平等，在一定程度上也能促进不同收入群体消费的均衡发展。

（四）小结

本部分利用 2002~2009 年国家统计局城镇住户调查数据，以微观家庭为个体构建收入不平等和消费不平等指标，从收入结构和收入异质性方面分析收入不平等对消费不平等的影响，以及探究了社会保障在收入不平等与消费均衡发展之间的作用，以便为后续从收入分配视角构建消费水平均衡发展的体制机制创新路径提供启发性思考。结果显示。

第一，城镇家庭可支配收入的不平等增加 0.01，家庭人均消费支出将显著减少 1.611%，可支配收入不平等增加 1 个单位，家庭人均消费不平等将显著增加 0.741 个单位，食品消费不平等增加 0.331 个单位，居住消费不平等增加 0.187 个单位。

第二，分收入类型看，各类收入不平等对消费不平等的正向促进作用表现出如下特性：工资性收入不平等>转移性收入不平等>经营性收入不平等>财产性收入不平等。

第三，收入异质性分析发现，高收入群体收入不平等对消费不平等的负面影响较小，低收入群体受收入不平等对消费不平等的负面影响总是最大的。

第四，与在非公共部门工作的相比，工资性收入不平等对在公共部门工作的家庭消费不平等影响较大，但其他非工资性收入对在公共部门工作的家庭消费不平等影响较小。

第五，社会保障能有效抑制收入不平等对消费不平等的放大效应，家庭社会保障收入增加主要抑制了低收入群体工资性收入不平等、经营性收入不平等及财产性收入不平等对消费均衡发展的负面影响，但放大了转移性收入不平等对消费不平等的促进作用。

第四节　本　章　小　结

（一）主要研究内容及观点

本章紧扣促进人民美好生活消费水平均衡发展这一主题，基于典型事实分析——实证探讨的基本思路，首先描述分析了我国目前消费不平衡的特征事实，其次从宏观视角探讨了城乡基本公共服务差距对城乡消费不平衡的影响，最后基于城镇家庭调查数据从微观视角探讨了收入结构、收入不平等对消费均衡发展的影响。主要观点如下。

第一，探究居民消费水平发展的均衡问题需要基于中国社会经济发展变迁的大背景，不仅要考虑中国独特的城乡二元结构，还要考虑不同收入群体、区域间的消费不平衡，更需要兼顾行业、部门的工资差距及当下供需失衡的现状。尽管城乡消费差距在不断缩小，但城乡消费不平衡仍然是当前消费最大的不平衡；高收入群体消费倾向低，低收入群体消费倾向较高，收入差距使得消费不平衡，且城镇地区收入差距与消费差距的分化明显大于农村地区；区域发展不平衡是抑制区域消费均衡协调发展的重要障碍，行业、部门间的消费差距与有效供给不足、供需错位是抑制消费需求、影响消费均衡发展的重要因素。

第二，降低城乡社会保障差距、义务教育差距及医疗卫生差距有利于缩小城乡消费差距。区域异质性分析表明，城乡基本公共服务差距对西部地区城乡消费差距的影响更大，缩小西部地区城乡社会保障差距可较大幅度降低城乡消费差距。机制分析表明，提升城乡基本公共服务均衡化一方面有助于降低居民消费中的不确定性和提升消费意愿；另一方面有助于缩小城乡收入差距，而消费意愿的提升和城乡收入差距缩小均有益于促进城乡消费均衡发展。

第三，增加收入不平等会降低城镇家庭人均消费支出，扩大总消费和各分项消费的不平等。分收入类型看，工资性收入不平等对消费不平等的影响最大，其次是转移性收入不平等和经营性收入不平等，财产性收入不平等对消费不平等的影响最小。收入异质性表明，对于收入越高的家庭，收入不平等对消费不平等的影响越小。区分工作部门，发现工资性收入不平等会加剧在公共部门工作家庭的消费不平等，而其他非工资性收入不平等对公共部门工作的家庭消费不平等影响较小。进一步发现，社会保障制度可发挥调节作用降低收入不平等对消费均衡发展的负面影响，且对低收入家庭的调节作用更大。

（二）主要政策建议

探究居民消费水平均衡发展的体制机制创新路径需要从宏观视角考虑到收入分配制度、公共服务供给及城乡居民公共服务均等化、社会供需平衡等，还需从微观视角兼顾家庭消费行为的独特性与异质性。

第一，居民家庭收入的持续稳步增长和收入分配的相对公平是实现居民消费水平均衡发展的前提和条件。促进家庭收入持续稳步增长需要继续完善初次分配机制以及提升城镇低收入群体和农村居民的收入，促进收入分配相对公平需要健全社会保障、转移支付等再分配机制甚至发展三次分配制度。应进一步完善初次分配制度，健全生产要素由市场评价贡献、按贡献决定报酬的机制；建立反映劳动力供求关系与企业经济利益相适应的工资增长机制，畅通工薪阶层工资性收入的稳步增长渠道；依法加强对居民财产权保护，多方式拓宽居民财产性收入渠道；再分配中要继续优化税制结构，提升收入分配绩效；适时推进完善财产税，避免财富的两极分化；坚持发展共享理念，完善与第三次分配相配套的法规和政策体系，发展第三次分配制度。

第二，改善基本公共服务体系、推进基本公共服务均等化是促进居民消费水平均衡发展的重要保障。改善基本公共服务体系的重点在于变革公共服务购买方式。过度依赖土地财政和不断增发的地方债务使地方政府陷入债务困境，通过扩大地方政府财权，保证财权与事权匹配有利于增加其在公共服务支出中的投资动力。应从政策上针对性地对非经营性但与人民群众生活息息相关的基本公共服务提供专项资金扶持。推进基本公共服务均等化的要点在于改善农村、中西部地区等重点区域的基本公共服务体系。

第三，保障有效供给、实现供需平衡是强化居民消费水平均衡发展的重要支撑。从供给侧结构性改革实现有效供给、保障供需平衡，从而为消费水平均衡发展提供支撑。保障有效供给主要涉及两方面：一方面，"95 后经济""银发经济"开始发力，居家、健康养老、文化体育、旅游、教育培训、住宿餐饮等生活性服务业需求旺盛，应增加制造业和现代服务业供给满足居民多样化的生活性服务需求。另一方面，居民消费已由物质、生存型向精神、发展和享受型转变，品质消费、健康消费、体验消费成为居民的核心消费需求，提升产品和服务的供给质量是保障有效供给的关键。需要借助大数据、"互联网+"推进生活服务领域的时间、空间和数据共享，推进消费新业态、新模式、新场景的普及应用，引领发展智慧服务、体验服务、定制服务、共享服务、绿色服务。

（三）主要创新点

第一，开拓了消费均衡发展的视野。本章基于典型事实分析——实证探讨的基本思路，以促进人民美好生活消费水平均衡发展为主线从宏微观方面系统性探究抑制消费水平均衡发展的体制机制，力求在为促进消费均衡化、刺激消费、扩大内需的体制机制创新上有所突破。

第二，丰富并拓展了消费均衡发展的研究内容与深度。研究内容紧扣主题，目标清晰，抓住重点对象，主要围绕城乡消费不平衡、城镇居民内部消费不平衡从宏微观视角实证分析了区域、不同收入群体间的消费不平衡，对消费均衡发展的内容分析较为全面。

第三，丰富了相关实证分析。在探究城乡基本公共服务差距对城乡消费均衡发展的实证中采用静态面板与动态面板相结合的方法，实证结果更为稳健和可靠。在测量家庭收入不平等和消费不平等方面，利用 Kakwani 指数构建家庭个体的不平等，为理解个体收入不平等、消费不平衡提供新视野。

第六章 人民美好生活消费品质升级的体制机制创新研究

在人民对美好生活的向往中，消费品质的升级是消费需要实现最直接、最现实的问题之一。我国人均GDP已进入中高收入国家行列，居民恩格尔系数已接近联合国划分的20%~30%的富足标准，人民消费需要从对衣、食、用等生存型消费转向追求品种、品质、个性、安全、健康的发展型和享受型消费，居民消费明显升级，进入追求品质的新阶段，而消费市场供需错配的矛盾成为促进人民美好生活消费品质升级的重要障碍。改革开放四十多年以来，三次消费升级极大满足了我国人民日益增长的消费需求，居民消费更为讲究品质、更注重品牌、更追求品位。2014~2018年居民用于教育文化娱乐的人均消费年均增长7.5%，2018年全国居民用于教育文化娱乐的人均消费支出为827元，教育文化娱乐支出占全部消费支出的比重为4.2%，2018年国内出境旅游人数达到14972万人次，同比增长14.7[①]。虽然我国已成为全球消费品生产、消费和贸易大国，但消费品标准和质量还难以满足人民群众日益增长的消费需求，呈现明显的供需错配，消费品供给结构不合理，品牌竞争力不强，消费环境有待改善，国内消费信心不足，这严重制约国内消费增长和消费品质升级，甚至造成消费外流。2017年我国游客的境外消费达到2580亿美元，超过全球出境游客总消费额的1/5，而排名第二的美国游客消费额仅相当于中国游客的一半；在中国游客的购物清单中既包括中高档消费品，也包含基础日用消费品[②]。因此，本章基于我国消费升级现状和消费品质内涵，分析当前我国居民消费品质提升与有效供给不足之间的矛盾，试图从供给侧视角来寻找促进人民美好生活消费品质升级的解决之道。

---

① 资料来源：2014~2018年《中国统计年鉴》。

② 资料来源：联合国世界旅游组织。

第一节　消费品质内涵和矛盾现状分析

国家主席习近平在首届中国国际进口博览会上强调，"中国将顺应国内消费升级趋势，采取更加积极有效的政策措施，促进居民收入增加、消费能力增强，培育中高端消费新增长点，持续释放国内市场潜力"[①]。在当前国内外形势错综复杂、不确定性因素增加背景下，增强居民消费能力，促进消费提质升级，加强消费对经济发展的基础性作用显得尤为迫切和重要。这首先就需要厘清消费升级的含义与界定标准，正确判断和把握我国消费发展形势，深入分析当前"消费品质升级"的原因与现实矛盾，才能有效破除制约居民消费升级的体制机制障碍，其次激发居民消费潜力，促进消费提质升级。因此，在研究供给侧促进消费品质升级的机制之前，有必要回顾我国居民消费需要的演变轨迹以及分析消费升级需求和有效供给之间的矛盾。

一、消费品质升级的内涵

改革开放四十多年来，我国经济总量从低水平跃居到世界第二。经济的持续快速增长使城乡居民收入大幅提升，居民消费需要受限度大幅下降，消费生活质量极大改善，这一过程具体体现在以下几个方面。

首先，居民消费结构表现出持续优化、升级速度加快的特征。1978~2017年我国城镇和农村居民恩格尔系数分别从 57.5%、67.7%下降到 2017 年的 28.6%、31.2%；城镇和农村居民交通通信、教育文化娱乐、医疗保健这三类消费占消费总支出的比重，分别由1981年的10.8%、7.8%上升到2017年的37.1%、34.8%[②]。其次，信息化、网络化、智能化拓展了新的消费渠道和消费空间，同时也催发了新的消费需求，新兴消费需求开始崛起。2013~2017 年，我国网上零售额年均增长 30%以上，社会消费品零售总额年均增长 11.3%，网上零售额对社会消费品零售总额增长的贡献率不断攀升[③]。随着居民生活改善，消费越来越追求品质、个性与体验，带动旅游、电影业、马拉松等服务消费需求，催生了电子支付、网络

---

① 习近平. 2018-11-05. 共建创新包容的开放型世界经济——在首届中国国际进口博览会开幕式上的主旨演讲 [EB/OL]. http://www.dangjian.cn/djw2016sy/djw2016wkztl/wkztl2016djwztk/specials/congs/tus/201906/t20190625_5163445. shtml.

② 资料来源：1978~2018 年《中国统计年鉴》。

③ 资料来源：《2017 年中国居民消费发展报告》和《中国统计年鉴》。

约车、共享单车等新型业态崛起。新兴消费崛起，创新型消费、服务消费将形成消费新动能，促进消费品质升级。最后，人口结构的变化也带来了居民消费需求结构的变化。人口老龄化比重提高，老年人服务性消费需求提升，游乐休闲、文化教育、养老等服务消费需求强势上涨。综上可见，我国居民消费的全新格局正加快形成，消费品质升级趋势明显加速。在深入分析目前我国消费品质升级的体制机制之前，有必要结合我国消费现状去深入探讨下消费品质的内涵。

消费品质的定义源起于消费质量。国内学者关于消费质量内涵定义研究，具有代表性的观点有两种：林白鹏等（1993）倾向从人们对生活舒适、便利程度的心理感受这一角度来理解，解释消费质量是消费者在进行各方面消费之后而最终取得的效果。尹世杰（1994）倾向从影响人们物质和精神生活的客观条件方面来理解，提出消费质量是消费主体、消费客体、消费环境之间所产生的质的规定性，反映消费者需求的满足程度。综上可知，美好生活消费品质是人们消费的品位、质量和体验，它是消费主体、客体与环境间产生的质的规定性，反映了消费品和服务对消费需求的满足程度。

从社会生产和消费的过程看，消费品质升级包括三个层次：一是消费对象的升级，具体包括消费结构升级与消费内容升级，这是消费品质升级的核心表现。即家庭消费支出不同层次（生存、享受和发展资料）、消费支出不同方面（吃、穿、住、用、行）、消费支出不同内容（实物和服务商品）分类占比的升级变化。国内学者对此主要有两种分析框架，即"物质—服务"分析框架和"生存—发展—享受"分析框架。这两种分析框架均是从宏观视角来考察消费升级的，认为消费升级是一种消费结构的变化过程（刘向东和米壮，2020）。二是消费方式随生产方式和交换方式的升级而发生质变，即消费方式升级，这更多地表现为消费个性化、智能化和品牌化等。三是消费观念与消费环境的提升，主要体现为消费者受到充分尊重，消费者权益得到维护。消费对象的升级直接以消费者为核心，考虑收入提高基础上，消费者是否愿意并且能否顺利购买到所需要的商品与服务；消费观念与消费环境的升级则是消费对象、消费方式提升的制度与环境保障，关系到消费者精神层次的满足。

虽然很难对消费品质进行定量刻画，但从消费结构变动现状来看，传统消费提质换挡，服务消费增速明显，新兴消费需求加速涌现，充分显示我国居民的消费结构由物质消费向服务消费倾斜、由生存型消费向享受发展型消费转变。然而，受制于产品质量总体不高、服务消费供给不足、技术能力较弱、环境质量较低等因素，我国居民消费需要升级的潜力未能充分释放。

相比以往阶段，新时代的消费品质内涵的特点主要体现在消费方式、消费观念与消费环境变化上。消费的个性化、智能化和品牌化等新的消费方式带给消费者更好的消费体验，在很大程度上满足了消费者个性、高品质的消费需求。消费观念与消费环境的提升使得消费者受到充分尊重，消费者权益得到维护，为消费者撑起一把保护伞，让更多有消费意愿和消费能力的消费者愿意消费、敢消费。

由于我国仍处于社会主义初级阶段，现在并长期位列发展中国家的基本国情并未改变，居民消费需要的实现程度与人民美好生活期待亦有一定距离，这一定程度上凸显出我国居民消费升级与有效供给不足之间的矛盾。

二、消费升级与有效供给不足之间的矛盾

消费品质是人们对美好生活需要的一种追求，是从基本消费需要到美好消费需要的动态发展过程。随着经济的发展和生活水平的提高，居民不再满足于吃饱穿暖，而是追求吃得营养、穿得时尚、住得舒适、行得便捷。在温饱问题解决之后，居民更加重视消费品质，消费品质明显升级。另外，信息、医疗、养老、家政、旅游等新型服务业发展滞后，产品质量问题频频出现，中高端消费品等有效供给不足的问题严重制约了我国居民消费品质升级需要。因此，消费品质升级需求与有效供给不足的矛盾是我国消费领域的主要矛盾。

供需不匹配已经成为制约我国消费升级的主要因素。近年来，消费偏好分化和消费水平分级特征明显。我国消费市场的供给层次却难以满足这种异质性很强的需求层次，消费市场供给层次和需求层次错位现象较为严重。不同收入层次的消费者在寻求与之需求相对应的商品时都存在困难，甚至不能很好地找到自己消费的平衡点。

一方面，一部分中高收入居民家庭消费优化升级趋势加快，消费层次、消费品质、消费观念呈现出明显的改变，消费形态正从购买产品到购买服务、大众产品到高端商品转变，对产品质量与服务有了更高要求。产品质量和服务直接决定了消费体验，影响消费者满意度和消费意愿。当前社会生产的产品与服务却相对滞后，中高端产品难以满足这部分居民家庭的现实需要。境外消费旺盛和进口增速一定程度上就折射出我国当前中高端产品有效供给不足，供给与需求错位。据商务部数据，2019 年我国出境人数达 1.55 亿人，中国居民境外购买免税商品总体规模超过 1 800 亿元，约占全球免税市场销售额的 35%。中高收入群体境外购物占相当大的比例，并从主要购买奢侈品牌、高档品牌转向高质量的、性价比合适的日用消费品。虽然我国消费新模式新业态快速发展，但新兴消费产品与服务的品质发展也存在有效供给不足，线上线下供需不匹配严重制约消费品质升级。

另一方面，低收入人群消费的桎梏仍然在于收入水平低、购买力弱，目前市场上商品和服务的价格相对大多数人群的购买力仍然较高，能够释放出来的消费能力相对有限。同时，一部分中低收入居民家庭消费观念、消费需求和消费决策

回归理性，消费由追求品牌向高性价比转变，由地位寻求、张扬个性向高实用性转变，开始摒弃华而不实的消费理念。在消费选择中结合自身现实的消费能力和消费需求，而非注重虚荣、攀比。随着消费模式和渠道创新，线上线下营销方式紧密融合，消费者在同质商品条件下有更低价格的更多选择空间，获得更多实惠，但仍然未满足低收入者美好生活的消费需求。即使在消费结构升级的预期下，消费品供给结构已经做出相应调整，但是调整速度太慢，调整效率不高，既没有跟上高收入人群的购买力变化，也没能充分满足低收入人群的生活需求，使消费品的供给层次和需求层次出现错位。

第二节　新消费的崛起彰显消费品质升级的方向

我国产业结构的换代升级、居民收入水平的不断提高和现代科技的快速发展，成为推动消费新业态、新模式产生和发展的主要动力。以服务消费、信息消费、绿色消费、时尚消费、品质消费等为代表的新消费，体现了我国消费发展的新特征，新消费的崛起彰显消费品质升级需求方向。

一、我国新消费发展的现状

消费的发展不仅深刻地影响着我国经济的发展动力和趋势，还关系着民生福祉和社会福利水平。新消费代表着我国未来消费升级的方向，对于我国社会经济的发展具有重要的意义。

（一）服务业规模不断壮大，成为经济增长的重要拉动力

随着人民群众物质文化生活水平的提高，旅游、健康、文化、教育、养老等消费也迅速发展，不断地满足着人们改善生活质量的需求，同时也促进了人力资本积累和社会创造力的增强。教育培训消费、健康消费、家政服务消费、新兴文化及传统文化消费、现代旅游设施建设和公共服务平台建设等的快速发展，推动着我国服务业朝着更加广阔、更加多样、更有品质的方向前进。根据中国旅游研究院（文化和旅游部数据中心）发布的《2019年旅游市场基本情况》，2019年中国国内旅游人数达60.06亿人次，比上年同期增长8.4%；出入境旅游总人数为3.0亿人次，同比增长 3.1%；全年实现旅游总收入 6.63 万亿元人民币，同比增长11%。旅游业对GDP的综合贡献为10.94万亿元人民币，占GDP总量的11.05%。服务业已经成为经济的主要拉动力，与工业一起共同支撑中国经济发展。

（二）信息消费在消费领域的带动作用显著增强

信息消费主要包括信息产品消费和信息服务消费。当前，作为我国新兴消费的重要领域，信息消费正处于发展的关键时期。信息技术得到广泛运用，移动通信技术得到广泛普及，人民群众的消费习惯、消费模式、消费流程正在不断被变革、重塑，跨区跨境消费、线上线下消费、体验分享消费等多种业态不断兴起。"互联网+"农业、教育、医疗、旅游、文化、娱乐等产业跨界融合，极大地增强了信息消费发展的潜力，为智能终端技术研发和产品服务发展提供了广阔前景。我国信息消费规模由 2013 年的 2.2 万亿元增长至 2017 年的 4.5 万亿元，年均增幅高达 20%，为同期最终消费增速的 2 倍左右，占最终消费支出的比重提高到 10%[①]。信息消费对拉动内需、促进就业、引领产业升级发挥着日益重要作用。

（三）绿色消费、共享经济蓬勃发展

促进绿色消费，是顺应消费升级趋势、推动供给侧结构性改革、培育新的经济增长点的重要手段，也是缓解资源环境压力、建设生态文明的现实需要。近年来绿色消费品种不断丰富，节能家电、节水器具、绿色食品、绿色建材等产品日益受到消费者的青睐，循环再生商品逐步被接受，新能源交通工具成为消费时尚，共享经济蓬勃发展。2019 年，我国共享经济市场交易额约为 32 828 亿元，比 2018 年增长 11.6%，其中出租车、餐饮和住宿领域的共享经济新业态在行业中的占比分别达 37.1%、12.4%和 7.3%，比 2016 年分别提高 20.5%、7.8%和 3.8%；网约车、外卖餐饮、共享住宿和共享医疗在网民中的普及率分别达 47.4%、51.58%、9.7%和 21%，比 2016 年分别提高 15.1%、21.58%、4.7%和 7%[②]。绿色消费规模持续增长。在国家消费政策引导和居民消费理念提升的推动下，我国绿色商品供给结构逐步优化，市场规模不断壮大。2017 年，我国节能空调、电冰箱、洗衣机、平板电视、热水器等家用电器的国内销售量达到 1.5 亿台，销售额接近 5 000 亿元，有机产品产值近 1 400 亿元，新能源汽车销售 77.7 万辆[①]。绿色消费政策体系不断健全。《"十三五"全民节能行动计划》、《关于促进绿色消费的指导意见》和《企业绿色采购指南（试行）》等文件，不仅构建了我国绿色消费政策体系，也对强化绿色消费理念、促进绿色供给发挥了重要作用。

（四）个性化、多样化的时尚消费渐成主流

居民消费中时尚消费是最富有生命力、最有情感因素参与的消费形式。随着模仿型、排浪式消费阶段的基本结束，个性化、多样化消费渐成美好生活消费的

---

① 资料来源：《2017 年中国居民消费发展报告》。
② 资料来源：国家信息中心分享经济研究中心发布的《中国共享经济发展报告（2020）》。

主流。特别是年轻一代更加偏好体现个性特征的时尚品牌，这将推动消费者体验、个性化设计、柔性制造等相关产业加速发展。2017 年轻奢消费占中国整体奢侈品消费的 36%，历史增速超过重奢消费。中国轻奢市场发展潜力巨大，预计未来五年，轻奢产品销售增幅可达 11%~13%，并在 2025 年增长至 6 200 亿元[①]。同时，中高收入群体规模的壮大使得通用航空、邮轮等传统高端消费日益普及，消费潜力加速释放，并激发相关基础设施建设的投资需求。互联网时代，消费者更加趋于多样化、个性化、智能化的消费需求，消费业态的多领域聚合式、协同化转型将更加普遍。

（五）品质消费逐渐成为居民美好生活消费的基本要求

我国经济发展进入新时代，基本特征就是我国经济已由高速增长阶段转向高质量发展阶段。高质量的发展具体到人民生活层面，就是满足人民对高品质生活的追求，因此需要在消费领域推动品质升级，提升商品和服务的品质。追求品质消费，意味着我们的消费发展已经跨越过去的数量满足阶段，进入消费质量满足的新阶段。广大消费者特别是中等收入群体，将更加注重安全实用、舒适美观、更有品位格调的品牌商品和服务，如图 6-1 所示。同时，由于这类消费几乎涉及所有传统消费品和服务，故品质消费需求的增加将会带动传统产业改造提升和产品升级换代。

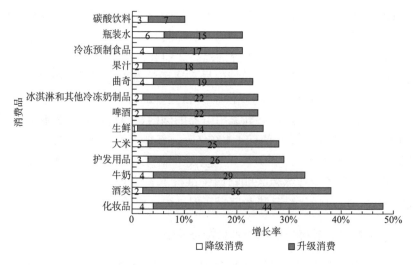

图 6-1　从大众产品向高端产品升级

资料来源：麦肯锡《2016 年中国消费者调查报告》

---

① 资料来源：《2018 年中国时尚消费趋势红皮书》。

二、新消费发展带来的新变化、新挑战

（一）新消费发展带来的新变化

人民群众消费习惯的转变，折射出消费结构的升级和消费对象的新变化。衣食住行等传统消费平稳增长，而以教育、信息、旅游、教育文化娱乐、医疗保健等发展型消费为代表的新热点不断涌现。新消费的快速发展推动着居民消费的不断转型升级。

新消费带来新业态不断涌现。随着物联网、云计算、大数据、人工智能等新一代信息技术的升级发展，互联网加速向各行业渗透，服务业新业态、新模式不断涌现。基于大数据、云计算、物联网的服务应用和创新日益活跃，在生产方面，数据处理、数据存储、集成电路设计、信息技术咨询等服务持续快速发展；在生活方面，生态旅游、休闲养老、远程医疗、远程教育、数字穿戴、数字家庭、智慧社区、智慧城市等与人民生活息息相关的服务新模式推陈出新。

新业态催生居民消费新方式。移动支付、现代物流的快速发展，实现了人们的消费方式从"线下"到"线上"的转变，小到日用百货，大到家用电器、汽车等，都能在网上实现交易。根据中国互联网信息中心的监测数据，截至 2020 年 3 月，我国网络购物用户规模达到 7.10 亿人，相较 2018 年底增长 1 亿人；其中，手机网络购物用户规模达到 7.07 亿人，较 2018 年底增长 1.16 亿人。网络支付用户规模达 7.68 亿人，较 2018 年底增长 1.68 亿人；其中手机网络支付用户规模达 7.65 亿人，较 2018 年底增长 1.82 亿人。人们的消费方式逐渐向追求便捷、高效、舒适的网络消费体验转变。

新业态加速消费热点转换。随着居民消费习惯转变，网络购物等非实体店铺销售方式逐渐被广泛接受，实体商店等传统零售业态的发展则显出收缩动向。由于减少了消费中间环节以及实体店铺经营成本，网购带来了更低廉的价格；由于突破了交易的地域和时间制约，网络购物平台提供了更广阔的商品选择范围和更便捷的购物时间。同时，在人民群众的基本物质文化需求逐渐得到满足的情形下，人们在教育、信息、旅游、教育文化娱乐、医疗保健等享受型、发展型消费上的支出日益增加。

（二）新消费发展面临的挑战

1. 重点领域新消费发展还不能有效满足城乡居民多层次多样化消费需求

首先，新消费结构发展不平衡。例如，信息消费的发展离不开先进信息技术的支撑，但是目前我国信息技术的发展水平仍不高，尤其是核心、基础性信息技术水平仍存在严重短板。同时，包括先进制造业、战略性新兴产业和现代服务业

等具有高附加值的行业发展，离不开生产性服务业特别是高级生产性服务业的支撑和投入，而当前我国生产性服务业发展水平，严重滞后于生活服务业的发展水平，这将不利于我国服务业的持续健康发展。其次，新消费产业发展不充分。这主要表现为新业态发展水平不高，追求简单、粗放式扩张；新模式跟风式、模仿式发展太多，真正的创新性发展太少；消费创新的不足，制约着新消费的发展。最后，城乡发展不平衡。当前的新消费还集中于大中城市，但在支撑我国消费半边天的农村地区，新消费发展还严重滞后，这直接制约了我国新消费发展的潜力。

2. 信用体系和消费者权益保护机制还未能有效发挥作用

新消费更加注重消费过程的体验和售后服务质量，消费环境是决定新消费发展质量的关键因素。随着新业态、新模式、新平台的不断涌现，人民群众多样化的消费需求不断得到满足。快速的消费变革过程带来了一系列新问题、新挑战，其中最突出的表现就是当前的消费环境无法满足人民群众对安全消费、放心消费、快乐消费的需求。尤其是互联网技术的使用，使得消费者、商品或服务、资金在交易时，实现人、钱、物的时空分隔，购买力与购买行为的相对分离，这种情形极大增加了商家虚假宣传、欺诈售假、以次充好等问题发生的概率。

3. 新消费发展的基础设施建设仍滞后于消费提质扩容需要

新消费的发展需要以完善、现代、便捷的基础设施为前提。在信息化时代，信息消费、网络消费等的发展离不开快捷、高效、低成本的网络信息基础设施服务。当前我国信息基础设施的覆盖面还不完善，技术水平还有待提升，服务成本还比较高，这些都降低了消费者的消费体验、增加了消费成本、制约了信息消费等的发展。同时，便捷的交通基础设施是现代物流体系快速发展的前提，而现代物流体系则是互联网消费、绿色农产品消费发展的关键。农村地区、中西部地区交通基础设施建设的严重滞后，不仅制约了农民对网络购物等新消费的需求，也严重阻碍了农村绿色农产品向城镇地区的流动，影响了城镇居民的绿色消费需求。

4. 新消费监管体制尚不适合消费新业态新模式的迅速发展

快速发展的新消费带来了"千姿百态"的新业态、新方式，在大众创新、万众创业的时代背景下，如何合理地监管如雨后春笋般出现的新经济业态也成为相关政府部门不得不面对的新问题。分享经济——新经济形态中的一种重要形式，如何对其实施有效管理正考验着城市和市场管理者们。分享经济的主要特征是，利用互联网信息技术，通过网络平台将资源进行高效配置，以提高资源利用效率的一种新业态。共享单车便捷、高效、循环的特点，有效解决了出行中的"最后一公里"问题。随之而来的，企业无序投放、用户乱停乱放、押金管理不透明等涉及基本治理权限和法律责任的问题，仍存在制度空白。新消费是一个新生事物，有很多消费渠道、消费方式和传统消费不完全一样，还处于一个应该积极鼓励发展的阶段，如何处理好对新业态、新模式的包容支持与有效的市场监管和规范之间的协调？如何解决新消费所提出的种种命题？对政府公共治理的精准度是一个挑战。

努力发展新消费，推动居民消费升级，实现居民消费领域平衡、充分发展，是解决人民美好生活消费需要不断提高与有效供给不足矛盾的主要途径。本章结合当前我国服务消费、信息消费、绿色消费、时尚消费、品质消费等新消费领域发展的现状，分析了当前我国新消费发展面临的挑战。

第三节　供给侧结构性改革促进消费品质升级的理论机制分析

继续深化供给侧结构性改革，扩大优质增量供给，实现供需动态平衡，是党的十九大报告的主要精神之一。消费市场供需失衡与错位必须以供给侧结构性改革为解决思路，才能努力实现供求关系新平衡。消费的发展是一个动态的变化过程，随着消费需求偏好、消费行为的动态变化，供给侧结构性改革永无止境。改革开放以来，无论是要素端还是生产端的改革都取得了显著成绩。供给侧结构性改革助力消费品质升级，应以供给侧结构性改革为切入点，以提质量、促效率、增动力为主攻方向，补短板增优势，全面化解供需之间的错位矛盾，切实满足人民美好生活消费需要。

一、质量提升机制研究

（一）质量标准与消费品质

质量发展是兴国之道、强国之策。质量反映一个国家的综合实力，是企业和产业核心竞争力的体现，也是国家文明程度的体现。人民美好生活消费需求离不开消费品和服务质量的提升。我国历来高度重视产品和服务的质量工作。中华人民共和国成立以来，尤其是改革开放以来，国家实施了一系列政策提升产品和服务的质量。特别是国务院颁布实施《质量振兴纲要（1996~2010 年）》以来，全民质量意识不断提高，产品质量、工程质量、服务质量明显提升，原材料、基础元器件、重大装备、消费类及高新技术类产品的质量接近发达国家平均水平；商贸、旅游、金融、物流等现代服务业服务质量明显改善，覆盖第一二三产业及社会事业领域的标准体系初步形成。但是，产品和服务质量水平的提高仍然滞后于经济发展，片面追求发展速度，忽视发展质量和效益的现象依然存在。产品等质量问题造成的经济损失、环境污染和资源浪费仍然比较严重，质量安全事故特别是食品安全事故时有发生。

针对这些问题，2012 年国务院发布《质量发展纲要（2011~2020 年）》，提出到 2020 年，产品质量保障体系更加完善，产品质量安全指标全面达到国家强制性标准要求，质量创新能力和自有品牌市场竞争力明显提高，品种、质量、效益显著改善，节能环保性能大幅提升，基本满足人民群众日益增长的质量需求。农产品和食品实现优质、生态、安全，制造业主要行业和战略性新兴产业的产品质量水平达到或接近国际先进水平。到 2020 年，全面实现服务质量的标准化、规范化和品牌化，服务业质量水平显著提升，建成一批国家级综合服务业标准化试点，骨干服务企业和重点服务项目的服务质量达到或接近国际先进水平，服务业品牌价值和效益大幅提升，推动实现服务业大发展。

就消费领域而言，我国正处于消费升级的热潮中，而消费升级中关键的一环就是产品和服务质量的提升。虽然我国是全球消费品生产、贸易大国，但是在产品质量标准制定和质量监管方面存在严重不足，产品质量标准制定和质量监管严重滞后于经济发展速度。在国内产品质量标准制定不规范和质量监管力度不足的情况下，一方面，导致国内外产品质量标准不一，消费品内外销售不同质，甚至还出现内销产品比外销产品价格高、质量低的问题。这在日用消费品领域表现尤为突出，国外认为存在安全隐患，却又符合国家标准的事情，几乎已成常态。宽泛落后的标准导致消费外流。另一方面，一些个体和低小散企业趁机进入市场，造成市场上产品质量良莠不齐，更有甚者，使用劣质原材料以降低生产成本，从而进行恶性压价竞销，在质量监管力度不足的情况下，导致严重扰乱市场秩序，损害消费者的福利，遏制消费需求，阻碍我国居民消费升级，从而无法满足人民日益增长的美好生活消费需求。

从质量标准角度完善我国质量标准的体制机制，以促进产品和服务质量稳定、质量提升和技术进步，并改善消费环境，最终促进消费升级。首先，确立和完善产品和服务质量标准，确保质量稳定。产品和服务质量得到保障的前提是标准化的生产和检验，即标准化。标准化就是制定标准，然后实施标准，最后对实施的标准进行监督。只有将生产过程用一系列的标准来控制和指导整个过程时，在规模经济中才能保证生产出的产品和服务质量稳定，而不会出现质量良莠不齐的现象。同时，在这个标准化的过程中，也能够及时发现问题，并给予改正。产品和服务质量的稳定，在一定程度上增强消费者信心，让消费者真正的敢消费。

另外，也为质量监管部门提供执法依据，通过法律法规去规范市场主体的行为和市场秩序，并对扰乱市场秩序的生产者给予处罚，从而维护市场经济正常运行，为消费者提供稳定的消费环境，为消费升级打下坚实的基础。

其次，完善与提高产品和服务质量标准，促进产品质量提升。产品和服务的标准是衡量产品和服务质量的标准，这样各个企业就有了一个共同的标尺，可以揭示不同企业同款产品的差距，从而鞭策企业提高产品和服务的质量，以增强自身在市场上的竞争力。对于消费者而言，消费者可以根据国家制定的产品和服务的相关标准评价产品和服务，并正确评估自己的支付意愿，这可以有效地避免市场上出现"劣币驱逐良币"现象，从而从需求侧为企业提高产品和服务的质量提供助力。产品和服务质量提升，对于我国现阶段来说至关重要。虽然我国现阶段仍然处于社会主义初级阶段，并且将长期处于社会主义初级阶段，但是消费升级已经势不可挡，除了消费需求结构与供给结构的不匹配矛盾外，人民对于消费品和服务的质量要求也越来越高，人民更加注重高质量的产品和服务所带来的良好消费体验。因此，在这样的背景下，完善和提高产品和服务质量标准，对于消费升级的重要性就不言而喻了。

最后，以先进标准促进技术进步。国内外先进的标准是现今世界上科学实践的成果，是科学技术发展的成果。从另一角度来看，国内外先进的标准是全球范围内共享的技术资源，积极采用国家或国际先进标准，实际上是一种非常廉价的技术引进。企业可以通过现有的国家或国际先进标准，及时了解到行业发展的最新动态和先进的技术情况。同时，为了达到现有的国家或国际先进标准，企业会主动改善产品的生产技术和管理水平，以便符合现有的国家或国际先进标准。这个过程便是企业技术进步的过程。因此，先进标准促进企业技术进步。

在消费品质升级中的关键一环是产品和服务质量的提升。提高产品和服务质量标准，有利于提升消费品质量和改善消费环境，并最终促进消费品质升级。产品和服务质量提升需要政府、企业、社会三方力量参与，共同建立和完善产品和服务质量提升长效机制，形成以企业主体、政府主导、社会组织和公众参与的共治格局。

（二）企业品牌建设与消费品质

消费品质不高是导致我国中高端消费品有效供给不足、制约我国消费品质升级的重要原因，而品牌作为企业乃至国家竞争力的综合体现，代表着产品质量提高、供给结构和需求结构的升级。根据国际经验，当一个国家的人均 GDP 达到3 000美元时，就进入品牌消费时代。根据这个标准，我国已进入品牌消费时代。据麦肯锡《2016 中国消费者调研报告》，中国消费者品牌忠诚度在不断提高，越来越多的中国消费者开始只关注少数几个品牌甚至某一个品牌。企业品牌建设对消费品质量提升和消费品质升级具有重要意义。

随着产品数量的急剧增加，同类企业之间的竞争已经发展为品牌之间的竞争。一方面，企业品牌给予消费者更多的质量保障和良好的消费体验；另一方面，消费者的意识逐渐向精神层面靠近，具有文化内涵的品牌更容易让消费者产生忠诚感。企业品牌建设可以通过降低搜寻成本，从而降低交易费用。在经济学上，企业品牌建设本质上是向消费者发送的关于产品相关信息的信号。企业通过品牌建设使得消费者对代表特定信息束的品牌产生认知，这样消费者在购买商品的决策过程中，根据自己的需求，在提供相同或类似产品的各种品牌中进行挑选，而不需要逐一去对比各种产品，节省购买商品的搜寻时间，降低购买商品的搜寻成本，从而降低交易费用。同时，消费者的精力和时间是有限的，再加上空间上的距离因素，因此大部分消费者只能分配有限的时间，在特定的熟悉的区域搜寻商品。所以，消费者购买决策的最优解是一个局部最优解，而企业品牌建设可以扩大消费者的选择范围，从而有可能将购买决策所达到的局部最优解变成最优解，从而增加消费效用，增加消费者福利。交易费用的降低，又可以打破企业之间的区域垄断，促进企业之间的良性竞争，企业为了在竞争中获胜，又会去改进产品质量，增加创新研发投入，最终带来产业升级，并以产业升级带动消费升级。

企业品牌建设同样也是对于自身产品和服务的一种承诺，可以有效地规避信息不对称问题导致的逆选择问题，即"劣币驱逐良币"现象。在市场经济中，由于生产者和消费者的信息不对称，即消费者对一个产品所了解到的信息非常有限，而生产者所掌握的信息要多得多，两者所掌握的信息差别越大，则信息不对称越严重，当市场中信息不对称到达一定程度时，便会导致市场失灵或者市场运行的低效率，这时候则需要借助一些非价格竞争手段来提高市场运行效率，从而扭转市场失灵的局面。企业品牌建设便是这样一种可以扭转信息不对称问题导致的市场失灵的一种非价格竞争手段。从这个角度来看，企业品牌建设是一种典型的关于产品质量信息的市场信号。品牌，特别是名牌，可以传递产品的质量、售后服务等相关信息，带给消费者更好的消费体验，同时也使得消费者敢消费，也放心消费。同时，对于企业而言，为了维持自己品牌的声誉，也会加强品控和质量监督，这在很大程度上保障了市场上产品的质量。因此，企业的品牌建设对于产品的质量提升有不可忽视的作用，品牌建设已经是消费升级中不可或缺的一环。

如今，品牌不仅仅发挥它传递信息的作用，对于消费者而言，品牌已经成为一种地位的象征。品牌所表达出来的理念和价值取向对于具有相同理念和价值取向的消费者具有一定的"锁定"。品牌所表达出来的理念和价值观为消费者带来社会地位、权利、身份和声誉，表达了消费者的自我形象，从而满足消费者更高层次的需求。根据马斯洛需要层次理论，在消费升级背景下，消费者的需求已经由生理需要、安全需要、社交需要、尊重需要、自我实现需要上升到五个层次中的最高层次，即自我实现的需要，而品牌的功能所能满足消费者的需求，可以到达更高的层次。例如，社交需要即消费者对社交形象的需求——品牌形象；尊重需要即消费者对特色产品的满足——品牌个性；自我实现的需要即消费者对精神的满足——品牌文化（吴丽果和胡正明，2012）。因此，企业品牌建设能满足消费升级浪潮下居民的深层次的消费需求。

　　近几年，我国在企业品牌建设方面取得了一定的成绩。2014 年全球企业最有价值的 100 个品牌中，我国仅有华为入围，排在第 94 位；2023 年我国有 14 个品牌上榜，短短 9 年时间，在品牌的数量上有了质的飞跃[①]，但仍存在以下问题：第一，品牌数量仍有待提高；第二，现有品牌中具有自主知识产权的比重偏低；第三，品牌的国际影响力不够，缺乏如美国可口可乐、苹果等具有广泛国际影响力的知名品牌。深究原因，与我国现阶段自主创新能力不强密切相关，许多企业关键技术和核心技术对外依存度非常高。完善品牌建设的机制亟待破解这些难题，从而促进消费升级。

二、效率提升的机制研究

（一）信息基础设施建设与消费品质升级

　　根据中国互联网信息中心的监测数据，截至 2020 年 3 月，我国互联网普及率为 64.5%，与发达国家相比仍有一定距离，并且城乡差距仍然较大。完善的信息基础设施不但对发展经济有着重要的作用，对消费升级也有着不可忽视的作用。

　　消费创造出需求，而技术则物化了需求。消费创造生产的动力，引领技术变革，使人们的消费需求得以持续满足，并从消费内容、消费结构和消费模式等方面推动技术进步。技术制约着消费需求的实现，技术通过消费意识和消费能力等途径，深刻地影响着人们的消费方式，并有助于消费者对于新产品和新服务达成购买决策。随着全球新一轮技术革命的加快推进，以互联网、移动通信、大数据为代表的现代信息技术加速发展和广泛深度应用，互联网等信息技术已经成为我国乃至全球实现效率提升和创新驱动的主要动力及途径，并对消费、生产、流通产生革命性的影响。2019 年我国网上商品和服务零售额为 10.6 万亿元，同比增长16.5%，网上商品和服务零售额首次突破 10 万亿大关[②]。电子商务、网购、O2O

[①] 2014 年资料来源. https://www.gov.cn/govweb/xinwen/2015-01/12/content_2803121.htm. 2023 年资料来源. http://www.bjnews.com.cn/detail/1686730682168853.html.

[②] 资料来源：国家统计局网站. http://www.stats.gov.cn/sj/sjjd/202302/t20230202_1896360.html.

（online to offline，线上到线下）等的快速发展，在促进新的流通渠道、平台和商业模式形成的同时，也在加速改变我国城乡居民的消费观念、消费内容乃至消费方式。

首先，互联网技术助推我国产业转型升级，促进消费供给侧结构性改革。生产是消费的基础，交换是联系生产和消费的纽带，消费品质的升级离不开生产结构和交换方式的变革。对于我国出现的"需求外溢"问题，一个重要原因就是落后的产业结构供给的消费品品质和服务质量无法满足人民群众消费品质升级的需要。互联网技术则为产业转型升级提供了积极的环境，在生产环节，利用互联网信息化优势，引进国际先进生产技术、加快技术革新速度。在流通环节，借助互联网信息传递功能推动产业产品结构升级，增加产能输出新渠道；促进物流系统的效率提升，加快产品消费过程。在销售环节，借助互联网信息搜集功能拓宽产品市场，汇聚消费者需求信息，促进产业内部结构调整，优化产品供给结构和品质。

其次，互联网降低"双创"门槛，推动创新发展，实现消费供给结构的多元化。当前我国正在由最初的模仿型、排浪式消费，向个性化、多样化、精细化的新型消费发展，这种转型对市场提出了多元化的产品和服务供给要求。创新是经济发展的内在源泉，互联网成为创新创业的催化剂，从多方面促进"大众创业、万众创新"的环境形成。随着"互联网+"政策持续发力和国家大数据战略的积极推进，催生了许多线上线下融合的消费新模式，促进了消费商品和服务创新，推动着消费供给结构的多元化。

最后，互联网改善消费环境，提高消费信心，促进消费升级。当前我国消费领域亟待解决的一个问题是构建良好消费环境，解决放心消费问题。劣质食品、虚假药品等假冒伪劣商品充斥市场，导致消费者不敢消费，甚至产生"需求外溢"。政府服务等公共产品从出台到落实经过多重环节，使得这类公共产品的提供存在政策时滞、政策措施履行不到位等问题。互联网的出现，使得政府可以通过公共平台直接对接企业或个人，实现公共产品的有效供给，使各项惠及民生的政策得以切实有效地落实。同时，民众也通过互联网向政府进行信息反馈，反映社情民意，推动民众生活质量的提高，创造良好的消费环境，让人民群众实现从"能消费"到"敢消费""愿消费"。

从注重量的满足转向追求质的提升、从有形物质商品转向更多服务型产品，弥补供给层面的"短板"，将成为未来满足消费升级、保持我国消费稳定增长、"增强消费对经济发展基础性作用"的关键。消费产品和服务的供给层次与内容无法有效满足人民群众消费升级的需要；城乡居民消费水平差距，严重制约了整体消费发展的潜力；造假售假、消费者信息泄露等问题依然严重，消费环境有待进一步改善，这些都将是消费领域供给侧结构性改革需要解决的难点。

（二）普惠金融与消费品质升级

随着我国经济发展持续深化，数字经济、"互联网+"、电子商务、共享经济日渐深刻融入国民经济各领域，金融资源获取的障碍成为阻碍消费升级的另一重要阻碍。党的十八届三中全会正式提出鼓励金融创新，发展普惠金融。普惠金融注重金融服务的可得性、便利性、普惠性和合理性，有利于打破传统金融创造的机会不平等、资源不平等，有助于为社会所有成员尤其是为农民、低收入群体、小微企业提供有效的金融服务，降低融资成本，已成为促进消费均衡发展、促进消费升级的一枚利器。

首先，随着"大众创新、万众创业"理念的推广，"互联网+"思维的形成，促进小型微型企业的发展已成为供给侧消费品质提升的重要途径之一。小微企业的发展有助于消减国内过剩产能、减轻产业结构调整和升级的难度和阵痛，从而调整消费品的供给层次与需求层次错位，提升居民消费品质，满足人民美好生活消费需要。普惠金融立足机会平等要求和商业可持续原则，以可负担的成本，为有金融服务需求的小微企业提供适当、有效的金融服务，从而有效地降低小微企业融资成本，提高小微企业融资效率，促进小微企业的发展和创新，促进企业间良性竞争和产业结构优化，促进产品和服务的创新，以满足人民日益增长的美好生活消费需求，从而促进消费品质升级。

其次，普惠金融有利于实现弱势群体金融服务参与的机会平等和渠道平等，促进消费方式升级，提升消费体验和消费品质。我国存在大量无银行服务的农村居民，不仅无法享受储蓄、支付、信贷等金融服务，更无法享受数字经济、"互联网+"、电子商务的消费渠道和消费红利，导致消费方式单一、商品和服务受限度较高。数字经济和数字金融更具有包容性与普惠性，可惠及这些被传统金融、传统征信排斥在外的群体，改善其收入分配（张勋等，2019），提高其消费水平（易行健和周利，2018）。

最后，普惠金融有利于消除金融排斥、提高信贷可得性，从而释放消费潜力。从现实来看，弱势群体相对能力弱、收入低、财富少，加上金融市场不完善、信息不对称、法治环境差等外部特征，极容易对弱势群体引发金融排斥，加重其财务负担和消费脆弱性，抑制消费能力。因此，将普惠金融与乡村振兴、基层治理等民生政策相结合起来，有利于从"包容性增长"中多渠道增加中西部农村弱势群体收入，增强消费能力，从而为欠发展边远地区的低收入人群的消费升级打下坚实的基础。

进入新时代，为实现全体人民的美好生活消费需要，决胜全面建成小康社会，普惠金融肩负着重大的职责，为此需要多方努力，使普惠金融成为促进我国消费升级的强劲助力剂。

三、动力提升的机制研究

（一）技术进步、服务创新与消费品质升级

1911 年，美国经济学家熊彼特（Schumpeter）在《经济发展理论》首次提出了"创新"概念，并比较系统阐述了创新理论。他认为创新也是一种生产函数，生产者是创新的主体，而消费者则更多的是被动地接受着创新所带来的变化。根据马克思主义消费理论，生产决定消费、消费的对象、消费的方式、消费的品质和水平。企业作为消费品的主要供给端，企业的技术、服务创新是供给侧结构性改革促消费品质升级的动力所在，对促进我国居民消费升级具有重大意义。企业的技术进步，一方面促使生产成本下降，使企业能够生产出物美价廉的产品，同时又能增加和提升新产品和新服务的种类和质量。另一方面，企业技术进步尤其是电商的发展使消费品能直接从生产厂商抵达买家手中，进一步压缩渠道成本，让消费升级成为现实。

技术进步促进产品创新。企业技术进步最直接的效用便是产品的创新。技术进步一方面可通过采用更先进的机器设备和生产工艺来压缩生产成本，促进企业规模化生产，增强企业的竞争力和营利能力，从而进一步扩大规模，增加研发支出，开发和生产出更多高科技、高质量的创新产品。技术本身也是产品的组成部分之一，技术进步增加突破技术障碍的可能性，直接带来新产品的更新换代，甚至带来技术浪潮引发产业革命。这些新产品使得拥有购买力，并且好奇心强和接纳度高的高收入群体率先购买使用，通过示范效应带动各消费群体的购买，最终形成"棘轮效应"，促进消费升级。

另一方面，技术的进步促进渠道创新和服务创新。当技术进步促进供应链的渠道创新时，可以有效降低流通成本，提高原材料和最终产品的流动效率，使得供给侧和需求侧实现更加有效地融合，供给侧更加有效地衔接需求侧。渠道创新对于改善供给侧和需求侧的错位现状十分重要。供给侧和需求侧的错位现状除了技术限制以外，还有一个重要的原因便是供给侧无法有效追踪到需求侧的需求，或者说供给侧跟不上需求侧的需求节奏。因为企业生产产品需要时间，接受消费者对于产品的反馈需要时间，而企业调整生产同样需要时间，而正是这种时间差决定了供给侧衔接需求侧的难度，再加上个性化消费的崛起，使得传统的生产模式更加难以满足消费者的需求。企业通过渠道创新逐渐改善刚性的生产模式，通过大规模定制的柔性生产方式来迎合消费者的多层次、个性化的需求。技术进步同样促进了服务创新。通信技术的进步，带来了互联网行业的变革，也推进了现代服务业的发展。"互联网+金融"、"互联网+旅游"和"互联网+专车"等众多消费模式的扩展，促进了现代服务业的创新，既满足了新时代消费观念的升

级，又促进了消费结构的升级，最终推动居民消费升级。

技术进步是经济增长的内生动力，在消费领域，技术进步无论是刺激消费增长，还是促进消费结构的升级，都至关重要。只有不断改革创新，拓宽我国消费的深度与广度，提升我国消费的品质，促进消费升级和产业升级，才能在这样一个内需时代，激发经济发展的强劲动力。进一步发挥技术进步在消费升级中的积极作用，需要政府、企业和社会共同创造条件。

（二）人力资本投资与消费品质

供给侧结构性改革是促进消费品质升级的动力，而创新是其中非常重要的一环，但是创新归根到底是人发挥主观能动性的过程。供给侧结构性改革归根到底得靠人才、靠教育。源源不断的人才资源才是我国社会经济发展的动力所在，也是消费品质升级的动力所在。无论是从家庭层面还是企业层面来看，人力资本对于消费增长和消费升级的影响都极为重要。

从家庭层面来看，人力资本投资对消费的影响较为复杂。虽然，在短期，人力资本投资所带来的挤出效应会抑制当期消费增长，在流动性约束的影响下，两者存在着此消彼长的关系，但是从生命周期来看，人力资本投资所带来的人力资本的增加会提高劳动生产率，从而提高个人收入水平以及减少收入的不确定性，因此，人力资本投资带来的回报，可能通过收入效应，抵消前期投资的负面效应，并带来正面的促进作用。另外，人力资本投资不仅影响居民的消费水平，还可以通过影响消费观念来影响居民的消费行为。人力资本投资（如教育）对居民消费行为模式的影响也较大。人力资本高的消费者，其受教育程度也高，这类型的消费者更加注重对于消费质量的追求，他们对消费品的质量要求很高，并且更加注重消费品所带来的艺术、健康、环保等方面的附加价值，这也正是消费升级的方向，这类消费者所形成的有效消费需求推动着消费品质升级。

从企业层面来看，企业的人力资本投资，既可以通过影响居民收入来影响居民消费，同时也可以通过改变供给端来促进消费升级。对于后者而言，则是通过供给侧的创新来促进消费升级。企业的技术进步、管理改进等创新活动，其本质就是人的活动，更进一步说是人的思维创造过程。人力资源是一个企业最基本的生产要素之一，企业的生产、管理和研发等生产组织活动都离不开企业的人力资本积累。往往受教育程度越高的企业员工，更有可能掌握更先进的技术和管理水平，因此，在企业的生产活动中，降低企业生产成本，促进规模经济，促进产品质量提升和品质升级；更高的人力资本投资，所带来的技术突破促进产品创新、渠道创新和模式创新，极大地丰富了产品的类型、购买渠道和新的消费体验，从而从供给侧促进消费升级，是消费升级的动力所在。

随着社会经济的发展，人们生活水平的提高，人们的需求层次也在相应地提升。人们追求更高的产品质量和消费体验。个性化、创新化的消费需求快速膨胀，但是国内的有效供给却无法满足人民日益增长的美好生活消费需要，近几年不断涌现海外购物的热潮，明确地表明我国虽然内需强劲，但是国内的供给却跟不上需求的步伐，无法满足人民美好生活的消费需求层次。其中，最深层次的原因是高科技人才的缺失。虽然我国一直在加大对国民的人力资本投资，培养高科技人才，但技术的短板并没有补上，仍需要全社会的不断努力。人力资本投资的增加，带来国民素质的提高，也同时影响着国民的消费观念，又会进一步推动居民消费结构的改变，带来更高层次的消费需求。因此，以人才驱动战略推动企业和市场的发展，以企业的技术和管理水平的进步所带来的创新来促进供给侧的创新，进而影响居民的消费结构，促进消费升级。受教育程度更高和素养更好的消费者，带来更高层次的消费需求，从需求侧促进供给侧的升级，因此，人力资本投资是消费升级的动力所在。

从供给侧来看，增加人力资本投资，促进全民创新，进而带动产品创新、服务创新、消费渠道创新和消费方式的创新，最终推动我国居民消费升级，满足人民美好生活的消费需求。

综上，消费的供给端直接决定了消费的可能性，供给侧结构性改革是人民美好消费品质升级的驱动力。以供给侧结构性改革为主线，推动消费领域质量、效率、动力变革，是人民美好消费品质升级的关键。本节从供给侧角度出发，探讨质量、效率、动力方面影响消费品质升级的关键要素及作用机制，重点探讨了质量方面的产品品质、品牌；效率方面的基础设施、普惠金融；动力方面的企业技术进步、创新与消费升级之间的关系和作用机制。供给侧质量提高，可提升消费品质量和改善消费环境，促进消费品质升级；供给侧效率提高，可降低消费成本和增强消费体验，拉动消费品质升级；供给侧动力变革，可驱动新消费产业发展，引领消费品质升级。

第四节　供给侧结构性改革促进消费品质升级的实证研究

消费市场供需失衡与错位必须以供给侧结构性改革为解决思路，才能努力实现供求关系新平衡。新时代供给侧的改革更加注重效率和动力的变革。近年来，随着通信技术的变革和互联网行业的崛起，大力促进了数字普惠金融和电子商务的发展，降低了融资成本和信息搜寻成本，扩展了消费市场和消费模式，为消费品质升级提供了新的渠道和助力点。因此，本节从数字普惠金融和电子商务角度出发，探究城市数字普惠金融发展和城市电子商务政策对消费品质升级的影响，以期为供给侧结构性改革提供经验上的实证证据。

一、数字普惠金融与消费的实证研究

1949 年以来，特别是改革开放以来，我国发生了天翻地覆的变化，在经济建设上取得了举世瞩目的成就。随着我国经济的持续深化，消费升级趋势明显。通信技术的突破，带动了产业与互联网的融合，为各个行业发展带来了新的机遇。但是，当前的金融系统却无法满足当前经济和社会的发展。金融排斥行为非常严重，特别是对于中小微企业和低收入群体，这种金融排斥行为在一些经济发达的地区更加严重。这严重影响了企业的发展和创新能力，也对居民的收入和消费产生影响，进而在更深的层次里影响我国居民消费升级。从这一层面来看，互联网金融带来的数字普惠金融将渗透到我们生活的方方面面（张勋等，2020）。

从融资角度，金融也是一种产品，金融服务也是一种基本生产要素。在理想的社会里，每一个有金融需求的人都有权利获得金融服务，但是在现有的金融体系中，却很难实现这一点。中小微企业和低收入人群往往被排斥在这个金融服务体系之外。随着经济发展，为满足人民美好生活需要，应迫切寻求将这部分群体纳入金融服务范围。

普惠性金融一词来源于联合国宣传小额贷款中使用的"inclusive financial system"。其宗旨是为每一个有需要的个体或群体提供相应的金融服务。它将被传统金融体系排斥在外的个人或群体纳入金融服务的范围。结合我国的现实情况，中小微企业和低收入群体的融资难度很大，融资门槛高和融资成本高一直在制约着中小微企业的发展和低收入群体的收入增加和消费升级。中小微企业对于我国社会经济发展有着举足轻重的作用，在市场经济中发挥不可替代的作用。我国大部分企业都是中小微企业，它们对经济的贡献达到 60% 以上，并承担 80% 以上的城镇就业岗位。但是，融资难和融资成本高一直是中小微企业发展的瓶颈。虽然我国出台了很多政策去缓解中小微企业融资难的问题，也的确在一定程度上使得中小微企业融资难问题有所改善。但是，相对于大型企业，这类企业获得贷款的比例仍然很低。对于低收入群体而言，金融排斥现象同样严重。特别是农村中的低收入群体。在不发达的地区，金融机构网点非常少，甚至没有。很多低收入群体甚至不知道可以通过金融机构获得金融融资服务，因此，往往只能通过民间借贷这种高成本融资手段来缓解资金短缺现状。从微观家庭层面来看，普惠金融不仅仅可以以收入效应促进低收入群体的消费能力，对于中高收入群体的家庭消费也有促进作用。普惠金融可以通过降低融资门槛和融资成本，从而降低这部分群体流动性约束来促进家庭消费（张栋浩等，2020）。当低收入者在金融机构设立账户，并且使用频率较高时，通常会伴随较高的消费和收入（Karlan and Zinman，2010）。现有研究也表明，数字普惠金融的发展显著促进了居民消费，且主要通过缓解流动性约束、便利居民支付两种机制促进消费。

供给侧有效供给的不足所导致的供需错配，严重制约着我国居民的消费升级。其中，中小微企业和低收入群体融资高门槛与高成本，是阻碍企业发展和创新，制约低收入群体收入和消费能力提升，影响我国居民消费升级的一个重要因素。因此本节从供给侧角度出发，从宏观和微观两个层面，探究城市普惠金融中的数字普惠金融发展状况对居民消费的影响，进一步解释影响我国居民消费行为的供给侧因素，为我国金融市场政策调整提供相关实证证据，以促进我国金融服务的平等和有效利用，从而促进消费升级，满足人民美好的生活消费需要。

（一）普惠金融的发展历程

我国普惠金融的发展始于 20 世纪 80 年代的扶贫贴息贷款政策，经过几十年的发展，已经具有一定的规模，先后发展了扶贫专项贷、小额信贷、农村新型金融机构和数字金融业务模式等。根据金融服务的种类、对象及依托平台的深度和广度，我国普惠金融的发展历程大致可以分为四个阶段。

第一阶段是公益性小额信贷阶段。20 世纪 90 年代，我国为改善农村地区的贫困，提出了小额信贷的扶贫方式去改善农村地区的贫困状况。这种带有公益性质的小额信贷服务，正是普惠金融基本理念的体现，是我国小额信贷的先行者。但是，这一阶段的小额信贷更多地作为一种扶贫政策，服务于贫困农户，服务群体的数量十分有限。

第二阶段是发展性微型金融阶段。2000 年我国的普惠金融进入了发展性微型金融阶段。在这个阶段，小额信贷不仅是一种扶贫的手段，它同样承载着促进就业和提高居民生活质量的功能。从提供普惠金融服务的机构来看，正规的金融机构开始提供小额信贷服务。更多地区和更广泛的人群能够享用正规金融机构的金融服务。因此，发展性微型金融是对公益性小额信贷的进一步发展和完善。

第三阶段是综合性普惠金融阶段。我国为了解决农村金融供需矛盾，中国银行业监督管理委员会在 2006 年发布《关于调整放宽农村地区银行业金融机构准入政策更好地支持社会主义新农村建设的若干意见》，提出"增量式"改革路径，鼓励和推动发展村镇银行、农村资金互助社和小额贷款这三类新型农村金融机构，这为民营资本进入金融市场创造了条件，极大增加了普惠金融的资金支持力度。同时，中小微企业的融资难问题引起社会关注，大型金融服务体系逐渐将中小微企业纳入服务范围。从金融产品和服务的类型来看，综合性普惠金融阶段的普惠金融服务不再局限于小额信贷，而是进入提供包括信贷、汇款、支付、保险等综合金融服务的阶段。

第四阶段是创新互联网金融阶段。2010 年以后，我国越来越重视普惠金融的发展，大量政策和文件出台以促进普惠金融的发展。2013 年党的十八届三中全会通过《中共中央关于全面深化改革若干重大问题的决定》，决定中正式提出要发展普惠金融，鼓励金融创新。2015 年，国务院印发《推进普惠金融发展规划（2016—2020 年）》，规划中全面阐述了我国普惠发展的总体思路。互联网和信息技术的突破使得互联网金融蓬勃发展。新兴金融业态的发展，降低了信息不对称和交易成本，使得更多的人可以通过互联网平台获得需要的金融服务。互联网支付、互联网借贷等形式的金融服务，促使普惠金融在中国的发展更上一个台阶。

（二）宏观层面的实证研究

1. 数据构建

为了综合考察一个城市数字普惠金融发展对于消费的影响，最关键在于测量城市数字普惠金融发展状况，即构建数字普惠金融指数。本节中，我们使用北京大学数字金融研究中心和蚂蚁金融服务集团组成的联合课题组负责编制的北京大学数字普惠金融指数（郭峰等，2020）。这套指数是一个多维度的指标，包括数字普惠金融指数、数字金融覆盖广度、数字金融使用深度及普惠金融数字化程度等。我们使用了 2011~2016 年城市层面的数字普惠金融指数，使用人均社会消费品零售额作为消费的替代变量，其他城市层面的控制变量包括人口密度、人均GRP（gross regional product，地区生产总值）、GRP 增长率、第三产业占 GRP 的比重及职工平均工资。除了数字普惠金融指数外，其他数据均来自《中国城市统计年鉴》。

2. 实证模型

本章使用面板固定效应模型，从多维度考察数字普惠金融对消费的影响。基本模型如下：

$$Y_{ct} = \alpha + \beta \times \text{dfiic}_{ct} + \gamma X_{ct} + \varphi_c + \delta_t + \varepsilon_{ct} \qquad (6\text{-}1)$$

其中，被解释变量 Y_{ct} 表示 t 年 c 市的人均社会消费品零售额；α 表示常数项；dfiic_{ct} 表示 t 年 c 市的数字普惠金融发展情况，包括数字普惠金融指数、数字金融覆盖广度、数字金融使用深度及普惠金融数字化程度等；X_{ct} 表示其他控制变量，包括人口密度、人均 GRP、GRP 增长率、第三产业占 GRP 的比重及职工平均工资；ε_{ct} 表示随机扰动项。为了控制空间异质性和时变因素的影响，我们控制了城市和时间固定效应 (φ_c, δ_t)，即我们使用了面板固定效应模型。面板固定效应模型可以解决不可观测变量带来的估计偏误，从而一定程度上减轻模型的内生性问题。

3. 描述统计

剔除掉模型中的变量的缺漏值，我们的样本覆盖到了 284 个地级城市，时间跨度为 6 年，即 2011~2016 年，因此，最终我们的样本是 1 694 个。表 6-1 给出了所有变量的描述性统计，2011~2016 年数字普惠金融指数的均值是 131.531，标准差为 51.173，时间或城市间的差异幅度较为明显。数字金融覆盖广度的均值是 124.666，数字金融使用深度的均值是 125.539，标准差分别为 51.371 和 47.740，时间或城市间的差异幅度较为明显。相对于支付业务，信贷业务的标准差更大。模型中的被解释变量是人均社会消费品零售额，均值是 18 447 元。其他控制变量中，人均 GRP 均值是 47 838 元，人口密度的均值为 12.689 人/万千米^2，职工平均工资均值为 47 315 元。

表 6-1　描述性统计（一）

变量	观测值/个	均值	标准差
人均社会消费品零售额/元	1694	18 447.000	16 636.000
数字普惠金融指数	1694	131.531	51.173
数字金融覆盖广度	1694	124.666	51.371
数字金融使用深度	1694	125.539	47.740
支付业务	1694	129.257	65.158
信贷业务	1694	97.802	38.569
普惠金融数字化程度	1694	165.085	75.997
人口密度（人/万千米^2）	1694	12.689	47.472
职工平均工资/元	1694	47 315.000	14 205.000
人均GRP/元	1694	47 838.000	32 719.000
GRP增长率	1694	9.664%	4.604
第三产业占GRP的比重	1694	38.317%	9.335

表 6-2 中给出了主要变量分年份的描述性统计。如表中所示，不管是人均社会消费品零售额还是数字普惠金融指数都在逐年上升，人均社会消费品零售额增长的速度远低于数字普惠金融指数。2011~2016 年人均社会消费品零售额从 13 529 元增长到 23 195 元，增长了将近 1 倍。2011 年的数字普惠金融指数为 51.775，而到了 2016 年，数字普惠金融指数则增长至 195.572，短短六年里增长

了几乎 3 倍。特别值得注意的是，支付业务和普惠金融数字化程度这两个维度的指标，支付业务指数从 2011 年的 55.880 增长到 2016 年的 223.013，短短六年的时间增长了将近 3 倍，而普惠金融数字化程度指数从 2011 年的 50.020 增长到 2016 年的 252.965，短短六年的时间增长了 4 倍多。可以看出来，数字普惠金融在我国蓬勃发展，数字金融覆盖广度和深度在不断拓展，普惠金融数字化程度越来越高。

表 6-2　描述性统计（二）

变量	2011年	2012年	2013年	2014年	2015年	2016年
人均社会消费品零售额/元	13 529.000	15 708.000	17 156.000	19 414.000	21 559.000	23 195.000
数字普惠金融指数	51.775	92.395	129.149	145.389	172.948	195.572
数字金融覆盖广度	50.172	87.133	115.752	148.688	166.459	177.899
数字金融使用深度	55.655	97.238	132.089	124.89	145.978	196.107
支付业务	55.880	74.584	99.361	141.973	178.813	223.013
信贷业务	58.218	84.719	81.255	79.89	120.387	162.077
普惠金融数字化程度	50.020	100.966	168.034	171.743	243.378	252.965

4. 实证结果

表 6-3 报告了数字普惠金融对消费影响的估计结果。第（1）列使用 LPM（linear-probability model，线性概率模型）估计；第（2）列使用固定效应模型估计；第（3）列使用固定效应模型估计，并且控制时间固定效应。这三列中我们都控制了一些城市层面的控制变量，如人口密度、人均 GRP、GRP 增长率、第三产业占 GRP 的比重及职工平均工资等，可以看出估计系数均在 1% 的置信水平上显著，这说明数字普惠金融增加了居民消费，估计结果与理论预期是一致的。从固定效应估计结果来看，数字普惠金融指数每增加 1 单位，我国人均社会消费品零售额将显著增加 39~100 元。在创新互联网金融阶段，将互联网与普惠金融融合，形成数字普惠金融新态势，不仅有利于我国经济发展，对于消费水平提升和消费升级同样有助力作用。

表 6-3　数字普惠金融对消费的回归结果

变量	线性概率模型 （1）	固定效应模型 （2）	固定效应模型 （3）
数字普惠金融指数	0.039*** （0.008）	0.059*** （0.008）	0.100*** （0.026）
人口密度	−0.004** （0.001）	−0.001 （0.001）	−0.005** （0.002）

续表

变量	线性概率模型 （1）	固定效应模型 （2）	固定效应模型 （3）
职工平均工资	0.051 （0.034）	0.037* （0.021）	0.027* （0.016）
人均GRP	0.085*** （0.031）	0.021 （0.020）	0.023 （0.019）
GRP增长率	0.074 （0.046）	0.063 （0.043）	0.051 （0.037）
第三产业占GRP的比重	0.372*** （0.050）	0.121** （0.058）	0.001 （0.077）
常数项	−8.233*** （2.164）	2.658 （2.423）	5.787* （3.333）
城市固定效应	否	是	是
年份固定效应	否	否	是
观测值/个	1 694	1 694	1 694
拟合优度	0.601	0.632	0.648
F值	77.040	74.390	76.250

*、**、***分别表示在10%、5%、1%的置信水平上显著，括号内为稳健标准差

注：第（2）列和第（3）列都是固定效应模型估计，但第（3）列是固定效应模型加上时间效应，模型略不一样

　　表6-4报告了数字普惠金融不同维度对消费影响的估计结果。第（1）~（5）列使用固定效应模型估计，并且控制时间效应，另外还控制了一些城市层面的可观测的特征，如人口密度、人均GRP、GRP增长率、第三产业占GRP的比重及职工平均工资等，可以看出数字金融覆盖广度、数字金融使用深度和支付业务的估计系数均在1%的置信水平上显著，这说明数字金融覆盖广度、数字金融使用深度和支付业务的扩展增加了居民消费，估计结果与理论预期是一致的。从固定效应估计结果来看，数字金融覆盖广度指数每增加1单位，我国人均社会消费品零售额将显著增加138元；数字金融使用深度指数每增加1单位，我国人均社会消费品零售额将显著增加66元；支付业务指数每增加1单位，我国人均社会消费品零售额将显著增加106元。随着各个金融机构数字普惠金融业务覆盖广度和深度的拓展，其影响的范围越来越广，其产品和服务种类越来越多，对消费的提升作用也不断增强，对消费结构和体验的优化将越来越明显。

表 6-4　数字普惠金融不同维度对消费的回归结果

变量	（1）	（2）	（3）	（4）	（5）
数字金融覆盖广度	0.138*** （0.038）				

续表

变量	（1）	（2）	（3）	（4）	（5）
数字金融使用深度		0.066*** （0.011）			
支付业务			0.106*** （0.016）		
信贷业务				−0.014 （0.013）	
普惠金融数字化程度					−0.002 （0.004）
人口密度	−0.004* （0.002）	−0.005** （0.002）	−0.006*** （0.002）	−0.006*** （0.002）	−0.005*** （0.002）
职工平均工资	0.024* （0.014）	0.024 （0.016）	0.017 （0.012）	0.026 （0.016）	0.026 （0.016）
人均GRP	0.023 （0.019）	0.024 （0.019）	0.021 （0.017）	0.029 （0.020）	0.029 （0.020）
GRP增长率	0.033 （0.031）	0.053 （0.040）	0.025 （0.025）	0.049 （0.039）	0.05 （0.039）
第三产业占GRP的比重	0.012 （0.072）	−0.026 （0.076）	0.016 （0.070）	0.01 （0.076）	0.005 （0.077）
常数项	3.984 （3.129）	8.235** （3.299）	5.317* （3.079）	11.213*** （3.570）	10.672*** （3.467）
城市固定效应	是	是	是	是	是
年份固定效应	是	是	是	是	是
观测值/个	1 694	1 694	1 694	1 694	1 694
拟合优度	0.653	0.649	0.688	0.639	0.639
F值	77.040	74.390	91.570	65.240	63.930

*、**、***分别表示在 10%、5%、1%的置信水平上显著，括号内为稳健标准差

（三）微观层面的实证研究

1. 数据构建

本小节中，我们从个体微观层面考察城市数字普惠金融发展对于家庭消费的影响，我们仍使用北京大学数字金融研究中心和蚂蚁金融服务集团组成的联合课题组负责编制的北京大学数字普惠金融指数作为城市数字普惠金融发展的替代变量（郭峰等，2020）。微观数据来源于国家统计局城镇住户调查数据库，即 UHS（Urban Household Survey）。我们使用的数据时间跨度为 2011~2012 年，范围涵盖 4 个省（市），分别为上海市、广东省、四川省和辽宁省。

2. 实证模型

本章使用线性概率模型，重点考察数字普惠金融对家庭消费的影响，基本的模型如下：

$$Y_{ict} = \alpha + \beta \times \mathrm{dfiic}_{ct} + \gamma X_{ict} + \varepsilon_{ict} \qquad (6\text{-}2)$$

其中，被解释变量 Y_{ict} 表示 t 年 c 市 i 家庭的人均家庭消费；α 表示常数项；dfiic_{ct} 表示 t 年 c 市的数字普惠金融发展情况。X_{ict} 表示其他控制变量，包括性别、年龄、户口类型、受教育程度、婚姻状况、少数民族身份和家庭人均年收入等；ε_{ict} 表示随机扰动项。

3. 描述统计

如表 6-5 所示，在 4 个省（市）中，我们剔除掉模型中的变量的缺漏值，最终得到 21 960 个样本。其中，32.3% 样本户主为女性，67.7% 样本户主为男性。虽然调查对象是城镇地区，但是仍然有 3.9% 的样本是农村户口。户主的平均年龄未满 49.5 岁，其中 3.6% 为少数民族，90.4% 的户主已婚，35.2% 的户主的受教育程度在高中以下，32.3% 的户主受教育程度是高中，32.5% 的户主受教育程度在高中以上，家庭人均年收入为 28 495 元。家庭人均年消费是 18 429 元，其中衣服消费为 1 766 元，耐用品消费为 1 225 元，医疗保健消费为 1 122 元，教育文化娱乐服务为 2 088 元，通信消费为 2 791 元，旅游消费为 924 元。

表 6-5　描述性统计（三）

变量	观测值/个	标准差	均值
数字普惠金融指数	21 960	82.368	28.068
数字金融覆盖广度	21 960	84.472	33.795
数字金融使用深度	21 960	83.994	26.675
支付业务	21 960	75.637	24.418
信贷业务	21 960	77.848	25.475
普惠金融数字化程度	21 960	72.465	30.753
家庭人均年消费/元	21 960	18 429.000	16.266
衣服/元	21 960	1 766.000	2.017
耐用品/元	21 960	1 225.000	4.018
医疗保健/元	21 960	1 122.000	2.658
教育文化娱乐服务/元	21 960	2 088.000	3.134
通信/元	21 960	2 791.000	8.025
旅游/元	21 960	924.000	2.543
女性	21 960	0.323	0.468
年龄/岁	21 960	49.481	12.218
城镇户口	21 960	0.961	0.194
高中以下	21 960	0.352	0.477

续表

变量	观测值/个	标准差	均值
高中	21 960	0.323	0.468
高中以上	21 960	0.325	0.469
婚姻	21 960	0.904	0.295
少数民族	21 960	0.036	0.186
家庭人均年收入/元	21 960	28 495.000	21.315

4. 实证结果

表6-6报告了数字普惠金融对家庭消费影响的估计结果。第（1）~（6）列均使用线性概率模型估计，并控制了家庭和个人层面的特征变量，包括性别、年龄、户口类型、受教育程度、婚姻状况、少数民族身份和家庭人均年收入等，从结果中可以看出，数字普惠金融增加了家庭人均总消费，且估计系数均在1%的置信水平上显著；数字金融覆盖广度、深度和普惠金融数字化程度的增加同样提升了家庭人均总消费，且估计系数均在1%的置信水平上显著；其中支付业务和信贷业务对消费也具有显著的促进作用，估计结果与理论预期是一致的。由此可见，数字普惠金融在"增强消费对经济发展的基础性作用"阶段可以显著地促进家庭消费增长，为消费升级打下坚实的基础。

表6-6 数字普惠金融对家庭消费的回归结果（一）

变量	（1）	（2）	（3）	（4）	（5）	（6）
数字普惠金融指数	0.020*** (0.005)					
数字金融覆盖广度		0.018*** (0.005)				
数字金融使用深度			0.017*** (0.005)			
支付业务				0.021*** (0.006)		
信贷业务					0.026*** (0.005)	
普惠金融数字程度						0.005** (0.003)
常数项	5.033*** (0.649)	5.181*** (0.644)	5.156*** (0.654)	5.180*** (0.672)	4.561*** (0.649)	6.102*** (0.702)
观测值/个	21 960	21 960	21 960	21 960	21 960	21 960
拟合优度	0.474	0.474	0.474	0.474	0.474	0.473
F值	448.5	478.5	422.9	440.1	439.7	359.1

、*分别表示在5%、1%的置信水平上显著，括号内为稳健标准差

注：受篇幅限制，控制变量没有列出，后文类同

　　表 6-7 报告了数字普惠金融对各项家庭消费影响的估计结果，表中的解释变量为数字普惠金融指数。第（1）~（6）列均使用线性概率模型估计，并控制了家庭和个人层面的特征变量，包括性别、年龄、户口类型、受教育程度、婚姻状况、少数民族身份和家庭人均年收入等，从结果中可以看出，数字普惠金融对教育文化娱乐服务支出、旅游支出具有显著的正向影响，且估计系数均在 1%的置信水平上显著。这说明数字普惠金融增加了教育文化娱乐服务支出、家庭旅游支出，即增加了家庭享受型消费支出。数字普惠金融的发展促进了居民消费需求从生存型消费向享受型消费转变，这与马斯洛需求层次理论的分析一致。

表 6-7　数字普惠金融对家庭消费的回归结果（二）

变量	衣服（1）	耐用品（2）	医疗保健（3）	教育文娱服务（4）	通信（5）	旅游（6）
数字普惠金融指数	−4.753*** （0.581）	0.309 （1.102）	−2.181** （0.959）	7.268*** （0.955）	0.783 （2.745）	3.279*** （0.827）
常数项	1 665.150*** （86.911）	−451.366** （221.730）	1 630.09*** （126.673）	119.400 （137.718）	1 415.730*** （418.982）	1 277.300*** （130.372）
观测值/个	21 960	21 960	21 960	21 960	21 960	21 960
拟合优度	0.302	0.039	0.076	0.259	0.145	0.193
F值	302.500	36.780	59.980	336.700	76.210	119.400

***、**分别表示在 1%、5%置信水平上显著，括号内为稳健标准误

　　人力资本作为一种基本的生产要素，在经济活动占据着重要的位置，已有研究表明，人力资本是影响居民进入金融市场的因素之一（肖作平和张欣哲，2012）。人力资本的差异是否会影响数字普惠金融对消费的促进作用？现有研究已经表明人力资本会影响数字普惠金融对消费促进作用（易行健和周利，2018）。根据表 6-8 数字普惠金融对家庭消费影响的异质性分析，可见数字普惠金融对家庭人均消费具有显著的正向影响，且估计系数均在 1%的置信水平上显著，但是对于受教育程度为高中的群体的影响更大。

表 6-8　数字普惠金融、教育和消费

变量	高中以下			
	总指数（1）	覆盖广度（2）	使用深度（3）	数字化程度（4）
数字普惠金融指数	0.018*** （0.006）	0.014*** （0.005）	0.018*** （0.005）	0.009*** （0.003）
常数项	4.300*** （0.814）	4.604*** （0.810）	4.191*** （0.812）	4.775*** （0.842）
观测值/个	7 718	7 718	7 718	7 718
拟合优度	113.2	121.3	104.3	76.1
F值	0.404	0.403	0.404	0.403

续表

	高中			
变量	总指数 （1）	覆盖广度 （2）	使用深度 （3）	数字化程度 （4）
数字普惠金融指数	0.025*** （0.007）	0.022*** （0.006）	0.024*** （0.007）	0.004 （0.004）
常数项	4.802*** （0.993）	5.057*** （0.977）	4.783*** （1.021）	6.277*** （1.056）
观测值/个	7 099	7 099	7 099	7 099
拟合优度	0.432	0.432	0.431	0.429
F值	123.3	143.2	102.3	64.6

	高中以上			
变量	总指数 （1）	覆盖广度 （2）	使用深度 （3）	数字化程度 （4）
数字普惠金融指数	0.018*** （0.006）	0.014*** （0.005）	0.018*** （0.005）	0.009*** （0.003）
常数项	4.300*** （0.814）	4.604*** （0.810）	4.191*** （0.812）	4.775*** （0.842）
观测值/个	7 718	7 718	7 718	7 718
拟合优度	0.404	0.403	0.404	0.403
F值	113.2	121.3	104.3	76.1

***表示在1%的置信水平上显著，括号内为稳健标准差

表 6-9 报告了数字普惠金融对家庭各项消费影响的估计结果。从结果中可以看出，三组中数字普惠金融对教育文化娱乐服务、旅游均具有显著的正向影响，且估计系数普惠金融对教育文化娱乐服务的消费影响估计系数均在 1%置信水平上显著，且随着受教育程度的增加，数字普惠金融对教育文化娱乐服务、旅游的影响在增大。可能的解释是，受教育程度越高的群体，其收入也越高，因此具有较强的购买力，但是供给侧的供给难以满足这部分人群的需求，当供给侧供给跟上来后，因为没有收入的制约影响，所以对这部分人群消费提升作用更加明显，这从一定程度上体现了我国供需错位的矛盾。另一个可能的解释是高学历人群具有更高的知识储备能力，对新事物的接受能力更强，因此数字普惠金融在高学历群体中发挥的作用更大（Welch，1970；易行健和周利，2018）。

表 6-9　数字普惠金融、教育和消费结构

	高中以下			
变量	衣服 （1）	耐用品 （2）	教育文化娱乐服务 （3）	旅游 （4）
数字普惠金融指数	−3.176*** （0.581）	0.805 （1.314）	4.394*** （1.018）	1.801* （0.985）

续表

高中以下				
变量	衣服 （1）	耐用品 （2）	教育文化娱乐服务 （3）	旅游 （4）
常数项	1 517.661*** （105.645）	−391.990* （205.239）	711.365*** （156.155）	−742.974*** （134.993）
观测值/个	7 718	7 718	7 718	7 718
拟合优度	0.254	0.037	0.16	0.127
F值	86.520	16.240	58.510	22.280

高中				
变量	衣服 （1）	耐用品 （2）	教育文化娱乐服务 （3）	旅游 （4）
数字普惠金融指数	−4.054*** （0.782）	0.723 （1.906）	5.314*** （1.238）	2.443** （1.063）
常数项	1 857.609*** （150.677）	−650.6 （555.019）	140.6 （238.761）	−1 244.658 （193.465）
观测值/个	7 099	7 099	7 099	7 099
拟合优度	0.237	0.035	0.166	0.138
F值	65.070	11.760	61.120	34.270

高中以上				
变量	衣服 （1）	耐用品 （2）	教育文化娱乐服务 （3）	旅游 （4）
数字普惠金融指数	−7.092*** （1.251）	−1.769 （2.109）	12.912*** （2.071）	6.938*** （1.755）
常数项	1 877.908*** （228.226）	−301.2 （389.969）	−470.1 （419.139）	−1 355.382 （506.261）
观测值/个	7 143	7 143	7 143	7 143
拟合优度	0.244	0.028	0.224	0.186
F值	57.370	11.110	113.100	33.960

*、**、***分别表示在10%、5%、1%的置信水平上显著，括号内为稳健标准差

　　社会经济的发展对金融服务，提出更高的要求，面对我国金融体系现有的矛盾和互联网的迅猛发展，发展数字普惠金融成为必然的趋势。为了考察数字普惠金融与消费之间的关系，本节利用北京大学数字普惠金融指数和 2011 年、2012 年 UHS 4 省（市）的微观调查数据进行了实证分析。研究发现在这 4 个省（市）中，数字普惠金融显著增加家庭人均总消费。在各消费细项中，数字普惠金融对教育文化娱乐服务支出、旅游支出具有显著的正向影响，这表明，数字普惠金融的发展在一定程度上促进了居民消费升级。在我国消费升级的背景

下，数字普惠金融的发展在扩大内需，促进消费升级、解决城乡发展不平衡问题中具有重要的意义。

二、电子商务发展与消费的实证研究

近年来，我国的信息消费一直在保持高速的增长，不断扩展着居民的数字生活新空间。信息技术的突破，带来了互联网行业革命性的变革，电子商务逐渐成为销售贸易的主流。电子商务的崛起，对我国传统的贸易模式带来了很大冲击，很多企业也开始意识到电子商务的重要性，纷纷涉足电子商务领域。根据商务部公布的数据，2018 年我国网络零售突破 9 万亿元，其中实物商品网上零售 7 万亿元，同比增长近 25.4%；农村网络零售额达到 1.37 万亿元，同比增长 30.4%；跨境电商零售进出口总额 1 347 亿元，同比增长 50%。在我国经济发展进入"平稳期"时，电子商务逐渐成为新的贸易增长点。电子商务所带来的信息成本和交易成本的下降，进一步打通了消费者与生产者之间的信息屏障和空间屏障，帮助企业拓展消费市场，同时电子商务与互联网技术结合所带来的大数据分析可以让生产者更快、更精准地了解消费者偏好，最终使供给更精准地匹配需求。

对于消费者而言，电子商务作为一种新的贸易模式，也在改变着消费者的行为模式。电子商务降低了信息搜寻成本。在传统的消费模式下，消费者往往要花费大量的时间和精力来搜集自己所需要的产品和服务，而在电子商务模式下，这种搜寻成本将大大降低，消费者可以在短时间内通过互联网获得大量相关产品的信息，产品选择空间也显著扩大（Jensen，2007；Shimamoto et al.，2015）。电子商务改变了消费者的购物方式。在传统的消费模式下，消费者往往需要到产品的购买场所，才能购买到自己需要的产品。但是在电子商务模式下，互联网技术带给了电子商务系统巨大的信息处理能力，为消费者提供了更加便捷的消费方式，消费者在家通过上网搜索并查看相关信息就可以浏览商家所提供的所有商品，大大提高了消费者购买产品的效率，带来了全新的消费体验。电子商务促进了个性化消费。在传统的消费模式下，由于消费的个性化需求很难及时传递给生产者，所以消费者很难购买到个性化的定制产品。但是在电子商务模式下，消费者消费的主动性增强，有渠道向生产者表达自己的个性化需求，这使得企业可以及时有效地了解消费者需求，也减少了企业不确定性，使其更好地服务于消费者。

电子商务的发展同样促进了企业"出口转内销"，减缓外部环境变化导致我国经济的波动。2020 年新冠疫情肆虐全球，全球经济活动持续停滞，外贸订单大幅度下降，大量商品堆积，外贸型企业面临巨大的生存压力。电子商务有其独特的优势，在电子商务平台流量与模式优势的带动下，线上线下结合，加强了我国内外贸易企业融合，促进"出口转内销"，扩大国内内需并增加国内消费者福利。

随着我国消费升级，电子商务在消费升级中所扮演的角色越来越重要。电子商务不仅改变了消费者的消费模式，也带给供给侧的企业更广阔的市场和发展机遇。电子商务在一定程度上缓和了我国供需结构错位的矛盾，促进居民消费升级。因此，本节试图从微观实证的角度，去探究电子商务对家庭消费的影响，以期为我国电子商务发展和促进消费升级的政策制定提供经验上的证据。

（一）政策背景

如前文所述，为了促进我国电子商务的发展，并充分发挥电子商务促经济增长、消费升级等作用，着力解决电子商务发展中的突出矛盾和问题，努力营造电子商务发展良好环境，切实推动电子商务在重点区域和特色领域的创新应用，开始建设电子商务示范城市。2011 年 11 月 16 日，国家发展和改革委员会在深圳召开"国家电子商务示范城市、国家物联网云计算试点示范、国家创新能力建设"授牌表彰大会。北京、天津、上海、重庆等 21 个城市（后增加到 23 个）被授予"国家电子商务示范城市"牌匾。这 23 个城市包括：北京市、天津市、上海市、重庆市、青岛市、宁波市、厦门市、深圳市、哈尔滨市、武汉市、广州市、成都市、南京市、长春市、杭州市、福州市、郑州市、昆明市、银川市、南宁市、吉林市、苏州市、汕头市。2014 年 3 月 20 日，国家发展和改革委员会、财政部和商务部等部门联合下发通知，同意东莞等 30 个城市创建国家电子商务示范城市。这 30 个城市分别是东莞市、义乌市（县级市）、泉州市、莆田市、徐州市、长沙市、株洲市、温州市、贵阳市、宜昌市、赣州市、常州市、济南市、台州市、潍坊市、呼和浩特市、西安市、揭阳市、烟台市、芜湖市、无锡市、石家庄市、南昌市、沈阳市、洛阳市、兰州市、合肥市、桂林市、襄阳市和太原市。2017 年国家发展和改革委员会等 7 部门联合下发通知，同意大连市、包头市、海口市、西宁市、乌鲁木齐市、邯郸市、葫芦岛市、大庆市、菏泽市、郴州市、绵阳市、铜仁市、玉溪市、宝鸡市、陇南市、吴忠市、五家渠市（县级市）等 17 个城市创建国家电子商务示范城市。因此，目前为止，前后共 3 批城市入选国家电子商务示范城市，为我们评估电子商务的社会经济效益带来很大的便利。关于电子商务的社会经济效益的研究才刚刚起步，仅有的关于电子商务政策评估的研究仅仅停留在收入上，发现电子商务进农村综合示范政策大约能使当地农民人均收入提升3.0%（唐跃桓等，2020）。关于电子商务示范城市政策对消费影响的研究很少，本部分的研究正好弥补这一空白。

（二）研究设计

1. 数据构建

本小节中，由于数据的限制，我们对第一批国家电子商务示范城市政策进行评估。家庭消费数据来源于UHS。由于我们的政策开始时间为2011年，并且电子商务示范城市从批准到实施有一定的时间差，故我们使用 2010 年、2012 年两年数据，以排除这种时间差的影响。另外，2009 年深圳市已经开始建设电子商务示范城市，所以这里我们删除了深圳市的样本，以排除可能带来的估计偏误。

2. 实证模型

本小节使用 DID 模型，重点考察电子商务对家庭消费的影响。基本的模型如下：

$$Y_{ict} = \alpha + \rho_1 \text{Treatment}_c + \rho_2 \text{Post}_t + \beta \text{Treatment}_c \times \text{Post}_t + \gamma X_{ict} + \varepsilon_{ict} \quad （6\text{-}3）$$

其中，被解释变量 Y_{ict} 表示 t 年 c 市 i 家庭的人均家庭消费变量；α 表示常数项；$\text{Treatment}_c \times \text{Post}_t$ 表示政策实验的虚拟变量，入选国家电子商务示范城市虚拟变量 Treatment_c 赋值为 1，否则为 0，时间虚拟变量 Post_t，在入选之前则赋值为 1，在入选之后则赋值为 0；回归系数 β 表示国家电子商务示范城市政策的消费效应，也是本节中关注的系数；X_{ict} 表示其他控制变量，包括性别、年龄、户口类型、受教育程度、婚姻状况、少数民族身份和家庭人均年收入等；ε_{ict} 表示随机扰动项。另外，我们的数据只有两年，因此无法检验平行趋势。但是，我们通过政策实施前后实验组和控制组被解释变量对比，可以看出实验组和控制组的趋势大致是一致的，结果如表 6-10 所示。

表 6-10　实验组和控制组被解释变量对比

变量	2010年		2012年	
	控制组	实验组	控制组	实验组
家庭人均消费/元	13 880.000	20 700.000	17 370.000	25 320.000
家庭线上人均消费/元	34.000	92.000	143.000	281.000
日用品/元	372.000	544.000	521.000	783.000
医疗保健/元	958.000	969.000	1 206.000	1 103.000
教育文化娱乐服务/元	1 434.000	2 854.000	1 846.000	3 527.000
通信/元	2 071.000	3 515.000	2 533.000	4 224.000
旅游/元	556.000	1 287.000	710.000	1 955.000

3. 描述统计

表 6-11 是本小节研究主要变量的描述性统计，我们最终的样本为 20 904 个。

其中，32.5%的样本户主为女性，67.5%的样本户主为男性。虽然，调查对象是城镇地区，但是仍然有2.7%的样本是农村户口。户主的平均年龄为49.906岁，3.5%为少数民族，91.2%的户主已婚，35.7%户主的受教育程度在高中以下，32.4%的户主受教育程度为高中，31.9%的户主受教育程度在高中以上，家庭人均年收入为25 906元。样本中家庭人均消费是17 028元，其中衣服消费为1 622元，日用品消费为488元，医疗保健消费为1 073元，教育文化娱乐服务为1 936元，通信消费为2 601元，旅游消费为821元。

表 6-11　描述性统计（四）

变量	观测值/个	均值	标准差
家庭人均消费/元	20 904	17 028.000	15 762.000
家庭线上人均消费/元	20 904	107.000	528.000
衣服/元	20 904	1 622.000	1 913.000
日用品/元	20 904	488.000	560.000
医疗保健/元	20 904	1 073.000	2 564.000
教育文化娱乐服务/元	20 904	1 936.000	2 964.000
通信/元	20 904	2 601.000	7 963.000
旅游/元	20 904	821.000	2 284.000
女性	20 904	0.325	0.468
平均年龄/岁	20 904	49.906	12.108
城镇户口	20 904	0.973	0.162
高中以下	20 904	0.357	0.479
高中	20 904	0.324	0.468
高中以上	20 904	0.319	0.466
婚姻	20 904	0.912	0.284
少数民族	20 904	0.035	0.185
家庭人均年收入/元	20 904	25 906.000	19 115.000

4. 实证结果

表6-12报告了国家电子商务示范城市政策对家庭人均消费影响的估计结果。第（1）、（2）列均使用DID模型估计，并控制了家庭和个人层面的特征变量，包括性别、年龄、户口类型、受教育程度、婚姻状况、少数民族身份和家庭人均年收入等，从结果中可以看出国家电子商务示范城市政策对家庭人均消费的影响并不显著，但是对家庭线上人均消费具有显著的正向影响，估计系数均在5%的置信水平上显著，平均提高家庭线上人均消费约57.8元，这说明国家电子商务示范城市政策可以增加家庭线上消费，估计结果与理论预期是一致的。这说明，尽

管电子商务为消费者提供了更多的消费选择、消费渠道和消费体验，但是在短时间内，受流动性约束影响，消费者的消费能力仍然有限，家庭人均消费仍然很难提升，但是电子商务可以提供给消费者的选择空间更大，因此消费者会将很多线下的消费放到线上去，即可能出现线上消费替代线下消费的情况，这使得在同样的消费水平下，消费者的福利得到一定程度的提升，消费体验更佳。

表6-12　国家电子商务示范城市政策与家庭人均消费

变量	家庭人均消费 （1）	家庭线上人均消费 （2）
处理组	1.386*** （0.389）	−7.042 （10.383）
政策后	0.271 （0.201）	70.227*** （7.199）
处理组×政策后	−0.677 （0.532）	57.815** （26.199）
女性	−0.061 （0.191）	8.251 （8.344）
年龄	−0.052*** （0.007）	−3.744*** （0.323）
城镇户口	−0.039 （0.421）	28.88 （22.507）
高中	0.504** （0.201）	−26.317*** （7.282）
高中以上	1.436*** （0.357）	50.108*** （12.470）
婚姻	−1.515*** （0.320）	−15.02 （11.198）
少数民族	−0.588 （0.368）	22.08 （19.414）
家庭人均年收入	0.540*** （0.025）	6.526*** （0.854）
常数项	6.141*** （0.729）	60.198* （31.365）
观测值/个	20 904	20 904
拟合优度	0.461	0.092
F值	312.400	47.170

*、**、***分别表示在10%、5%、1%的置信水平上显著，括号内为稳健标准差

　　表6-13分析了国家电子商务示范城市政策对各项家庭消费支出的影响。从结果中可以看出，国家电子商务示范城市政策对衣服、教育文化娱乐服务、通信支出的影响并不显著，但是对于日用品支出、旅游支出具有显著的正向影响，其中日用品支出的估计系数在5%的置信水平上显著，旅游支出的估计系数在1%的置信水平上显著。国家电子商务示范城市政策平均提高家庭人均旅游支出约

338.350 元，日用品支出约 49.232 元。以上说明国家电子商务示范城市政策增加了家庭旅游支出，增加了家庭享受型消费支出，这在一定程度上促进了消费者消费结构转变。在我国消费升级的背景下，国家电子商务示范城市政策不仅培育了新的经济增长点，对于居民消费结构升级也有促进作用。

表 6-13　国家电子商务示范城市政策与各项家庭消费支出

变量	衣服 （1）	日用品 （2）	医疗保健 （3）	教育文化娱乐 服务 （4）	通信 （5）	旅游 （6）
处理组	−266.180*** （41.593）	48.865*** （13.023）	−261.429*** （60.206）	712.851*** （75.412）	60.880 （223.642）	194.909*** （63.730）
政策后	96.594*** （24.835）	79.656*** （7.463）	73.640* （40.165）	12.620 （36.245）	−375.106*** （113.801）	−158.337*** （31.281）
处理组 ×政策后	−102.9 （67.208）	49.232** （23.900）	−213.335*** （76.830）	13.860 （119.352）	−227.9 （333.095）	338.350*** （104.947）
观测值/个	20 904	20 904	20 904	20 904	20 904	20 904
拟合优度	0.317	0.225	0.069	0.287	0.126	0.221
F 值	246.600	166.900	47.410	252.600	49.540	85.820

*、**、***分别表示在 10%、5%、1%的置信水平上显著，括号内为稳健标准差

表 6-14 汇报了稳健性检验的估计结果。我们使用 PSM-DID 模型对主回归的结果进行检验，从表中结果可以看出，国家电子商务示范城市政策对于家庭线上人均消费、日用品消费和旅游消费的影响仍然显著，估计系数的符号一致，因此，稳健性检验的结果与主回归的结果基本一致。

表 6-14　稳健性检验：PSM-DID

	PSM-DID			
变量	家庭人均消费 （1）	家庭线上人均消费 （2）	衣服 （3）	日用品 （4）
处理组	1.456*** （0.348）	−7.602 （10.346）	−264.527*** （41.214）	45.595*** （12.871）
政策后	0.272 （0.185）	69.643*** （7.216）	95.693*** （24.859）	77.916*** （7.405）
处理组×政策后	−0.601 （0.527）	58.108** （26.220）	−99.72 （67.253）	48.329** （23.895）
观测值/个	20 860	20 860	20 860	20 860
拟合优度	0.455	0.091	0.311	0.226
F 值	317.5	47.0	245.6	166.4

续表

	PSM-DID			
变量	医疗保健 （5）	教育文化娱乐服务 （6）	通信 （7）	旅游 （8）
处理组	−11.090 （11.368）	687.760*** （73.507）	31.840 （223.953）	186.767*** （63.049）
政策后	0.781 （5.418）	−2.386 （34.678）	−391.817*** （114.359）	−164.585*** （30.605）
处理组×政策后	−16.68 （16.278）	9.678 （119.252）	−233.8 （333.051）	339.197*** （104.826）
观测值/个	20 860	20 860	20 860	20 860
拟合优度	0.125	0.291	0.126	0.22
F值	77.5	255.7	49.2	85.5

、*分别表示在5%、1%的置信水平上显著，括号内为稳健标准差

表 6-15 报告了异质性分析，从中可以看出，电子商务示范城市政策对消费的影响在不同学历的群体异质性非常大。对于高中以下的低学历群体，电子商务示范城市政策对于日用品和旅游支出具有正向影响，但是估计系数只在 10%的置信水平上显著。对于高中的中等学历群体，电子商务示范城市政策对于家庭线上人均消费具有显著的正向影响。对于高中以上的高学历群体，电子商务示范城市政策对于旅游支出具有显著的正向影响。可以看出，电子商务示范城市政策对于高学历群体的影响更大，可能的解释是受教育程度越高的群体收入更高且具有更高的知识储备能力，对新事物的接受能力更强（Welch，1970），因此电子商务示范城市政策在高学历群体中发挥的作用更大。

表 6-15　异质性分析

	高中以下			
变量	家庭线上人均消费 （1）	日用品 （2）	教育文化娱乐服务 （3）	旅游 （4）
处理组	35.151*** （10.408）	29.897* （17.796）	310.936*** （90.274）	142.952** （68.013）
政策后	21.956*** （3.988）	59.423*** （8.929）	13.08 （39.945）	−102.166*** （28.098）
处理组×政策后	27.900 （39.380）	58.825* （33.901）	72.240 （162.122）	263.759* （148.808）
观测值/个	7 454	7 454	7 454	7 454
拟合优度	0.029	0.174	0.207	0.149
F值	15.100	51.570	58.320	22.270

续表

高中

变量	家庭线上人均消费 （1）	日用品 （2）	教育文化娱乐服务 （3）	旅游 （4）
处理组	13.290 （10.261）	45.503** （20.676）	676.701*** （110.582）	239.135*** （81.924）
政策后	53.382*** （6.652）	88.668*** （12.262）	7.838 （58.269）	−66.029* （39.007）
处理组×政策后	72.606*** （27.948）	42.970 （39.769）	−123.100 （182.417）	174.900 （153.121）
观测值/个	6 779	6 779	6 779	6 779
拟合优度	0.052	0.155	0.198	0.160
F值	19.540	37.060	44.230	21.740

高中以上

变量	家庭线上人均消费 （1）	日用品 （2）	教育文化娱乐服务 （3）	旅游 （4）
处理组	−40.470 （27.060）	75.476*** （27.588）	1 202.517*** （171.200）	296.997** （146.505）
政策后	159.641*** （19.082）	97.465*** （16.823）	45.200 （84.885）	−254.121*** （75.093）
处理组×政策后	53.930 （60.277）	37.100 （46.893）	26.610 （251.496）	550.352** （225.965）
观测值/个	6 671	6 671	6 671	6 671
拟合优度	0.106	0.215	0.258	0.225
F值	27.800	49.730	78.860	22.130

*、**、***分别表示在10%、5%、1%的置信水平上显著，括号内为稳健标准差

　　为了促进我国电子商务的发展，切实推动电子商务在重点区域和特色领域的创新应用，并充分发挥电子商务促进社会经济的作用，我国在2011年开始建设电子商务示范城市，以培育新的经济增长点和促进消费升级的作用。为了考察电子商务与消费之间的关系，并准确评估电子商务示范城市政策的实际效果，本小节利用2010年、2012年UHS 4个省（市）的微观调查数据进行了实证分析。研究发现：在这4个省（市）中，短期内电子商务示范城市政策并没有显著增加居民家庭人均总消费，但是显著增加了家庭线上人均消费。虽然短期内电子商务示范城市政策没有显著增加家庭人均消费，但是，短期内国家电子商务示范城市政策增加了家庭旅游支出，即增加了家庭享受型消费支出，这表明，国家电子商务示范城市政策在一定程度上促进了居民消费升级。在我国消费升级的背景下，电子商务的发展是促进消费升级、解决城乡消费不平衡发展和脱贫攻坚战中的一把利器。

第五节　本　章　小　结

一、主要研究内容及观点

本章紧扣促进人民美好生活消费充分发展这一主题，首先，深入分析了在人民美好生活向往中消费品质升级与发展不充分的矛盾表现和新消费崛起方向；其次，深入探讨了供给侧的质量变革、效率变革、动力变革影响消费品质的理论机制；最后，重点就数字普惠金融和电子商务发展对消费品质升级的影响进行了宏微观实证检验。主要的观点和研究结论有以下三点。

第一，消费品质升级与有效供给不足的矛盾是我国消费领域的重要矛盾之一，而供给侧结构性改革是人民美好消费品质升级的驱动力，努力实现供给侧的质量变革、效率变革、动力变革，是破解制约我国消费品质体制机制障碍的关键之举。

第二，提出供给侧促进消费品质升级需要从多方面入手，包括质量标准体系、知识产权保护体系、信息基础设施、普惠金融体系、人才培养体系和创新体系等。

第三，数字普惠金融发展和电子商务示范城市政策对居民消费品质升级具有促进作用，均增加了居民享受型消费，如教育娱乐文化和旅游支出。在异质性分析中发现，数字普惠金融发展和电子商务示范城市政策对于消费品质的影响在高学历人群中更大。

二、主要政策建议

供给侧结构性改革是促进消费品质升级的驱动力。需要进行供给侧的质量变革、效率变革和动力变革，通过创新有效供给迎合并激活新的消费品质升级需求，不断满足人民日益增长的美好生活需要。

第一，在质量变革方面，不断完善产品质量标准体系和知识产权保护体系以促进产品品质提升和企业品牌建设。完善产品质量标准体系的重点在于建立和完善产品与服务质量提升长效机制，主要通过建立多层次和全方位的质量指标评价体系、完善质量违法行为记录及公布制度、搭建以组织机构代码实名制为基础以及以物品编码管理为溯源手段的质量信用信息平台、建立和更新质量失信"黑名单"、根据企业质量信用档案和产品质量信用信息记录实施分类监管等政策手段。完善知识产权保护体系的重点在于加快知识产权制度化法治化进程，且要实现知识产权保护法规与国际的接轨。

第二，在效率变革方面，继续加强信息基础设施和完善金融体系以降低实体经济的成本来促进企业的发展。在信息基础设施建设方面，需要加快宽带网络升级改造、加快推进移动互联网"提速降费"进程、构建政府部门之间信息的共享体系来提高监管效率。完善金融体系的重点在于大力发展普惠金融以努力实现普惠金融需求群体的机会平等，以及增进普惠金融与民生政策的有机结合。

第三，在动力变革方面，持续加强人才培养体系和创新体系建设以促进企业创新。加强人才培养体系建设的重点在于加大对于教育投资力度和公共教育设施投入及鼓励企业和学校联合办学。加强创新体系建设的重点在于建立中小企业技术创新服务平台和科技企业孵化器等创新服务机构。

三、主要创新点

第一，丰富了供给侧结构性改革与消费品质升级理论机制的研究。在研究思路上，本章以"人民美好消费品质升级"为研究主线，从供给侧视角的质量、效率、动力三个方面：质量从质量标准和企业品牌建设视角；效率从信息基础设施建设和普惠金融视角；动力从企业技术、服务创新和人力资本积累视角，深入研究了供给侧结构性改革与促进消费品质升级的理论机制。

第二，丰富并拓展了消费品质研究内容与深度，具有较为重要的应用价值。本章以供给侧为主线，从质量、效率、动力三个角度出发，研究了消费品质体制机制的创新，丰富并拓展了消费品质研究内容与深度，并且具有较为重要的应用价值。通过供给侧结构性改革来迎合和带动国内消费品质升级，促进国内经济大循环，助力我国经济由高速增长阶段迈向高质量发展阶段。破除制约消费品质升级的体制机制障碍，提高消费者的福利，提高人民的生活质量，并满足人民美好生活的需要。

第三，为后续出台刺激消费的电子商务政策提供了微观经验证据。本章使用DID 模型，采用 UHS2010~2012 年数据，首次评估了电子商务示范城市政策对居民消费品质升级的影响，为电子商务示范城市政策后续的发展提供了实证经验证据。

第七章 人民美好生活消费满意度提升的体制机制创新研究

在实现人民对美好生活的向往中，提高美好生活消费满意度是使人民获得感、幸福感、安全感更加充实、更有保障、更加可持续的重要途径，也是实现人的全面自由发展根本目的的重要体现。居民消费满意度近年来开始得到社会的广泛关注，中国质量协会公布的中国顾客满意度指数得分在2017年达到了81.2分[①]，这一全品类顾客满意度评价体系的结果表明顾客整体持比较满意的态度，主流消费及服务已能满足顾客的基本需求。《2019 年 100 个城市消费者满意度测评报告》显示消费维权的得分连续三年最低，说明消费满意度依旧有很大的提升空间[②]。要通过消费增长破除人民日益增长的美好生活需要和不平衡不充分的发展之间的矛盾，除了进一步深化供给侧结构性改革外，还应该从需求侧提高人民的消费满意度，不断完善限制居民消费满意度提升的体制机制，刺激消费、扩大内需，使居民安心消费、放心消费、舒心消费，能够从社会发展中获得更多的获得感、安全感和幸福感。

目前，国内对美好生活消费满意度的内涵、指标体系及其影响因素的实证研究仍有待丰富。基于此，本章首先从需求侧消费者的主观感受出发，以人的全面发展和民生的广阔视野来全面审视美好生活消费满意度的内涵；其次，重点从获得感、安全感、幸福感三个维度构建和测度美好生活消费满意度的评价指标，深入分析消费者满意度距离美好生活消费需要实现的差距及矛盾表现；最后，结合矛盾及差距，站在人民对生态环境、国家治理、政治文化的综合要求，找寻消费

[①] 资料来源：《2017 年中国质量消费体验研究成果》，其前身是中国质量协会发布的《消费者满意度报告》。

[②] 该报告通过主观问卷调查的形式对 100 个城市的消费者满意度进行了指数计算，由中国消费者协会组织第三方专业调查机构于 2019 年 8 月至 12 月在全国 100 个被测评城市同步开展，共计回收 64 754 个有效样本，http://www.chinanews.com/cj/2020/03-12/9122298.shtml。

体制机制中制约美好生活满意度提升的因素及其传导体制，提出满意度提高的体制机制建议。

第一节　人民美好生活消费满意度的内涵和维度

我国已经全面建成小康社会，在这个消费转型的新时代，居民消费需要的内涵进一步拓展，结构也进一步升级。人民对美好生活的向往进一步向法治、公平、正义、安全、环境等相互协同的多层次需要转变。在新时代背景下，以往的消费满意度内涵也不再完全符合人民对美好生活的消费向往，人民美好生活消费满意度内涵已不仅限于传统经济学中微观主体对消费商品或过程的主观感受，还应蕴含更加丰富的时代特征和人民诉求，进一步反映人全面自由发展的需要，在具体维度上，体现为追求更高层次的获得感、安全感和幸福感。

一、人民美好生活消费满意度的内涵

区别于消费水平和消费品质，消费满意度更侧重在需求层面，更加贴近消费主体，蕴含了更多人文关怀的元素。此外，不同时代的消费满意度有着不同的内涵，作为美好生活消费需要的内涵维度之一，美好生活消费满意度继承了美好生活消费需要在时代性和发展性上的特征，充分认识美好生活消费满意度的内涵需要从前人的研究中汲取精华，再赋予其鲜活的时代特征。

（一）顾客满意度和消费幸福感

消费满意度的相关定义可追溯到"顾客满意度"。"顾客满意度"概念集中在对消费活动的评价上，即消费者对产品或服务绩效的感知与愿望和期望进行的比较，或者是消费者在购买并使用过某种产品或接受某种服务以后，对购买产品和服务满意度的一种主观心理感受。在 Spreng 等（1995）构建的满意度模型中，消费者满意度由两方面重要因素决定：一是消费者满意度与消费者的需要层次、水平有关，是消费者感知、期望和认知等多个变量直接或间接共同作用的结果；二是消费者满意度与企业公众双方沟通时传递的信息准确性有关。上述模型刻画了消费满意度决定过程中主客体的相互作用，为认识狭义的消费满意度提供了重要的参考。

对消费满意度内涵的另一种表达体现在消费幸福感的界定上。相比顾客满意度，消费幸福感不仅关注消费者在消费活动过程中的主观感受，还将其衍生到生活层面，关注消费对生活幸福感评价的作用。目前，消费者幸福的定义主要有两种：其一，借鉴心理学主观幸福感研究成果的消费者幸福感定义。消费者幸福感是个体对消费活动的主观性评价与情感性反映，这种幸福感可以是积极的情感反映，也可以是消极的情感反映（Desmeules，2002），是一种整合了高兴与痛苦、欢笑与眼泪、满意与不满意的持续感受（Ahuvia and Friedman，1998）。其二，以生活满意度理论为指导的消费幸福感定义。生活满意度理论认为，满意是分层级的，生活领域的具体活动可以通过自下而上溢出来的形式来影响该领域的生活满意度以及整体生活满意度。根据这种理论，消费幸福感便是人们在消费生活领域的满意状况，源自对消费生活中具体事件和体验的满意。目前大多数学者都采用第二种定义对消费者幸福感进行研究（Grzeskowiak and Sirgy，2008；Sirgy et al.，2007）。另外，Sirgy 等（2006）认为，特定产品（品牌、服务）会对消费者的许多子生活领域（工作、休闲、家庭等）产生积极影响，消费者幸福感就是消费者对这些积极影响的感知程度。

总体来看，一般意义上的顾客满意度、消费幸福感，其内涵仅仅限制在消费者对消费过程、消费产品和服务的主观感受，主要侧重个体对微观消费因素的满意度，如消费产品或服务的质量和水平。新时代居民除了追求进一步的放心消费、舒心消费外，还渴望宏观社会条件在消费公平、正义、安全、权益保护、公共服务均等化，对外开放程度和能源资源、生态环境等方面均衡发展。这就要求我们与时俱进，赋予美好生活下的消费满意度以新的时代内涵。

（二）人民美好生活消费满意度

美好生活消费满意度是对消费满意度的时代升华。消费满意度是贴近消费主体，体现人文关怀的指标。美好生活消费满意度肩负了引导人实现全面自由发展的责任，"以人为本"是其贯穿始终的核心要义；脱胎于美好生活需要的美好生活消费满意度是放眼于更高水平，注目于更高层次的概念，是满足人民美好生活仍需不断努力的发展方向；致力于反映社会多元诉求，体现综合多主体共同发展需要的担当，是对美好生活下的消费意愿和消费体验的时代测量。具体可以从以下四个角度来准确把握其内涵。

第一，人民主体，以人为本。美好生活消费满意度的主体是人民，是人民得到全面发展的主观反映。人民，乃是社会发展之本、国力强盛之源。民生乃人民的生活，蕴含着民众的基本生存和生活状态、基本发展机会、基本发展能力和基本权益保护，人的多层次发展需求意味着经济社会的发展必须以促进人的全面发展为根本目的。以人民为中心，切实保障、改善与发展民生，不断增进人民福祉，促进人民群众身心全面发展，是中国特色社会主义事业持续发展的原动力，更是经济社会发展的出发点和落脚点。因此，在研究人民美好生活消费满意度时不能局限于对消费商品或服务主观感受，而应该从主观消费者的角度出发，以民生的广阔视野来全面审视美好生活消费满意度的内涵。新的发展矛盾需要结合永恒的思想与时代的方案来解决，蕴含在其中的人的全面自由发展思想和以人为本的发展观为美好生活消费满意度提供了重要的理论和政策依据。

第二，更高水平，更高层次。美好生活消费满意度作为美好生活消费需要的重要维度，随着我国居民消费需要变迁在不同时期其内涵也在不断发生变化。近年来，随着持续快速的经济增长，居民收入实现大幅度提升，消费生活质量得到极大改善。消费需要的重心实现了从纯粹物质消费向物质、精神消费相结合，继而向注重满足更高层次的美好生活消费需要转变。在新矛盾和新消费的时代背景下，居民消费满意度除了反映消费过程中居民的主观感受外，还应该反映居民追求更高品质消费生活的诉求，并将高层次的创新、协调、绿色、开放、共享的新发展理念融入整个消费满意度的内涵中。居民消费满意度也因此拔高到了面向未来，面向现代化的新基准，体现了现代消费的新特色。

第三，多元需求，综合发展。美好生活消费满意度是对精神文化需求外延的扩大，是对人与社会追求能力发展和自由发展的着力实践。目前，人们不再是在物质需要上追求解决温饱问题，而是在精神需求层面对"民生三感"有了更多的诉求：在消费过程中，期望高质量、多样性、个性化商品和均等化的公共保障服务，并从中寻求物质上的获得感；从享受发展型消费、消费文化、消费服务中获得情感上的幸福感；从民主、法治、公平、正义、安全、环境的全面发展中形成社会上的安全感。因此，放眼未来，过去面向消费过程、消费产品和服务主观感受的顾客满意度应逐步向民生视角下包含获得感、幸福感、安全感的美好生活消费满意度内涵转变。美好生活消费满意度蕴含了民众对基本生活、发展机会、发展能力和权益保护等方面的内在知足感，是民众对物质、精神、心理、人文等层面多元需求满足程度的综合感知。

第四，消费需要实践中的主观体验。美好生活消费满意度与美好生活消费需要，两者的"美好生活"都是人们对生活的主观意义和满足程度的价值判断，两者都是主客观相互统一、个体社会相互渗透、层次与发展相互结合的概念，但"消费满意度"则聚焦于人们对支撑"消费需要"实现的消费能力、消费环境、消费供给等客观条件的诉求及主观感受。美好生活消费满意度将主体在消费过程中的生理健康、心理状态、个人信仰与客观环境结合的主观体验与实现的经济、政治、文化、社会、精神等条件的客观综合诉求相统一；将个体层面消费需要的满足程度和消费生活构建的品质与社会群体共同的、普遍的消费需求实现状况相渗透；将基于主体自觉的多层次样态与对"美好生活"发展的无止境向往相结合，最终统一为与美好生活消费需要相互联系又相互区别的全新内涵。

二、人民美好生活消费满意度的维度构建

为了将美好生活消费满意度的精神内涵落到实处，我们需要通过更具象化的维度标准将美好生活消费满意度映射到不同的核心领域。认真审视当前人民生活的消费满意进程可以发现，人民在消费中的获得感、幸福感和安全感的提升幅度并非与经济增长同步。只有准确把握美好生活消费满意度的维度和内在要素，才能解决好新时代人民群众最关心、最直接、最现实的利益问题。

美好生活消费满意度是美好生活消费需要的未来前景，构建美好生活消费满意度的维度也需要向美好生活消费需要看齐。具体而言，以因地制宜、以人为本、可操作性作为维度构建的准则，三个维度相互作用，旨在从主观角度衡量人的全面发展需要实现程度和在实现过程中的主观感受，共同反映人民美好生活消费满意度的层次性、发展性。

第一，人民美好生活消费满意度的提升是建立在改革和发展成果惠及全体人民的基础之上的，获得感反映了人民对美好生活消费需要满足程度的物质福利评价，反映消费需要实现过程中物质资料的供给状况。一方面，获得感主要表现在对消费供给、消费环境和消费维权等消费过程以及家庭消费水平的主观感受方面；另一方面表现在消费基础设施、新技术和新业态普及度、地区市场化程度等客观社会环境的发展水平方面。改革开放四十多年来，随着生产力大幅度提升、消费供给和社会环境的变迁，人民消费过程体验以及消费的社会客观环境得到极大改善，但供给丰富性、创新性不足，权益保护与消费执法重视程度不够，家庭消费水平、消费结构受到社会发展不平衡的制约，城乡、区域层面依旧具有较大的社会客观环境差异。因此，在美好生活消费满意度的获得感下我们进一步设立了消费过程、消费水平和消费社会环境等维度，以衡量制约美好生活消费满意度提高的体制机制中供给与需求发展不平衡的矛盾，破解发展不充分难题。

第二，安全感反映了人民渴望稳定、安全的心理，体现了人民美好生活消费中对民主、法治、公平、正义及生态环境等因素均衡发展的需求。从体制方面来看，美好生活消费满意度的提高需要在消费安全、生态环境和民主法治方面得到保障。首先，消费安全保障居民在消费过程中权利不受侵害，保证居民安心消费、放心消费和舒心消费。其次，近年来环境问题影响了居民在旅游消费、文化消费等享受发展型消费，因此"绿水青山"不仅是对改变经济发展思路的要求，也是促进居民消费结构优化的需求。最后，良好政治安全需要廉洁高效的政府来保障合理的市场经济发展秩序、保障经济发展成果惠及人民、保障人民民意有畅通反映的渠道。因此，在安全感下，进一步设立了消费环境、民主与法治、生态环境维度。

第三，增进人民幸福感是提高美好生活消费满意度的目的。增进人民福祉、促进人的全面发展是满足人民美好生活消费需要的目的，也是社会经济发展的出发点和落脚点。在居民的消费生活中，幸福感不仅来自从消费过程中得到满足的主观感受，还来自对文化、旅游、保健等享受发展型消费的直接体验。日益丰富的高品质、多样化和个性化产品极大提升了居民消费中的精神幸福，促进了居民消费结构升级，进入新时代，需要使居民幸福感更有保障和可持续。因此，在幸福感维度下除了设置享受发展型消费占比外，我们还从影响居民消费、保障居民幸福感等角度，设置了居民医疗、教育、就业、住房等维度，具体维度示意如图 7-1 所示。

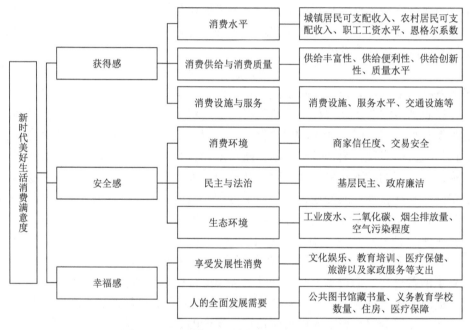

图 7-1　人民美好生活消费满意度的维度构成

第二节　人民美好生活消费满意度指标体系的构建

从现有文献研究和政府发布的测评报告来看，已有的消费满意度指标体系呈现出重主观轻客观、重微观轻宏观的特征。Tsuji 等（2007）利用结构性模型，设置了核心服务质量满意度、外围服务质量满意度及未来行为倾向三种指标来测度顾客满意度；中国消费者协会则构建了消费供给、消费环境和消费维权三个一级指标来测量消费者满意度；何昀和贺辉（2017）将文化消费满意度分解为教育消费满意度、文化艺术消费满意度、娱乐消费满意度和体育消费满意度来构建文化消费满意度综合指标。这些指标测度多以直接抽样问卷调查受访者的主观态度为主，很少把客观的社会状况与个人主观感受同时纳入指标体系中进行研究，使得宏观层面因素在指标体系中不能得到较好的体现。由于研究目的、研究领域和研究对象均存在一定差异，故指标设计缺乏广泛适用性和可操作性。

党的十九大报告指出"完善促进消费的体制机制，增强消费对经济发展的基础性作用"。与以往利用补贴政策促进消费的方法不同，未来促进消费增长破除人民日益增长的美好生活需要和不平衡不充分的发展之间的矛盾，除了进一步深化供给侧结构性改革外，还应该完善我国制约社会民生不平衡不充分发展的体制机制的薄弱环节与改进方向。本书将以提高人民美好生活消费满意度为重点，以促进人的全面发展为目的，保障和提高"民生三感"为出发点和落脚点，把新时代人民诉求的获得感、幸福感和安全感纳入一级指标体系设计，从个体和社会层面、宏观和微观层面选取 12 个二级指标、33 个三级指标构建和测度消费满意度指数，综合分析我国美好生活消费满意度的发展变化和现阶段情况，分析获得感、安全感和幸福感包含的不同因素对消费满意度与人全面发展影响的传导机制。

一、指标介绍

表 7-1 展现了美好生活消费满意度指标体系的整体框架，并注明了三级指标的计算方法及数据来源。除了美好生活消费需求指标体系的数据来源外，我们还从《中国检察年鉴》及政府相关部门主页收集了行政数据，使得我们在计算综合指标时做到兼顾微观家庭与地区宏观社会层面因素。数据时间跨度为 2011~2018 年，样本单位为地级市，包含 295 个地级市。

表 7-1　美好生活消费满意度指标体系

一级指标	二级指标	三级指标	备注计算方法	数据来源
获得感	收入与消费水平	城镇人均可支配收入/元		CEIC
		农村人均可支配收入/元		
		职工工资水平		
		恩格尔系数	食品支出/消费支出	
	消费供给与消费质量	消费供给	供给便利性、供给丰富性和供给创新性	《2019年100个城市消费者满意度测评报告》
		质量水平		
		批发零售企业数/个		CEIC

续表

一级指标	二级指标	三级指标	备注计算方法	数据来源
获得感	消费设施	互联网普及率	互联网宽带接入用户/地区总户数	CEIC
		交通基础设施	地级市铁路公路里程数、道路面积和公交车出租车数量	CEIC
安全感	消费安全	商家信任度		《2019年100个城市消费者满意度测评报告》
		交易安全		
		消费维权		
	民主与法治环境	公职人员腐败	公职人员腐败立案数	《中国检察年鉴》各省的检察工作报告
		是否形成自治		CHFS
		登记选民投票率		
		社会治理依法程度		CGSS
		法治满意度		
	生态环境	工业废水排放量/万吨		CEIC
		工业二氧化硫排放量/吨		
		工业烟（粉）尘排放量/吨		
		工业固体废物综合利用率		
		生活垃圾无害化处理率		
		生活污水处理率		
	社会公平	城乡收入差距	城乡人均可支配收入比	CEIC
		恩格尔系数差距		
		城乡消费差距	城乡人均消费支出比	
幸福感	享受发展型消费占比		家政服务、教育文化娱乐、教育培训、交通工具、旅游、医疗保健等支出占比	CHFS
	医疗	基本医疗保险参保占比	基本医疗保险参保人数/地区人口	《中国城市统计年鉴》
		医生数/人	执业医师+执业助理医师	《中国城市统计年鉴》
	就业	失业率	失业人数/（失业人数+从业人数）	CEIC
	教育	义务教育学校数量/所	普通中学数+小学数	
	住房	农村人均住房面积/米^2		CEIC
		城市人均住房面积/米^2		
		住房负担	地级市商品房价格/人均可支配收入	

注：本章直接使用其地级市层面的三级指标指数用作指标体系的计算；CGSS：Chinese general social survey，中国综合社会调查

美好生活消费满意度的获得感一级指标下包含了三个二级指标，分别是收入与消费水平、消费供给与消费质量以及消费设施。在收入与消费水平中，城乡居民可支配收入水平反映了收入对消费的基础作用，恩格尔系数则反映居民消费得到满足的层次；在消费供给与质量二级指标中，使用消费供给、批发零售企业数来衡量市场中供需的匹配程度，使用质量水平反映居民对消费品质提升的需求；在消费设施中，互联网普及率衡量了居民在"互联网+"经济模式中参与度，交通基础设施则反映了居民消费和产品供给便捷度。数据主要来自 CEIC 和《2019 年 100 个城市消费者满意度测评报告》。

美好生活消费满意度的安全感一级指标下包含了四个二级指标，分别是消费安全、民主与法治环境、生态环境及社会公平。在消费安全中，商家信任度、交易安全主要反映消费过程中居民消费安全感，消费维权反映对居民消费后权利的保障程度；在民主与法治环境中，公职人员腐败立案数，是政府建设是否廉洁高效的重要体现，社会自治、登记选民投票率和社会治理依法程度则反映了居民对民主、法治的多层次需求；在生态环境中，空气污染、工业废水排放量衡量了生产生活对环境的影响程度，工业固体废物综合利用率、生活垃圾无害化处理率、生活污水处理率则是居民寻求绿色健康消费的体现；在社会公平中，城乡收入差距、城乡消费差距、恩格尔系数差距变量用于反映城乡发展不平衡对消费满意度提升的制约度。安全感的测度数据来自 CEIC、CHFS、CGSS、《中国检察年鉴》各省的检察工作报告及《2019 年 100 个城市消费者满意度测评报告》数据库。

美好生活消费满意度的幸福感一级指标下包含了五个二级指标，分别是享受发展型消费占比、医疗、就业、教育、住房。其中，在享受发展型消费中，使用医疗保健支出占比和享受发展型消费占比主要衡量居民消费结构升级对人全面发展和精神需求满足程度，使用 CHFS 微观数据计算了地级市层面的平均水平；医疗、就业、教育、住房等二级指标用于反映幸福感的可持续和保障。除享受发展型消费占比指标来自 CHFS 外，其余均来自 CEIC 及《中国城市统计年鉴》。

数据处理过程以及样本筛选过程同第三章中美好生活消费需求指标的构建方法一致，各年均值描述统计如表 7-2 所示。

表 7-2　美好生活消费满意度指标主成分特征值向量

一级指标	二级指标	三级指标	均值	第一主成分载荷
获得感	收入与消费水平	农村人均可支配收入/元	15 860.684	0.236
		城镇人均可支配收入/元	32 778.138	0.256
		职工平均工资/元	59 198.43	0.264
		恩格尔系数	0.354	−0.029

续表

一级指标	二级指标	三级指标	均值	第一主成分载荷
获得感	消费供给与消费质量	供给丰富性	74.154	0.108
		供给便利性	83.685	0.143
		供给创新性	73.456	0.155
		消费质量	81.667	0.153
		批发零售企业数/个	1 420.069	0.264
	消费设施	互联网普及率	0.730	0.209
		地级市铁路公路里程数/千米	2 076.978	0.225
		道路面积/百万米^2	45.759	0.240
		公共交通车辆拥有量/千辆	3.674	0.249
		出租汽车数/千辆	7.257	0.202
安全感	消费安全	商家信任度	78.026	0.133
		交易安全	67.171	0.189
		信息安全	73.330	0.197
	民主与法治环境	公职人员腐败人数（省级）	1 526.844	−0.003
		法治水平满意度	65.037	−0.018
		是否形成自治	0.889	0.096
		登记选民投票率	0.881	0.064
		社会治理依法程度	63.086	−0.066
	生态环境	工业废水排放量/万吨	12 112.953	0.204
		工业二氧化硫排放量/吨	67 552.674	0.039
		工业烟（粉）尘排放量/吨	40 475.958	0.003
		工业固体废物综合利用率	84.661	0.138
		生活垃圾无害化处理率	95.737	0.098
		生活污水处理率	88.541	0.018
	社会公平	人均可支配收入城乡比	2.290	−0.082
		人均消费支出城乡比	2.176	−0.038
		人均住房面积城乡比	0.848	−0.176

续表

一级指标	二级指标	三级指标	均值	第一主成分载荷
幸福感	享受发展型消费占比	享受发展型消费占比	0.250	0.062
	医疗	医生数/人	18 566.981	0.229
		基本医疗保险参保比	0.377	0.228
	就业	登记失业率	0.039	−0.157
	教育	义务教育学校数量/所	1 056.718	−0.040
	住房	农村人均住房面积/米^2	43.875	0.176
		城镇人均住房面积/米^2	34.945	0.018
		购房负担	0.254	0.131

资料来源：本章后续图表的数据均来源于美好生活消费满意度指标体系，不再指出

二、指标构建过程

指标构建通过"降维"的方法将多个低维指标以较为客观和科学的方法汇总成一个维度更高的指标，从而反映目前我国居民美好消费满意度的发展和现状。

（一）指标权重设定

参考郭峰等（2020）的处理办法对数据进行无量纲处理后，以主成分分析和层次分析相结合的方式来设置一二级指标的权重，使用变异系数法确定三级指标的权重。

将各年份数据进行算术平均形成截面数据并使用对数功效函数进行标准化后进行主成分分析，结果如表7-2所示，第一主成分的累计贡献率为28.5%。

分析载荷以确定权重顺序。根据表 7-2 载荷绝对值计算得出，相对重要性最高一级指标为获得感，其次为安全感，最后为幸福感。因此，在三个一级指标中，设定获得感权重最高，其次为安全感和幸福感。在获得感中，权重顺序依次为收入与消费水平、消费设施、消费供给与消费质量；在安全感中，由于消费安全指标数据仅有一年，主成分分析载荷可能不能正确反映其重要性，我们结合经验主观确定其内部权重顺序为生态环境、社会公平、民主与法治环境、消费安全；在幸福感中，我们同样确定权重顺序为住房、医疗、就业、教育以及享受发展型消费占比。

接下来使用层级分析法来确定具体的权重向量首先需要构建判断矩阵。判断矩阵赋值参考郭峰等（2020）的研究，判断矩阵赋值如表7-3、表7-4、表7-5和表 7-6 所示。通过求解正互反矩阵求得对应的特征向量，再经过归一化得到权重

向量，最后计算出消费满意度的获得感、安全感和幸福感权重分别为 54%、29.7%和16.3%。在获得感二级指标中，收入和消费水平权重为 54%，消费设施为29.7%，消费供给与消费质量为 16.3%。安全感二级指标的权重依次分别为46.32%、29%、17.66%和 6.8%；幸福感的权重依次分别为 41.85%、26.25%、15.99%、9.73%、6.18%。此外，由于二级指标消费安全只有 2018 年的数据、享受发展型消费占比指标只有 2014 年和 2016 年的数据，故在 2011~2017 年将安全感二级指标权重调整为 54%、29.7% 和 16.3%；在 2011~2013 年、2015 年和2017 年，将幸福感二级指标权重调整为 46.32%、29%、17.66% 和 6.8%。

表 7-3　美好生活消费满意度一级指标判断矩阵

一级指标	获得感	安全感	幸福感
获得感	1	2	3
安全感	1/2	1	2
幸福感	1/3	1/2	1

表 7-4　获得感二级指标判断矩阵

二级指标	收入与消费水平	消费设施	消费供给与消费质量
收入与消费水平	1	2	3
消费设施	1/2	1	2
消费供给与消费质量	1/3	1/2	1

表 7-5　安全感二级指标判断矩阵

二级指标	生态环境	社会公平	民主与法治环境	消费安全
生态环境	1	2	3	4
社会公平	1/2	1	2	3
民主与法治环境	1/3	1/2	1	2
消费安全	1/4	1/3	1/2	1

表 7-6　幸福感二级指标判断矩阵

二级指标	住房	医疗	就业	教育	享受发展型消费
住房	1	2	3	4	5
医疗	1/2	1	2	3	4
就业	1/3	1/2	1	2	3
教育	1/4	1/3	1/2	1	2
享受发展型消费	1/5	1/4	1/3	1/2	1

（二）指标体系城市得分描述

本书计算了 265 个地级市从 2011~2018 年的美好生活消费满意度得分[①]。图 7-2 展示了 2011~2018 年全国美好生活消费满意度得分，表 7-7 则展示了 2011~2018 年美好生活消费满意度指标排名前 30 位的城市的得分情况，从中我们可以总结出以下几个特征。

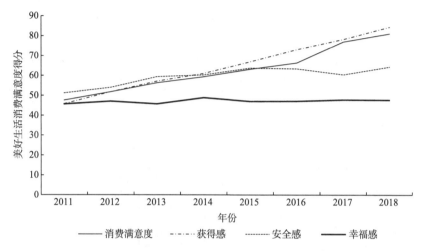

图 7-2　2011~2018 年全国美好生活消费满意度得分

由于总得分计算方法为加权求和，部分年份消费满意度总得分低于一级指标得分

表 7-7　2011~2018 年美好生活消费满意度指标排名前 30 位的城市的得分情况

序号	城市	年平均分/分	2011年得分数/分	2012年得分数/分	2013年得分数/分	2014年得分数/分	2015年得分数/分	2016年得分数/分	2017年得分数/分	2018年得分数/分
1	杭州市	94	84	87	93	95	97	97	97	101
2	苏州市	93	84	89	92	94	96	99	96	97
3	深圳市	92	82	86	93	93	96	99	95	95
4	无锡市	91	82	85	87	91	94	97	95	97
5	北京市	91	84	87	91	93	92	93	91	96
6	常州市	90	77	81	86	88	93	96	97	100
7	上海市	90	81	83	88	92	93	93	91	96
8	广州市	88	79	81	86	87	92	94	93	95
9	南京市	88	78	82	83	89	91	92	92	95

---

① 由于部分变量数据缺失，未被统计的地级市如下：三沙市、中卫市、乌鲁木齐市、儋州市、南昌市、吐鲁番市、昌梁市、吴忠市、哈密市、商洛市、大同市、山南市、巢湖市、张掖市、忻州市、拉萨市、日喀则市、昌都市、曲靖市、朔州市、林芝市、毕节市、河池市、海东市、海口市、百色市、绥化市、西宁市、运城市、遵义市、那曲市、钦州市、铜仁市、银川市、黄冈市。

续表

序号	城市	年平均分/分	2011年得分数/分	2012年得分数/分	2013年得分数/分	2014年得分数/分	2015年得分数/分	2016年得分数/分	2017年得分数/分	2018年得分数/分
10	宁波市	88	78	81	87	89	91	95	90	92
11	东莞市	87	81	86	83	84	92	93	88	90
12	佛山市	86	78	81	83	84	91	94	89	91
13	长沙市	86	69	76	85	86	91	96	91	93
14	嘉兴市	85	74	80	82	86	89	90	90	89
15	温州市	84	71	75	80	85	87	91	89	94
16	金华市	84	71	74	79	83	86	91	91	96
17	绍兴市	84	70	74	80	85	88	89	89	94
18	南通市	84	71	74	79	82	87	91	91	94
19	厦门市	83	72	75	78	82	86	88	89	95
20	郑州市	83	73	76	79	81	85	89	89	91
21	台州市	83	72	75	78	83	86	90	87	91
22	青岛市	83	71	75	80	82	85	87	90	92
23	天津市	83	72	75	77	87	87	89	84	90
24	济南市	83	70	76	81	82	86	88	88	88
25	武汉市	82	70	75	79	83	87	89	87	89
26	成都市	82	72	73	81	83	87	79	88	93
27	湖州市	82	70	74	77	81	84	86	89	95
28	珠海市	81	67	71	76	78	84	88	90	91
29	镇江市	81	67	73	75	79	83	87	89	94
30	中山市	80	73	76	75	77	84	86	90	80

第一，美好生活消费满意度水平持续稳定上涨。如图 7-2 所示，2011~2018年整体美好生活消费满意度得分稳定上涨，并且在 2016 年后上涨速度加快。一方面，消费满意度上涨趋势表明，党的十八大以来，以习近平同志为核心的党中央准确把握复杂局势，引领我国经济社会发展取得历史性成就，发生了历史性变革的同时，始终坚持以人民为中心，发展成果人民共享，极大增进了人民福祉。另一方面，美好生活消费满意度以年均 11%的速度上涨，反映了我国居民消费感受不断提升、消费意愿不断增强。

第二，"民生三感"之间的得分水平和发展趋势存在差异。根据图 7-2 可知，在得分水平上，获得感得分最高，其次是安全感，最后是幸福感。在发展趋势上，获得感呈现稳定快速上涨，安全感、幸福感虽有略微上升但幅度不大。三个一级指标的水平差异反映了居民消费需求层次得到满足的程度不同，我国经济快速发展为居民消费需求实现和获得度提升提供了坚实的物质基础，获得感持续上升，但是安全感和幸福感没有出现预期的快速上升，在改革中切中"人民日益增长的美好生活需要"，努力使民生投入转化成人民实实在在的满意度提升仍是政府亟待解决的问题。

第三，非经济类因素逐渐成为影响我国居民美好生活满意度的重要因素。"伊斯特林悖论"表明，在社会经济发展过程中，人们的幸福感在初期会随着收入水平的提升而显著上升；当收入达到一定水平后，人们的幸福感会随着收入提升而下降，总体呈现倒"U"形。随着收入水平的提高，就业、健康、民主及环境等非经济因素越来越成为影响人们幸福感的重要因素，Diener 和 Seligman（2004）认为就业、健康、民主及环境等非经济因素能够对"伊斯特林悖论"进行较好的解释。测算的美好生活消费满意度指标得分表明，与获得感相比，安全感与幸福感水平较低、增长缓慢，虽然获得感的提升拉动了近十年来我国消费满意度的总体提高，当前我国已建成全面小康社会，影响安全感和幸福感的非经济因素将成为居民满意度提升的关键。因此在探讨"人民美好生活消费满意度的充分提升体制机制创新"时，将重点分析安全感和幸福感对美好生活消费及美好生活消费满意度的影响机制。

第三节　生态环境与美好生活消费满意度的实证研究

生态环境问题与民生福祉是紧密相连的重要问题。习近平总书记从人们最关心的民生问题出发，提出"环境就是民生"的基本观点，认为生态环境问题是重大的民生问题，"良好生态环境是最公平的公共产品，是最普惠的民生福祉"[1]。生态环境问题与民生问题相互交织，生态是民生的保障，而民生是生态的价值所在。从民生视角去研究人民消费满意度，就必须重点关注生态问题，意在对涉及民生的生态环境问题进行多层次分析，从中找出解决生态与民生问题的办法。十八大以来，习近平总书记提出了大力推进生态文明建设的绿色发展理念，树立大局观、长远观、整体观，坚持保护优先[2]。十九大又再次强调必须树立和践行"绿水青山就是金山银山"的理念，坚持节约资源和保护环境的基本国策，努力开创社会主义生态文明新时代[3]。

我国生态问题依然严峻：第一，对自然资源的过度消耗造成严重的生态赤

---

[1] 资料来源：学习习总书记重要论述：良好生态环境是最普惠的民生福祉. http://politics.people.com.cn/n1/2018/0921/c1001-30307963.html，2018-09-21。

[2] https://www.gov.cn/xinwen/2016-03/10/content_5051977.htm。

[3] https://www.gov.cn/xinwen/2017-10/27/content_5234876.htm。

字，直接影响人民的生活；第二，环境权正日益成为民众普遍追求的基本权利，成为生态与民生问题相结合的新的生长点；第三，不承认自然的内在价值，不能公平对待自然的思想观念依然存在，并且这一影响延伸到了人们生产生活的方方面面；第四，消费方式和消费理念的差异与变化影响到人们对民生问题的认知，人们的生态幸福感受和幸福指数发生明显变化，不能从中获得良好的幸福体验。因此，本部分综合利用上节测算的城市美好生活消费满意度得分和 CHFS 微观家庭数据，从空气污染角度，重点在民生视角下研究生态环境与人民"民生三感"下的消费满意度持续提高问题。

一、空气污染对居民消费及主观幸福感影响

空气污染问题在诸多生态环境问题中具有影响范围广、对不同人群没有"歧视性"、居民感知性强等特点，已逐渐成为影响人民生产生活的主要环境问题。空气污染不仅会影响人的生理健康（Moretti and Neidell，2011；Chen et al.，2013），还会影响人的心理健康和消费决策（Zhang et al.，2017；Rehdanz and Maddison，2008；Zhang and Mu，2018）。因此本部分将基于 CHFS 提供的微观家庭数据，从微观层面探讨空气污染对家庭消费行为以及主观幸福感的影响，借此分析空气污染是如何制约我国居民消费升级和消费满意度提升。

在本部分实证中，将使用生活满意度来替代美好生活消费满意度。原因主要来自以下两方面：第一，目前国内微观家庭数据没有关于消费满意度的相关信息，考察微观家庭消费满意度缺乏数据支撑；第二，虽然消费满意度是生活幸福感的重要组成部分，但美好生活消费满意度更为丰富的内涵和维度与生活幸福感十分接近，因此实证中不会产生较大偏差，在一定程度上能够反映空气污染对美好生活消费满意度的影响。

1. 模型构建与数据来源

本部分通过构建式（7-1）的固定效应模型来识别空气污染对微观家庭消费和主观幸福感的影响。其中，i 和 t 分别为第 i 个家庭和第 t 年；α_0 为常数项；μ_{it} 为不可观测的地区固定效应；γ_{it} 为时间固定效应，ε_{it} 为随机误差项；Y 为我们需要进行分析的家庭消费变量如家庭总消费、医疗保健支出占比和旅游支出占比，以及家庭的主观幸福感和自评健康；AQI 为家庭所在地级市层面空气质量指数年均值；X 为家庭面控制变量，如户主的性别、年龄、各教育年限、婚姻状况、户口等个体人口统计学特征，以及家庭规模、老年占比、收入、支出等家庭特征；CITY 为家庭所在城市的人均 GDP、第二产业比重、地级市二氧化硫排放量等控制变量，以此来控制城市层面的生产结构和经济发展特征。

$$Y_{it} = \alpha_0 + \alpha_1 \text{AQI}_{it} + \sum \eta X_{it} + \sum \lambda \text{CITY}_{it} + \mu_{it} + \gamma_{it} + \varepsilon_{it} \qquad （7\text{-}1）$$

2. 数据和变量说明

数据来源。在实证分析中，微观家庭数据主要来自中国家庭金融研究中心的
2015 年和 2017 年 CHFS 数据。目前该数据是我国公开数据库中样本量最大并具有
地市级代表性的数据之一，包含十分丰富的家庭消费、收入、金融决策及主观态
度变量，与本部分的实证分析十分契合。此外，宏观数据包括从 CIEC 获得的地
级市空气污染、人均 GDP、第二产业比重、地级市二氧化硫排放量等数据。通过
地级市代码将两个数据集合并，删除变量缺失值后，保留约 62 000 个观测值，最
终形成本部分所需要的实证数据。

变量说明。被解释变量分为家庭消费和个人主观感受两部分。其中使用家庭
总消费支出以及最易受影响的医疗保健支出、旅游支出来衡量空气污染对家庭消
费决策的影响；户主生活幸福感和自评健康则作为空气污染对个人主观感受影响
测量。将原始数据中幸福感和自评健康五分类简化为二分类变量，"幸福""非
常幸福"赋值为 1，否则赋值为 0；同理，对于自评健康，"健康""非常健康"
赋值为 1，否则为 0。与其他文献使用 PM2.5 作为空气污染的代理变量不同，我们
使用更具代表性和综合性的空气质量指数作为地级市空气污染情况的代理变量。
此外，模型中纳入户主个体特征变量和家庭特征变量来控制个人及家庭层面因
素，同时加入人均 GDP、第二产业比重、地级市二氧化硫排放量来控制城市经济
发展特征，减少遗漏变量带来的估计偏误。

主要变量的描述统计特征如表 7-8 所示。在微观家庭方面，有 82.8%的户主认
为自我身体健康状态良好，但只有 66.2%的户主认为自己目前生活得比较幸福。
家庭年均医疗保健消费在 660 元左右，但家庭出游的比例仅为 21.5%且消费能力
偏低。城市空气质量指数年均值约为 85.324，处于空气质量为良的水平，这表明
我国空气质量依然存在较大的提升空间。

表 7-8　空气污染与家庭消费、主观幸福数据描述

变量	均值	标准差	最小值	最大值
自评健康（健康=1）	0.828	0.378	0	1
生活幸福感（幸福=1）	0.662	0.473	0	1
医疗保健支出对数	6.569	3.282	0	15.022
是否旅游（有=1）	0.215	0.411	0	1
旅游支出占总支出对数	1.778	3.489	0	13.821
年空气质量指数	85.324	24.426	34.081	172.921

续表

变量	均值	标准差	最小值	最大值
年龄	54.512	14.375	3	117
性别（女=1）	0.228	0.42	0	1
受教育年限	9.4	4.149	0	22
婚姻状况（在婚=1）	0.857	0.35	0	1
户口（农业=1）	0.537	0.499	0	1
工作（工作=1）	0.627	0.484	0	1
家庭规模	3.229	1.547	1	17
少儿抚养比	0.542	0.789	0	0.823
家庭总收入对数	10.554	1.508	0.097	15.423
家庭总支出对数	10.922	0.851	5.017	16.721
地级市二氧化硫排放量对数	10.443	1.109	0.693	13.071
第二产业比重	0.429	0.093	0.186	0.713
人均地区生产总值	11	0.57	9.636	12.032

3. 实证结果

本部分的实证分析主要分为两步，首先对空气污染对个人自评健康和生活幸福感进行回归分析，检验空气污染是否会对个人主观幸福感产生影响；其次分析空气污染对家庭总消费、医疗保健消费和旅游消费的影响，从而在消费层面找出空气污染影响居民主观幸福感的机制和渠道。

表 7-9 报告了空气污染对主观幸福感的影响。由于自评健康和生活幸福感都为虚拟变量，表 7-9 报告的是线性概率模型的回归结果，其系数为平均边际处理效应。结果显示空气污染对主观幸福感有显著的负向影响。具体而言，空气质量指数每提高 1%，居民自评健康报告为健康的概率会显著下降 0.2%，而生活幸福感为幸福的概率也会显著下降 0.88%。此外，从控制变量回归系数来看，教育、就业及人均地区生产总值对主观幸福感都有显著正向影响，但总体而言这些单个因素对生活幸福感带来的正面影响没有空气污染对其负面影响大。

表 7-9　空气污染对主观幸福感的影响

变量	自评健康	生活幸福感
年均空气质量指数对数	−0.020*** （0.004）	−0.088*** （0.016）
年龄	−0.002*** （0.000）	0.004*** （0.000）

续表

变量	自评健康	生活幸福感
性别	-0.003 （0.004）	0.023*** （0.005）
受教育年限	0.010*** （0.001）	0.003*** （0.001）
婚姻状况	0.020*** （0.005）	0.095*** （0.006）
户口	-0.036*** （0.004）	0.009* （0.005）
是否工作	0.093*** （0.004）	0.015*** （0.005）
家庭规模	-0.004*** （0.002）	-0.018*** （0.002）
少儿抚养比	0.011*** （0.003）	0.026*** （0.004）
家庭总收入	0.026*** （0.001）	0.026*** （0.002）
家庭总支出	-0.006** （0.002）	0.014*** （0.003）
地级市二氧化硫排放量	0.002 （0.002）	-0.017*** （0.003）
第二产业比重	0.067** （0.027）	-0.092*** （0.034）
人均地区生产总值	0.043*** （0.004）	0.014*** （0.005）
省份固定效应	是	是
常数项	7.921*** （0.131）	-7.653*** （0.601）
观测值	62 405	61 177

*、**、***分别表示在10%、5%、1%的置信水平上显著，括号内为稳健标准差

表7-10报告了空气污染影响主观幸福感的消费渠道和机制。空气污染显著抑制了家庭总消费支出，但显著提高了居民医疗保健支出，以及旅游概率和旅游支出。具体而言，空气质量指数每提高1%总支出将下降0.88%，医疗保健支出上升3%，并提高6%居民旅游的概率和3.75%的旅游支出。上述实证结果表明，空气污染可以通过影响居民健康水平和消费决策来影响其主观幸福感。空气污染增加人们患病风险，降低自我感知的健康水平，提高居民医疗保健支出，并在一定程度上使得居民预防性储蓄动机提高，对日常消费产生挤出作用，空气污染在一定程度上对主观幸福感产生了负面影响。此外，居民整体旅游支出的提高在一定程度上来源于本地空气污染水平上升，刺激了居民外出旅游以躲避空气污染的概率。因此，空气污染不仅对居民主观幸福感产生了负面影响，还对居民健康、消

费行为和消费结构产生了一定的负面影响。

表 7-10　空气污染对家庭消费的影响

变量	总支出	医疗保健支出	是否有旅游支出	旅游支出
年均空气质量指数对数	−0.084*** （0.025）	0.302*** （0.111）	0.604*** （0.014）	0.375*** （0.098）
年龄	−0.005*** （0.000）	0.040*** （0.001）	−0.001*** （0.000）	−0.008*** （0.001）
性别	0.021*** （0.007）	0.062* （0.034）	0.019*** （0.004）	0.209*** （0.035）
受教育年限	0.032*** （0.001）	−0.028*** （0.004）	0.018*** （0.001）	0.135*** （0.004）
婚姻状况	0.183*** （0.010）	0.261*** （0.043）	−0.017*** （0.005）	−0.106*** （0.040）
户口	−0.090*** （0.007）	−0.030 （0.035）	−0.135*** （0.004）	−0.703*** （0.034）
是否工作	0.029*** （0.007）	−0.540 （0.034）	−0.041*** （0.004）	−0.043 （0.031）
家庭规模	0.096*** （0.003）	0.037*** （0.014）	−0.008*** （0.002）	−0.235*** （0.012）
少儿抚养比	0.023*** （0.005）	0.022 （0.025）	0.030*** （0.003）	0.094*** （0.022）
家庭总收入	0.151*** （0.003）	−0.097*** （0.011）	0.036*** （0.001）	0.246*** （0.010）
家庭总支出		1.170*** （0.020）	0.099*** （0.002）	0.977*** （0.018）
地级市二氧化硫排放量	−0.029*** （0.005）	0.026 （0.021）	0.008*** （0.003）	0.043** （0.020）
第二产业比重	−0.241*** （0.053）	0.124 （0.234）	0.020 （0.029）	−0.449** （0.222）
人均地区生产总值	0.160*** （0.008）	−0.222*** （0.036）	0.076*** （0.004）	0.406*** （0.032）
省份固定效应	是	是	是	是
常数项	7.921*** （0.131）	−7.653*** （0.601）	−2.420*** （0.074）	−16.757*** （0.552）
观测值	62 405	61 177	62 405	62 261

*、**、***分别表示在 10%、5%、1%的置信水平上显著，括号内为稳健标准差

　　综上所述，以上实证结果较好地解释了"伊斯特林悖论"，并从消费角度探讨出一条影响机制。当居民收入达到一定水平后，收入和消费对居民幸福感仍然具有提升作用，但居民对发展带来的生态环境问题却更为敏感，污染对居民幸福感产生负面作用，甚至一定程度上抵消了收入和消费带来的提升效果，使经济增长与居民"幸福感"呈现倒"U"形关系。污染对居民幸福感影响的机制在于，污染问题降低了居民自评健康，增加居民医疗保健支出和躲避污染的旅游支出，

从而对家庭其他正常消费产生挤出作用，改变家庭消费结构，因此对居民消费主观感受和生活满意度产生了负面影响。

二、2015 年《中华人民共和国环境保护法》实施与美好生活消费满意度

上文研究已经证实环境污染阻碍居民主观感受的提升，并从居民消费角度找到了一条影响机制。因此，本部分将基于 2015 年《中华人民共和国环境保护法》的实施，从体制改革角度寻找美好生活消费满意度提升的路径。

近年来，日益突出的生态环境问题，不仅制约了我国经济和社会可持续发展，而且严重影响了我国居民消费。为保护和改善环境，防治污染和其他公害，保障公众健康，推进生态文明建设，促进经济社会可持续发展，我国于 2014 年修订通过了《中华人民共和国环境保护法》，并于 2015 年 1 月 1 日正式施行。该法规的实施作为一场准自然实验，为评估环境政策的实施影响居民美好生活消费满意度的研究提供了可能。《中华人民共和国环境保护法》不仅提高了企业违法成本，并对企业和负责人实行连带责任，加大其惩处力度；还引入社会公众监督，增强环境保护信息透明度和公众参与度，而且还将环保干部纳入惩处范围。可以说，《中华人民共和国环境保护法》是我国在保护环境、改善民生方面做出的体制创新。因此，本节将基于《中华人民共和国环境保护法》实施的准自然实验，运用双重差分模型识别该法规的推行对我国居民消费满意度影响的因果效应，从而探究我国体制改革对居民消费满意度的影响机制。

1. 模型构建与数据来源

为了分析《中华人民共和国环境保护法》实施对居民美好生活消费满意度的影响，本部分构建如下形式的双重差分模型：

$$\text{Satisfaction}_{it} = \alpha_0 + \alpha_1 \text{after} \times \text{sndindustry}_{it} + \alpha_2 \text{after} + \alpha_3 \text{sndindustry}_{it} + \beta X + \mu_i + \gamma_t + \varepsilon_{it} \tag{7-2}$$

其中，Satisfaction 代表我们测算的地级市层面美好生活消费满意度；after 代表法规是否实施的虚拟变量，2015 年及以后，t 赋值为 1，否则为 0；sndindustry 代表该地级市第二产业比重，用于衡量该地级市受到新《中华人民共和国环境保护法》影响的大小；X 代表包含一系列控制变量的向量，如地级市人均地区生产总值、人均收入水平、二氧化硫排放量等；i 和 t 分别代表第 i 个地级市和第 t 年；α_0 代表常数项；μ_i 代表不可观测的地区固定效应；γ_t 代表时间固定效应；ε_{it} 代表随机误差项。因此本节的核心解释变量为 after 与 sndindustry 的交乘项，重点关注 α_1 的符号和显著性。本部分实证使用的数据除美好生活消费满意度来自上节测算

外，其余数据来自《中国城市统计年鉴》和 CEIC 数据库。

2. 变量说明与描述

处理组与控制组划分。与传统虚拟变量划分处理组和控制组不同，本节通过地级市第二产业比重进行连续 DID 识别。原因如下：第一，《中华人民共和国环境保护法》是同时在全国实施的统一政策，没有很好的方法直接将城市分为处理组和控制组；第二，由于《中华人民共和国环境保护法》增加了污染成本，而主要污染来源为工业，工业产值大的地区受法规影响的程度也越大，故我们使用地级市的第二产业比重来衡其受法规影响的大小。

本部分主要研究内容为新《中华人民共和国环境保护法》实施对美好生活消费满意度影响的政策评估，为此我们结合上节测算的地级市层面美好生活消费满意度评分，从城市宏观层面评估政策效果。为了更为精确地识别政策效果，在回归中首先加入人均地区生产总值、人均收入以控制地区经济发展水平，其次加入地级市二氧化硫排放量，控制地区原本污染水平，最后加入污水无害化处理率及生活垃圾无害化处理率，控制地区政府对居民生活污染源的处理程度。实证中，对人均地区生产总值、人均收入、地级市二氧化硫排放量做了对数化处理，具体变量描述如表 7-11 所示。

表 7-11　美好生活消费满意度与地区宏观变量描述统计

变量	均值	标准差	最小值	最大值
美好生活消费满意度	59.76	15.36	22.32	101.13
获得感	62.40	22.64	14.15	120.94
安全感	61.33	9.63	26.84	85.95
幸福感	48.14	15.62	9.56	95.12
第二产业比重	0.49	0.10	0.15	0.82
人均地区生产总值	10.67	0.60	8.84	15.68
地级市二氧化硫排放量	10.40	1.073	1.10	13.18
人均收入	10.77	0.29	8.51	12.68
污水无害化处理率	92.74	14.60	5.49	100.00
生活垃圾无害化处理率	85.02	13.21	18.30	100.00

3. 估计结果

表 7-12 报告了《中华人民共和国环境保护法》的推行对美好生活消费满意度影响的双重差分估计结果。第（1）列只控制了城市固定效应，交互项系数表明法规的实施对消费满意度有正向影响；第（2）列和第（3）列逐步加入了控制变

量及时间趋势，交互项系数在 1%的置信水平上显著为正，说明了对于工业为主的城市，《中华人民共和国环境保护法》的实施显著提高了居民的消费满意度水平。此外，与居民切身相关的生活垃圾无害化处理率及污水无害化处理率系数也显著为正，表明健康绿色的生活方式、消费方式也会对居民消费满意度产生正向影响，这为逐步推广垃圾分类处理提供了实证支持。

表 7-12　《中华人民共和国环境保护法》对美好生活消费满意度影响（DID）

变量	模型1（1）	模型2（2）	模型3（3）
处理组×第二产业比重	2.402（2.448）	7.532***（1.521）	2.982***（1.148）
处理组	9.513***（1.206）	0.033（0.775）	16.741***（0.812）
第二产业比重	−21.188***（3.704）	−13.336***（2.436）	8.603***（1.967）
人均地区生产总值		4.440***（0.395）	2.102***（0.322）
地级市二氧化硫排放量		0.015（0.160）	0.647***（0.140）
人均收入		17.475***（0.563）	6.773***（0.533）
污水无害化处理率		0.067***（0.007）	0.040***（0.005）
生活垃圾无害化处理率		0.132***（0.010）	0.071***（0.007）
时间固定效应	否	否	是
地级市固定效应	是	是	是
常数项	65.540***（1.890）	−188.271***（6.502）	−64.429***（6.319）
观测值	1 847	1 767	1 767
拟合优度	0.629	0.869	0.928

***表示在1%的置信水平上显著，括号内为稳健标准差

　　为了进一步分析，《中华人民共和国环境保护法》的推行如何提高人民美好生活消费满意度，我们分别对美好生活消费满意度的一级指标获得感、安全感、幸福感进行实证分析，并进一步使用地级市空气优良天数占比作为《中华人民共和国环境保护法》影响居民消费满意度的机制变量。表 7-13 报告了实证结果。结果显示，法规的实施显著提高了重工业地区居民获得感及安全感，对幸福感有正向作用但不显著。此外，最后一列结果表明，《中华人民共和国环境保护法》的实施对重工业地市的空气质量有很大改善作用，增加了当地空气优良天数。因此

表 7-13 的结果表明，法规推行在一定程度上改善重工业地区的发展方式，保护了生态环境，并通过提高居民获得感及安全感促进消费满意度的提升。

表 7-13　美好生活消费满意度一级指标实证结果

变量	获得感 （1）	安全感 （2）	幸福感 （3）	空气优良比 （4）
处理组×第二产业比重	8.528*** （2.826）	5.043* （3.030）	0.268 （3.050）	0.746*** （0.153）
处理组	−3.621** （1.474）	−2.246 （1.560）	−2.254 （1.597）	−0.216*** （0.079）
第二产业比重	−3.989 （4.298）	8.254 （6.458）	−0.877 （4.575）	−0.921*** （0.232）
人均GDP	1.584*** （0.546）	−0.794 （0.561）	2.033*** （0.577）	0.001 （0.021）
地级市二氧化硫排放量	0.991*** （0.289）	1.524*** （0.311）	1.005*** （0.307）	0.034*** （0.013）
人均收入	26.895*** （2.246）	−0.833 （2.339）	−4.200* （2.381）	0.044 （0.164）
污水无害化处理率	−0.012 （0.013）	0.129*** （0.013）	−0.018 （0.014）	−0.000 （0.001）
生活垃圾无害化处理率	0.034* （0.020）	0.193*** （0.022）	0.026 （0.022）	−0.002* （0.001）
登记城镇化率	−2.501 （3.232）	5.191 （3.303）	5.488 （3.420）	−0.061 （0.144）
时间固定效应	是	是	是	是
地级市固定效应	是	是	是	是
常数项	65.540*** （1.890）	−188.271*** （6.502）	−64.429*** （6.319）	−91.170*** （34.023）
观测值	2 163	1 792	2 137	533
拟合优度	0.933	0.805	0.110	0.515

*、**、***分别表示在 10%、5%、1%的置信水平上显著，括号内为稳健标准差

本节从美好生活消费满意度一级指标"安全感"出发，探讨生态环境对消费和主观幸福感的影响，并基于《中华人民共和国环境保护法》实施政策研究体制创新对美好生活消费满意度提升作用。研究发现，随着居民收入水平的提高，环境污染逐渐成为抑制美好生活消费满意度提升的重要障碍。《中华人民共和国环境保护法》的实施通过改善环境，减轻环境污染对居民消费结构带来的负面影响，从而为居民美好生活消费满意度的提升提供保障。因此，除了进一步深化供给侧结构性改革，增强经济活力，提高居民收入和消费水平外，还应该基于美好生活消费满意度的丰富内涵，从生态环境均衡发展角度出发，创新影响美好生活消费满意度提升的体制机制。

第四节　反腐败国家治理与美好生活消费满意度的实证研究

新时代人民对美好生活消费需要的内容和要求不断拓展。除了对更高的物质文化生活需要外，还包括对消费公平、正义、安全、权益保护、公共服务均等化、对外开放程度和生态环境等方面均衡发展的需要。在美好生活需要的实现过程中，对消费外部环境的主观感受无疑是人民美好生活消费满意度的关键要素。"伊斯特林悖论"和上节实证分析都表明，生态环境、民主、法治、公平、正义等非经济因素已经成为我国居民美好生活消费需要实现和消费满意度提升的重要影响因素。市场经济平稳运行需要政府充分发挥其调节作用，而社会的民主、法治、公平、正义等都需要一个廉洁高效的政府来实现。一个廉洁高效的政府才能真正成为人民意志的执行者、人民利益的捍卫者，才能切实创建一个民主法治与公平正义的社会。因此，在探讨生态环境对人民美好生活消费满意度的影响后，本节以廉洁政府建设为视角，研究反腐败国家治理对人民美好生活消费满意度的影响，并从消费需要实现的角度厘清其影响机制，为创新美好生活消费满意度提升的体制机制提供实证支撑。

党的十八大以来，中共中央开始实施八项规定，全面从严治党，开展了一系列高压反腐败运动，使政治环境得到了优化，政府绩效得到了提高，企业和消费者对于市场的预期得到了改善。2012 年 12 月开始，中共中央实施八项规定以及中央巡视组在各部门进行巡视工作的两项重要反腐败措施，对于我国的政治环境产生了深远的影响，沉重打击了贪污腐败行为，促进了廉洁高效政府建设。本节将以党的十八大以来的反腐败运动作为契机，考察廉洁政府建设对居民美好生活消费满意度的影响机制。各省原本的政治环境存在差异，各省反腐败运动也呈现不同的廉洁政府的改善结果，这满足了构造准自然实验所需的条件。因此，本部分将使用 DID 模型来评估反腐败改善政府廉洁度对居民的消费满意度的实际效应。

（一）模型设定

处理组与控制组。处理组和控制组的虚拟变量 Treat，构造思路如下：从《中国检察年鉴》和各省的检察工作报告中，整理出 2012~2014 年各省市副部级及以上官员落马情况。如果某年该省区有副部级及以上官员落马，表明该省政府廉洁改善力度大，否则认为其政府本来就比较高效廉洁，反腐败对其改善成果较小。

因此将有副部级和以上官员落马的省份定为处理组，赋值为 1，否则为控制组，赋值为 0。

由此，本节构建如下形式的 DID 模型：

$$y_{it} = \alpha_0 + \alpha_1 \text{Treat}_{it} + \alpha_2 \text{Reform}_t + \alpha_3 \text{Treat}_{it} \times \text{Reform} + \sum \gamma_r X_{it}^r + \varepsilon_{it} \quad (7\text{-}3)$$

其中，i 和 t 分别表示省区和时期；y_{it} 表示 i 省区个体在 t 时期的消费满意度；α_0 表示常数项；ε_{it} 表示随机误差项；Reform 表示政策虚拟变量，2013 年之前赋值为 0，2013 年及以后赋值为 1；虚拟变量 Treat 为 1 时代表实验组，否则为对照组；交互项 $\text{Treat}_{it} \times \text{Reform}$ 的系数反映了政策实施前后实验组和对照组的消费满意度变化差异；α_3 表示反腐败政策的净效应，即双重差分估计量。如果 α_3 大于 0，说明反腐败提升了居民的消费满意度，否则不存在提升效果。

（二）数据来源及变量定义

本节研究的微观数据基于 2012 年和 2014 年 CFPS 数据。CFPS 是由北京大学中国社会科学调查中心实施的一项全国性社会跟踪调查，数据具有较高的质量。一方面，该调查项目覆盖全国 25 个省区市，样本具有全国代表性。另一方面，CFPS 的调查内容广泛，涵盖个人、家庭和社区三个层面的微观数据，调查问卷包含个人职业、教育状况、工作情况、家庭经济活动、家庭关系等众多问题，符合本节研究的需要。结合本节的研究目的，对数据进行了相关筛选。第一，保留年龄在 18 岁到 80 岁之间的样本；第二，剔除了家庭纯收入和消费性支出小于等于 0 和缺失的样本；第三，剔除个体性别、婚姻状况、户口、家庭纯收入、消费性支出、个人幸福感、家庭生活满意度、未来信心程度等关键解释变量和被解释变量缺失的样本。经过筛选，本节研究共包含 49 130 个样本量，其中 2012 年样本量为 24 185 个，2014 年样本量为 24 945 个。

本节的被解释变量为消费满意度，由于 CFPS 没有直接的消费满意度相关问题，基于对美好生活消费满意度内涵和维度的理解，与上节一样，我们使用个人生活满意度、家庭生活满意度和未来信心程度三个相关变量进行替代。个人生活满意度来自问卷中的"您对自己生活的满意程度？"这一问题的取值为 1~5 分，表示个人生活满意度从非常不满意到非常满意。本节将个人生活满意度赋值为 1~5 的连续变量，数值越大表示个人生活满意度越高。家庭生活满意度来自问卷问题"您对自家生活的满意程度？"，该题取值为 1~5 分，表示家庭生活满意度从非常不满意到非常满意，参照个人生活满意度的赋值方式，将家庭生活满意度赋值为 1~5 的连续变量，数值越大表示家庭生活满意度越高。未来信心程度来自问卷问题"您对自己未来的信心程度？"，该题取值为 1~5 分，表示未来信心程度从很没信心到很有信心，参照个人生活满意度和家庭生活满意度的赋值方式，本节将未来信心程度赋值为 1~5 的连续变量，数值越大表示未来信心程度越高。

同时，回归模型还控制了其他影响消费满意度的个体层面和家庭层面因素，主要包括性别（女性=0，男性=1）、年龄、婚姻状况（未婚、离异和丧偶赋值为0，同居和已婚赋值为 1）、户口（农村户口=0，城市户口=1）、党员（非党员=0，党员=1）、受教育程度、家庭纯收入、家庭消费性支出。

（三）数据描述

表 7-14 分别展示了全样本、处理组、控制组的变量描述性统计结果。从本节使用的全样本看，户主平均年龄为 45.990 岁，49.4%的样本为男性，平均受教育程度为初中，平均家庭纯收入和消费性支出分别为 44 867 元和 44 888 元。平均个人生活满意度为 3.559，家庭生活满意度为 3.689，未来信心程度为 3.856，这三个变量的数值都相对较高。处理组的个人生活满意度、家庭生活满意度和未来信心程度这三个消费满意度的替代变量均值均高于控制组，说明反腐败有利于居民消费满意度的提高。

表 7-14 描述性统计

变量	全样本		处理组		控制组	
	样本量/个	均值	样本量/个	均值	样本量/个	均值
性别	49 130	0.494	18 318	0.490	30 812	0.496
年龄	49 130	45.990	18 318	45.830	30 812	46.090
婚姻状况	49 130	0.832	18 318	0.828	30 812	0.834
党员	49 130	0.080	18 318	0.075	30 812	0.083
户口	49 130	0.290	18 318	0.288	30 812	0.292
受教育程度	49 130	2.675	18 318	2.642	30 812	2.695
家庭人口数	49 130	3.219	18 318	3.267	30 812	3.190
家庭纯收入	49 130	44 867	18 318	45 720	30 812	44 360
消费性支出	49 130	44 888	18 318	46 183	30 812	44 119
个人生活满意度	49 130	3.559	18 318	3.712	30 812	3.468
家庭生活满意度	49 124	3.689	18 314	3.822	30 810	3.61
未来信心程度	49 011	3.856	18 265	3.960	30 746	3.794

（四）实证分析结果

1. 基本实证结果

八项规定是以习近平同志为核心的党中央加强政治体制廉政建设的重要步骤，八项规定对于腐败行为的严厉打击，对于重塑我国清正廉洁的政治环境发挥了巨大作用。现有文献研究也证明，腐败是造成市场机制效率下降（董斌和张兰兰，2020）、收入不平等（薛宝贵和何炼成，2015）、居民幸福感下降（林相森和周玉雯，2018）等经济和社会矛盾加剧的因素之一。这意味着八项规定的实施加强了廉洁高效政府建设，对于居民消费满意度形成了正向的外生冲击，因此本节运用 DID 模型评估其实际效果和作用机制。

表 7-15 报告了双重差分基准回归的结构。交互项结果为正表明，八项规定推动的反腐倡廉行动对居民主观幸福感有正向影响。其中，反腐倡廉显著提高了居民家庭生活满意度，增强了个人对未来生活的信心，并对个人生活满意度也有正向影响。因此，反腐败不仅使居民当前主观幸福感得到显著提升，还增强了居民对未来的预期，降低了居民受不确定性冲击的感知。

表 7-15　反腐败与主观幸福感

变量	个人生活满意度	家庭生活满意度	未来信心程度
处理组×改革后	0.043 （0.032）	0.105*** （0.032）	0.103*** （0.033）
改革后	0.040 （0.028）	0.009 （0.028）	−0.066** （0.029）
常数项	−1.095 （7.566）	−16.598** （7.442）	−14.319* （7.737）
控制变量	是	是	是
年份固定效应	是	是	是
省份固定效应	是	是	是
观测值/个	49 130	49 124	49 011

*、**、***分别表示在 10%、5%、1%的置信水平上显著，括号内为稳健标准差

2. 机制分析

根据钟覃琳等（2016）、王贤彬等（2017）、谭瑾等（2018）的研究，发现反腐败能够优化市场经济环境，提高企业生产经营效率。反腐败通过优化制度供给，为企业和消费者提供良好的制度环境，减少生产要素无效配置和产品的无效供给，从而为消费者提供更优质的产品和服务，提高消费者的消费购买。

为了进一步探究反腐败对居民消费满意度的潜在影响机制，本节将从家庭总消费角度切入分析，其回归结果如表 7-16 所示。表中第（1）列结果显示，反腐

败显著提高了居民家庭总消费支出，增强了居民消费意愿。为了进一步分析家庭总消费上升的原因和明确反腐败对家庭消费的作用机制，我们将家庭消费分为以文化教育娱乐、医疗保健为主的享受发展型消费，以及以食品、衣着、家庭设备和日用品、交通通信支出为主的生存型消费。表 7-16 的第（2）列和第（3）列分别报告其实证结果。结果显示，反腐败对居民生存型消费和享受发展型消费都有显著的刺激作用，但对享受发展型消费的刺激显著大于生存型消费。因此，反腐败在一定程度上增强了居民消费意愿，改善了居民消费结构。

表 7-16　反腐败与家庭消费支出

变量	总消费支出 （1）	享受发展型消费 （2）	生存型消费 （3）
处理组×改革后	0.057** （0.022）	0.184*** （0.065）	0.137*** （0.025）
改革后	−0.050** （0.020）	−0.083 （0.056）	−0.101*** （0.022）
常数项	18.675*** （5.270）	−64.734*** （15.153）	41.723*** （5.821）
控制变量	是	是	是
省份固定效应	是	是	是
年份固定效应	是	是	是
观测值/个	49 130	49 130	49 130

、*分别表示在5%、1%的置信水平上显著，括号内为稳健标准差

以上实证结果表明，反腐败国家治理促进了廉洁高效政府建设，规范了政府权力运行，为居民和企业营造了良好的制度环境，有利于增强居民对未来的信心，提高居民消费意愿和消费支出，从而使得经济的发展成果更加惠及人民，为居民消费满意度和主观幸福感的提高提供制度保障。因此，在向美好生活过渡中，推动廉洁高效政务环境、公平公正法治环境、亲民为民服务环境形成的体制机制创新，能够促进人民美好生活消费满意度的充分提升。

第五节　本章小结

一、主要研究内容及观点

新时代社会主要矛盾的变化实质指向了"人的全面发展"。增强广大人民的

获得感、幸福感、安全感是对社会主要矛盾转化的呼应。"民生三感"涵盖了我国人民美好生活向往中，对物质文化、民主、法治、公平、正义、安全、环境等全方位诉求。因此，本章以获得感、幸福感、安全感为出发点和落脚点，紧扣促进人民美好生活消费满意度提升这一主题，首先，从个体和社会层面、宏观和微观层面界定了人民美好生活消费满意度的内涵和维度；其次，选取 3 个一级指标、12个二级指标、33个三级指标构建和测度了人民美好生活消费满意度指数，深入分析当前距离美好生活消费需要实现的差距及矛盾表现；最后，选取生态环境和国家治理因素视角，研究了环境等非经济因素对消费满意度的影响机制与效应。使用城市空气污染数据和 CHFS 2015 年、2017 年数据，实证分析了空气污染、对家庭主观幸福感的影响，利用DID模型实证评估了2015年《中华人民共和国环境保护法》的实施对消费满意度的影响。利用 2012 年 12 月开始八项规定、三公经费公开等反腐败外生冲击，采用反腐败数据、消费满意度指数和 CFPS 2012 年及 2014 年数据，使用 DID 模型实证评估了我国反腐败国家治理政策对消费满意度的影响。主要观点如下。

第一，美好生活消费满意度是消费满意度的时代升华，具有"以人为本、更高水平与层次、多元需求和发展、更强调在消费需求实践中的主观体验"等特点。一般意义上的顾客满意度、消费决策幸福感，其内涵仅仅限制在消费者对消费过程、消费产品和服务的主观感受，主要侧重个体对微观消费因素的满意度，如消费产品或服务的质量和水平。美好生活消费满意度是对消费满意度的时代升华，是贴近消费主体，体现人文关怀的指标，肩负引导人实现全面自由发展的责任，"以人为本"是其贯穿始终的核心要义。脱胎于美好生活需要的美好生活消费满意度是放眼于更高水平，注目于更高层次的概念，是满足人民美好生活仍需不断努力的发展方向。美好生活消费满意度是致力于反映社会多元诉求，体现综合多主体共同发展需要的担当，是对美好生活下的消费意愿和消费体验的时代测量。

第二，人民美好生活消费满意度指标体系包含人民获得感、安全感、幸福感三大维度。我国人民美好生活消费满意度水平持续稳定上涨，获得感的提升拉动了进入新时代近十年来我国消费满意度的总体提高，安全感和幸福感包含的非经济因素是阻碍人民美好生活满意度提升和美好生活消费需要实现的主要因素。人民获得感是提高美好生活满意度的基础，主要涉及消费过程、消费水平和消费社会环境等维度；安全感是保障，主要涉及消费环境、民主与法治、生态环境等维度；幸福感则是获得感和安全感的升华，主要涉及享受发展型消费、人的全面发展需求等维度。根据测算我国 295 个城市 2011~2018 年美好生活消费满意度指标及其变化情况发现：美好生活消费满意度水平持续稳定上涨；"民生三感"之间的得分水平和发展趋势存在差异，得分高低依次为获得感、安全感、幸福感，获得感的提升拉动了近十年来我国消费满意度的总体提高；我国目前相关的经济体制和消费体制改革仍未能有效抓住人民美好生活消费满意度提升的痛点和难点；安全感和幸福感包含的非经济因素将成为居民满意度提升最主要的因素。因此，努力使民生投入转化成人民实实在在的满意度提升，降低美好生活消费满意度提升中的软约束是政府亟待解决的问题。

第三，美好生活消费满意度提升中的内外部环境约束制约着美好生活消费需要的实现，优化消费环境、生态环境和提升国家治理能力，能有效提高消费满意度与消费质量。环境污染是导致我国经济增长与人民幸福感呈倒"U"形关系的重要因素之一。通过实证研究发现，环境污染会显著降低居民健康水平，提高家庭医疗保健支出与预防性储蓄动机，对居民消费产生挤出作用，降低了居民消费获得感和安全感。2015年《中华人民共和国环境保护法》的实施不但改善了生态环境，也提高了人民的获得感、安全感和幸福感。可见，创新改善生态环境的体制机制，不但是改善生态环境、促进人与自然和谐发展的手段，也是充分提升美好生活消费满意度的重要途径。党的十八大以来，对腐败行为的严厉打击，极大推动了廉洁高效政府建设。通过实证研究发现廉洁高效政府是美好生活消费满意度充分提升的重要保障，反腐败国家治理政策增强了居民对未来的信心，提高了家庭消费意愿和消费支出，在一定程度上改善了家庭消费结构，美好生活消费满意度和主观幸福感也得到充分提升。

二、主要政策建议

与以往利用补贴政策促进消费的方法不同，未来促进消费增长破除人民日益增长的美好生活需要和不平衡不充分的发展之间的矛盾，除了进一步深化供给侧结构性改革外，还应该以完善我国制约社会民生不充分发展的体制机制为中心，以提高人民美好生活消费满意度为重点，以促进人的全面发展为目的，在新时代背景下以保障和提高"民生三感"为出发点和落脚点，丰富人民美好生活消费满意度指标测度，准确把握我国新时代背景下消费满意度现状，在不断增强人民获得感的同时，需重点关注居民幸福感、安全感等非经济因素诉求的增长。

第一，在获得感方面，不断推进供给侧结构性改革，推动经济平稳运行，为居民消费提供坚实物质基础。目前居民获得感是居民美好生活消费满意度提升的主要动力，提高获得感、打好消费满意度提升基础的重点在于深入推进供给侧结构性改革，促进国内大循环的形成。这是在新冠疫情和国际形势复杂多变背景下，持续提升居民收入水平，丰富国内消费供给，为居民消费满意度的提升创造坚实物质基础的关键所在。

第二，应重点关注安全感、幸福感所涉及的民主、法治、公平正义及生态环境和公共服务领域的均衡，防范经济增长与居民主观幸福感倒"U"形关系的形成。生态环境、政治环境以及社会公共服务等非经济因素将成为影响我国居民消费满意度和整体主观幸福感的关键。基于社会共治理念，着重从消费者、企业、政府和社会导向四个角度出发，改善非经济因素，满足居民多层次需求的关键。

三、主要创新点

第一，在新时代背景下以保障和提高"民生三感"为出发点和落脚点，本章把新时代人民诉求的获得感、幸福感和安全感纳入指标体系设计，深入研究了人民美好生活消费满意度的内涵和指标测度，为分析消费者满意度与美好生活期待的差距及表现提供了数据支持，也拓展了消费满意度的理论研究视野。

第二，利用构建的美好生活消费满意度指标体系，结合 CHFS、CFPS 等微观数据库，实证分析了生态环境和国家治理等消费外部环境因素对消费满意度的传导机制与影响效应。短期可为优化消费环境、促进消费提质扩容、加快形成强大国内市场提供政策参考，长期可为破解阻碍美好生活消费满意度提升在体制机制上存在的薄弱环节和改进方向提供微观经验证据。

第八章 促进人民美好生活消费需要的政策设计与改革路径

2012 年以来中国特色社会主义进入了新时代，经济已由高速增长阶段转变为高质量发展阶段，人民对消费需要的要求已从"基本消费需要"转变为"美好生活消费需要"，对消费业态、消费品质、消费环境等方面提出了更高的要求。长期以来，消费常常被理解为经济增长的手段而非目的，导致消费总量快速增长的同时，仍存在一系列消费阻力使得消费质量和消费满意度并没有同步提高。根据前几章的事实描述和实证分析，可知消费发展不平衡不充分问题仍然广泛存在，居民消费率偏低、消费不平等较大、消费提质升级缓慢、消费满意度还不高、消费制度建设进程缓慢，新时代实现人民美好生活消费需要，亟待破除制约消费平衡充分发展的体制机制障碍。

第一节 完善促进消费体制机制改革的总体思路

在当前以及未来的一段时期内，我国消费领域的供给侧和需求侧同时存在着体制机制障碍。在新时代，国内外经济环境发生了深刻变化，制约着我国新消费进一步发展。当前的供给体系滞后于国内中等收入群体不断升级的消费需求，也无法满足居民日益多样化、追求个性化和享受高端化的消费需求，低端产品供给过剩与中高端产品和服务生产不足矛盾并存，导致居民消费升级受阻、消费满意度不高；在需求方面，受制于收入分配制度不合理、收入差距依然悬殊，以及基本公共服务等消费配套政策不完善，我国居民消费增速较慢，消费不平等仍广泛存在。

面对供给侧和需求侧同时存在的问题，需要在供给侧和需求侧两端同时发力，促进消费稳定、健康、有效增长。供给侧结构性改革着重于消除生产端的制度障碍，激发市场主体的活力，使得生产要素资源得到有效配置，供给侧结构性改革的着力点是经济运行的起点，更加突出"治本"的概念，从产业结构、企业生产、要素配置等角度解决问题；而需求侧管理的针对点是经济运行的结果，采取增加收入、鼓励消费等途径扩大需求，主要的政策手段是短期的逆周期的宏观调控措施。供给侧结构性改革重在促进消费供给质量、适配性和效益的提高，需求侧管理则侧重于消费需求的稳定、健康、平衡增加。

需求与供给相互依存、互为条件，需求可以催生供给，供给可以创造需求。缺乏需求，供给就无法得到实现；没有供给，需求就不能有效满足。完善促进人民美好生活消费需要的体制机制改革，应将需求侧的短期调控和供给侧的长期优化结合起来，从供需双侧同时发力，协同推进，使得供给体系和国内需求更加适配。完善促进人民美好生活消费需要体制机制的需求侧管理应以完善收入分配调节机制、提升居民消费能力为主导，并建立健全消费的配套政策体制以提高居民消费意愿；供给侧结构性改革应以深化供给侧结构性改革、推动供给体系更加适配国内需求、强化居民消费预期为首要任务，并改善消费环境、政治环境、法治环境、文化环境和生态环境以提高居民消费满意度和消费质量。本书政策设计的总体框架结构安排如图 8-1 所示。

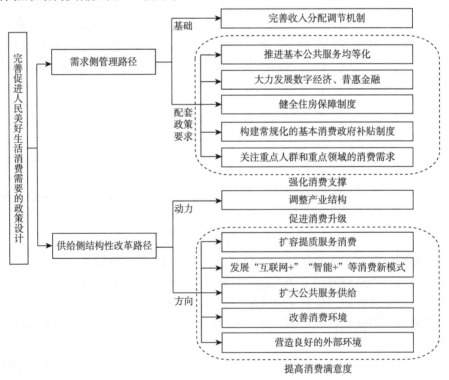

图 8-1　完善消费体制机制政策设计的总体框架

第二节　完善促进消费体制机制的需求侧管理路径

消费的需求侧体制机制相关改革，重点是通过完善收入分配调节机制提高居民收入水平，特别是提高低收入群体收入水平，拓宽中等收入群体的增收渠道，提高居民消费能力，巩固居民消费支撑；完善消费配套政策，减少居民预防性储蓄，降低居民流动性约束，增强居民消费意愿，消除当前我国国内经济大循环的关键阻力。

一、完善收入分配调节机制，提升消费能力，巩固消费基础

继续完善收入分配调节机制，优化收入结构，促进居民收入稳定、健康、平衡增长，从收入端提升居民消费能力。"十四五"规划期间，我们一方面要重点关注低收入群体的收入和消费水平过低问题；另一方面更需要通过增加工资性收入、财产性收入和个税改革政策，着力释放中等收入群体的消费，这是跨越中等收入陷阱、畅通国民经济循环的现实要求。

（1）从工资制度、劳动者报酬等入手继续完善初次分配机制。增加劳动报酬收入，适当减少资本、土地和技术等要素报酬收入，减少政府收入。从工资制度、劳动者报酬等入手继续完善初次分配机制。初次分配的主要功能是依照生产要素的贡献进行报酬分配，提升要素配置的效率。继续完善初次分配机制，按照"健全劳动、资本、土地、知识、技术、管理、数据等生产要素由市场评价贡献、按贡献决定报酬的机制"的要求，提高劳动者报酬在国民收入中的比重，促进各生产要素在市场中畅通合理高效流动起来。提升劳动者报酬是坚持"按劳分配为主体"的具体体现，也是现阶段改善初次分配制度的核心任务。当下我国居民收入的主要来源是工资，劳动者报酬在初次分配中所占的比重偏低会加大区域、城乡收入差距，损害经济发展的内生动力。提升劳动报酬有助于缩小城乡、区域收入差距，提升居民消费能力，扩大内需和调整经济结构，加快经济实现内循环。

提高劳动者报酬在国民收入中的比重虽然能提高居民整体的收入水平，但是并不能解决居民内部初次分配收入差距的问题，因此需要"提低限高"，建立健全工资、薪酬支付保障机制。应建立反映劳动力市场供求关系和与企业经济利益相适应的工资增长机制，打通工薪阶层正常的收入稳步增长渠道。良好的工资增长机制既能调动生产积极性，又能提高收入预期，提升消费信心。各地区要根据

经济发展、物价增长情况科学制定最低工资政策，提高法定"最低工资"标准，较大幅度提高农民工的工资水平；制定国有企业、事业单位高管薪酬增幅机制，防止企业、行业内部收入分化，缩小企业内部、行业间的工资差距。同时，拓宽居民劳动收入和财产性收入渠道，坚持就业优先战略，严格落实创业相关的税费减免、创业补贴相关政策，通过创业带动就业，以就业促增收。财产性收入的多寡一直是衡量居民富裕程度的重要指标，当前居民财产性收入占比普遍偏低，要更加重视规范完善资本市场的金融秩序，创新金融产品，多渠道多方式拓展金融投资、拓宽城乡居民投资理财的渠道、途径和收益，真正增加财产性收入。

（2）建立健全税收、转移支付等再分配机制。再分配的主要功能是保证收入分配的公平公正，防止两极分化，实现发展成果由全体居民共享。再分配实施过程中要遵循共享的发展理念，以民生和公共服务为重点。第一，优化税制结构，提升收入分配效果。进一步提高个税起征点，扩大中等收入群体比重，设立居民高收入调节税，开征遗产税、房产税和赠与税。企业方面，进一步降低货劳税比重，完善抵扣税链，降低增值税税率，推进减税降费力度，适当增加奢侈品和资源耗费型消费品生产税率。第二，加大对低收入群体和农村居民的转移支付力度。前文实证分析显示收入不平等是影响消费不平等的关键因素，降低收入不平等是降低消费不平等的根本途径。转移性收入作为对低收入群体和农村居民家庭收入的第二大来源，提高转移性收入对降低消费不平等有较大贡献。要把转移支付作为调节收入分配、提升收入分配公平正义的重要抓手。

（3）规范初次分配和再次分配秩序，适时发展三次分配制度。科学合理的分配秩序是落实收入分配的制度保障。规范收入分配秩序，第一，要建立健全工资支付保障机制，维护劳动者的合法权益，加大工资支付的监察执法力度，将存在恶意拖欠工资行为的企业纳入重点监控范围和作为重点打击对象。第二，规范非工资性收入分配秩序，严防非法收入。国有企业、事业单位严格落实八项规定，严控"三公经费"支出，建立健全国有资本收益分享机制和规范国有企业收入分配秩序，提升国有企业利润上缴比例。严格规范、适度范围内公开透明国有企业、事业单位及党政机关的各种津贴、补贴、奖励发放机制，坚决取消非法、不合理的津贴奖励。落实领导干部如实报告收入、房产、投资、配偶子女就业等情况的规定，堵住非法收入来源渠道。第三，适时发展第三次分配制度。以"社会之手"推动，以共享为分配理念，第三次分配制度是初次分配制度和再次分配制度的有益补充。要完善与第三次分配相配套的法规和政策体系，建立健全捐赠制度和营造宽松的捐赠政策环境。明确政策在第三次分配中的定位，将建设与我国国情相适应的慈善组织机构和内外部监督机制有机结合起来，在第三次分配中体现出社会责任感、社会分配价值取向和社会温度。

（4）提升农村居民收入水平。农村居民收入的增长直接关系到收入分配制度改革的成效，也直接关系到城乡收入差距缩小和城乡消费均衡发展。提升农村居民收入，是激活、扩大农村消费市场、化解城乡消费不平等的必然选择。为此，有必要构建促进农民增收长效机制。第一，以农业供给侧结构性改革为主线，按照"产业兴旺"的发展要求，优化农业产业体系，调整产业结构，发挥资源比较优势，因地制宜，建立现代产业园区，走出特色产业化道路，促进一二三产业融合发展，形成具有农村特色的产业发展新格局。优化生产体系，大力推进农业现代化，利用现代科学技术创新农业生产方式，降低农业生产成本，适当提高农产品价格，提高产品质量与效益。创新经营体系，推进信息化经营管理模式，创新农商互联发展模式，通过农商互联了解市场需求导向，全面、深入、精准对接农业订单，创建长期稳定有效的产销衔接机制，提升农业产业整体竞争力，持续增加农民收入。第二，深化农村产权制度改革，增加农民财产性收入。通过"三权分置"的办法，创新完善农村基本经营制度，适度放开空间，允许农村土地流转、土地互换、土地入股，完善农村宅基地制度，慎重稳妥推进农民住房财产权抵押、担保、转让，探索更多增加农民财产性收入渠道。

二、推进基本公共服务均等化，提升消费意愿，强化消费支撑

推进基本公共服务均等化，是改进居民收入与消费预期，释放消费潜力的重要手段和途径。

（1）提升地方政府财权。提升地方政府财政分权水平是加强地方政府公共服务支出的有力支撑。过度依赖土地财政和不断增发的债务已使地方政府陷入债务困境，扩大地方政府财权以缓解财务压力增加其在基本公共服务支出中的投资动力。中央政府应针对性地对地方政府民生性财政支出制定专项转移支付，并要求地方政府给予相配套的资金支持。

（2）坚持政府主导，合理引入市场机制。打破政府垄断，通过市场机制或社会机制引入公共服务供给是实现多样化公共服务需求的不二选择。在医疗、养老及教育等方面，在政府提供购买的框架下根据公共服务的细分种类、内容适当引入市场资本、社会资本投入，探索多主体供给基本公共服务的有效治理模式。此外，也可借鉴基本养老金入市经验，进一步推进医疗保险金入市，实现社会保障资金的保值增值。

（3）改善重点区域、重点人群的基本公共服务系统。当下城乡和区域间的基本公共服务支出不平衡是我国基本公共服务均等化发展的主要障碍，也是抑制消费均衡发展的软短板。更好满足居民公共服务需要，弥补公共服务差距，按照

2019 年《中共中央 国务院关于坚持农业农村优先发展做好"三农"工作的若干意见》中"优先安排农村公共服务，推进城乡基本公共服务标准统一、制度并轨，实现从形式上的普惠向实质上的公平转变"的要求，以乡村振兴战略和精准扶贫为契机，地方政府公共服务资金适度向农村地区倾斜，完善农村社会养老保险、医疗保障制度。建立健全完善失地农民的社会保障体系、农村受灾群众救助、农村最低生活保障等制度，保障农民基本公共服务消费需求，避免因学致贫、因病致贫、因老致贫等现象发生。通过提高农村社会保障水平，促进农村消费潜力进一步释放。同时，补齐流动人口基本公共服务短板，与本地居民相比，流动人口在就业、教育、医疗、住房等方面享受不到相同的社会保障与公共服务，流动人口存在强烈的预防性储蓄动机，挤压了其基本消费需求。政府应该加大力度改革抑制流动人口消费的户籍制度、就业制度、教育制度、医疗制度和住房制度等制度，增加流动人口对本地的认同感和归属感，消除流动人口扩大消费的后顾之忧，提高流动人口的消费意愿。

三、大力发展数字经济、普惠金融，促进消费均衡发展[①]

我国数字经济发展持续深化，"互联网+"、平台经济、电子商务已经深刻融入国民经济各个领域和各个环节，大力发展普惠金融，提高金融服务的便捷性和普惠性，有助于破除传统金融服务创造的机会不平等，使得金融服务惠及全体社会成员，尤其是为中西部农村地区降低金融服务的门槛，提供金融服务的机会，普惠金融已经成为促进居民消费均衡发展的有效举措。

（1）努力实现普惠金融需求群体的机会平等。2020 年上半年，社会消费品零售总额 172 256 亿元，同比下降 11.4%[②]。面对 2020 年上半年的消费增长预势，消费需求空间巨大的中西部农村地区更需要加大提供前端基础设施，加快覆盖基础网点；借助数字普惠金融赶上互联网金融的浪潮，让低收入人群也能通过手机银行办理业务，通过在线支付进行购物和获取服务；以物流和信息技术打破城乡二元结构的客观限制，降低农村消费价格，促进乡村消费升级。

（2）加快促进普惠金融供给主体间的有效配合。当前我国的普惠金融还处于初步发展阶段，更需要内生外生协同用力，以制度供给先行带动内容供给，再以内容供给成果优化制度供给。作为制度供给主体，政府应该加快农村土地确权，提高农民的贷款能力；大力支持数字金融的发展，完善相关法律法规，为金融参与者消除后顾之忧，通过降低储蓄需求，实现充分消费。作为内容供给主

---

① 本节引自邹红等（2019）的研究。
② 资料来源：国家统计局网站。

体，金融机构需要加快建设高效的运作体系，全面优化信用等级评定，改进信贷抵押制度，将更多弱势群体划入信贷范围，通过减轻财务负担，提升消费水平。

（3）大力增进普惠金融与民生政策的有机结合。2020 年中央一号文件再次强调推动金融资源向农村倾斜，促进农村普惠金融发展。在乡村振兴的过程中，加大金融支农力度，需要逐步从特惠金融向普惠金融转变，继续把发展乡村产业作为主攻方向，破除农村生产的"天花板"，以乡村产业振兴带动消费升级；在基层治理的过程中，推进基层金融网点与基层治理组织的协作，选举金融联系员，设立金融代理点，建立金融反馈机制，提升金融服务质量，保障本地金融资源不向外转移的同时吸引农民工工资"返乡"，为本地经济发展提供资源，以县域经济发展带动消费发展。

四、健全住房保障制度，释放消费活力

建立健全房地产市场平稳健康发展的长效机制，减轻居民住房债务负担，降低住房债务对居民消费的抑制作用，有利于释放居民消费活力。稳定的房价是提振中低收入者的消费意愿和消费能力的重要前提，坚持"房子是用来住的、不是用来炒的"的房地产政策定位，综合运用财税、土地等相关政策手段，建立健全符合当前我国房地产实际情况的体制机制，稳定房价。

（1）完善住房保障体系。坚持商品住房市场调节为主、加大保障性住房供给力度、发展共有产权住房，继续完善以经济适用房、共有产权房、廉租房和人才保障房为主体的保障性住房供应体系，增加对低收入家庭的住房补贴，加大对低收入人群和无房群体的保障力度和保障范围。进一步打破外来流动人口户籍制度的限制，逐渐实现流动人口、外来务工人员在商品房的购买、住房贷款的申请，以及住房公积金的使用等方面能够享受与本地居民同样的权利，消除符合条件的外来人口购房的政策限制。在财政和信贷方面对于符合条件的群体予以支持，多渠道多举措解决居民住房问题。

（2）积极引入社会资本，增加保障性住房供给。随着我国城镇化的持续推进，低收入群体、流动人口，特别是无房群体对保障性住房的数量和质量提出了更高的要求，但鉴于政府自身财力和能力限制，难以及时有效满足居民保障性住房的需求，而且保障性住房具有公共产品的属性，因此政府需要在政策上加以引导，降低保障性住房的准入门槛，鼓励社会资本投入保障性住房的建设，在土地供给、税收减免、财政补贴和银行贷款方面给予一定的政策支持，通过实施一系列的优惠政策措施，调动社会资本建设保障性住房的积极性，拓宽保障性住房供应主体，增加保障性住房供给数量。

（3）推进发展住房租赁市场。大力发展以公租房、廉租房为主体的房屋租赁市场，完善以市场调节为主、政府提供基本保障的房屋租赁体系，规范住房租赁机构，建立住房租赁信息发布平台，消除住房租赁市场的信息不对称，支持居民出租住房，培育住房租赁市场的多元供应主体。

五、构建常规化的基本消费政府补贴制度，激发消费潜力

构建常规化的基本消费政府补贴制度，激发居民消费潜力。将基本消费补贴制度加入政府长期规划。以往我国也出台了一系列消费补贴政策，但是存在一些问题，以往的消费补贴政策往往都是应对经济下行采取的临时应对措施，如为了应对 2008 年金融危机，出台了"家电下乡"政策以刺激消费，这种短期的消费补贴政策不具有系统性和长期性，在经济形势好转后，补贴政策也会随之停止，无法达到长期的消费刺激效果。为了充分发挥补贴政策对于消费的刺激作用，政府应该构建常规化的基本消费政府补贴制度，将消费补贴写入政府长期规划。

（1）提高消费补贴力度，扩展消费补贴范围。建立涵盖 5G（5th generation mobile communication technology，第五代移动通信技术）手机、电视、电脑等智能数码产品、新能源汽车、节能家电产品的补贴体系，促进基本消费政府补贴制度对于智能消费和绿色消费的带动作用。创新补贴手段，综合运用消费券、以旧换新和节能惠民等手段进一步释放居民消费。

（2）提高消费补贴政策的精准度。消费补贴政策作为一项财政补贴制度，既在一定程度上起到了社会财富再分配的作用，又能促进相关产业的发展，因此消费补贴政策不能"大水漫灌"，而是应该精准补贴、定向补贴，提高消费补贴的精确度，使消费补贴政策发挥最大作用。补贴制度应该重点关注中低收入群体的消费需求，对于符合条件的中低收入群体，建立消费的现金补贴制度，定期向低收入家庭发放食品券，通过增加这部分中低收入群体的收入水平，稳定消费信心，提高消费意愿和消费能力，保障基本民生消费需要。同时，消费补贴政策应该着力于补贴绿色产品、节能产品和环保产品，树立绿色、环保、健康的消费理念，在一定程度上推动产业结构转型升级。同时，不同群体的消费需求存在巨大的差异，要最大限度地发挥补贴制度对于消费的促进作用，需要针对性地制定差异化的补贴制度，定向进行补贴。对于低收入群体，补贴制度应着力于吃、穿、用等基本消费品的消费需求，对于中等收入群体，补贴制度应该重点关注医疗保健、休闲娱乐、文化旅游等享受发展型消费。通过精确补贴、定向补贴，激发居民的消费意愿，提高居民消费能力。

六、关注重点人群和重点领域的消费需求，补齐消费短板

美好生活消费需要的实现，既要关注养老、托幼等重点领域，抓住重点领域发展规律与特点，结合供给侧结构性改革，着力发展新的消费增长点，扩大消费需求。同时，还应重点关注低收入群体等重点人群的消费需求，抓住不同群体的消费特性、消费新现象，针对性地提高特定群体的消费水平。通过刺激重点人群和重点领域居民的消费需求，补齐消费需求的短板，以扩大居民消费需求。第一，实现消费供给分层，在为高收入群体提供个性化高质量产品供给的同时，也要关注中低收入群体优质低价的消费需求，构建多层次的消费供给体系。针对低收入群体，以低收入群体的消费需求为导向，促进供给提升、产业发展。引导企业面向低收入群体的吃、穿、住的基本消费需求，生产满足低收入群体需求的优质低价商品，培育更加成熟、细分的低收入群体消费市场，保障低收入群体的基本消费需求。第二，针对养老和托幼等重点领域。立足于我国人口年龄结构特点，针对我国人口老龄化和少子化的现实情况，补齐"一老一小"消费服务的短板。发展多样化的养老服务，大力发展社区养老服务，完善医养结合养老模式；加快建设以普惠型为主的婴幼儿社会化照护体系，不断完善公共托幼服务体系，满足居民民生性消费需要。

第三节 完善促进消费体制机制的供给侧结构性改革路径

消费的供给侧体制机制改革，主要是基于共同治理理念，形成政府、企业和居民广泛参与的社会共治格局，持续推进消费的供给侧结构性改革，提高产品和服务供给的适配性和质量，促进居民消费升级；改善消费环境、营造良好的政治环境、法治环境、文化环境和生态环境，提高居民消费满意度和消费质量。

一、调整产业结构，扩大有效供给，促进居民消费升级

调整产业结构，扩大有效供给，实现供需的动态平衡，促进居民消费升级。当前，我国经济已经进入新发展阶段，2020 年《中共中央关于制定国民经济和社会发展第十四个五年规划和二〇三五年远景目标的建议》提出，"加快构建以国

内大循环为主体、国内国际双循环相互促进的新发展格局"，这一规划深刻揭示了必须坚持以供给侧结构性改革为方向，以扩大内需为基点，使生产、流通和消费重点依托于国内市场，提高国内供给体系对于消费的适配性，形成需求拉动供给、供给创造需求的动态平衡。有效需求依赖于有效供给，供给对需求有制约、促进和创造的作用。目前我国有效需求不足与高端供给不足矛盾并存，商品和服务的供给与需求存在错配，总量供给过剩，但是结构性供给短缺的现象普遍存在，难以满足居民消费升级的需要。为解决这一矛盾，需要建立需求长效机制，立足于生产、分配、交换和消费的经济全过程，以扩大消费需求为根本目的，从政府和企业角度出发刺激需求，注重供给管理，提高有效供给。

（1）深入落实创新驱动发展战略，提高供给质量。政府应深入落实创新驱动发展战略，构建以企业为主体、以市场为导向、产学研相结合、军民相融合的创新体系，促进技术、管理、商业模式、产品等多层次多方向的创新，使国内消费供给侧精准及时对接消费需求侧。通过税收、科技支持等政策，支持企业加大科技研发投入，加大产品创新力度，利用物联网、云计算、大数据推动相关产品和服务的智能化升级，进一步提升智能手机、计算机、消费级无人机和可穿戴设备等高技术产品的供给质量，满足居民消费升级的需要；完善知识产权服务体系，加大知识产权执法力度，从根本上解决制约知识产权保护的突出问题，形成稳定的创新预期，为新产品、新技术、新创意、新理念保驾护航。

（2）针对消费新业态，提高供给适配性，增加产品和服务的有效供给。当前居民的消费形态更加多样化、多元化，企业需要改革供给结构以满足居民消费需要，以《中国制造 2025》行动纲领为契机，充分发挥中国制造业的比较优势，弥补当前在高、精、尖类制造业产品上的供给不足。增加高端、前沿的科学技术研究经费投入，激发创新能力，充分运用大数据、云计算、人工智能推进个性化、多样化定制生产，满足多元化的消费需求。

二、大力优化市场供给，扩容提质服务消费

推动服务消费高速优质发展，做大做强服务消费市场，提升居民的消费获得感和消费满意度。当前，在居民消费支出中，传统消费与品质消费占比此消彼长，服务消费增速明显加快，服务消费已经成为新的消费增长点，居民的消费需求已经从过去基本温饱满足阶段，转变到目前享受消费品质的新阶段。然而，受制于产品质量总体不高、服务消费供给短缺、消费环境较差等因素，我国居民消费需求升级的潜力尚未得到充分释放。

（1）健全服务标准体系。推进新型服务消费标准体系建设，支持行业协

会、研究机构、企业组织研究建立支撑新型服务消费的行业标准，加快推进市场监测、消费者权益保护等机制的建设，提升新型服务供给的数量和质量。

（2）建立相应的产业政策，促进服务行业的发展。在教育文化娱乐领域支持发展数字影音、娱乐直播、网络游戏等数字文化内容，在休闲旅游领域加快落实带薪休假、错峰休假和弹性作息制度，在家政服务领域可以建立家政服务保险制度。通过优化服务消费供给结构和提升供给质量，提供特色化、定制化和个性化的服务消费。

（3）进一步放开服务消费市场准入，鼓励民间资本进入服务消费领域，壮大服务消费行业。当前，民众对高品质养老、家政和托幼等民生性服务需求非常旺盛，而相关服务的供给不足严重制约了消费需求增长。政府应该进一步放开养老、家政和托幼等民生性服务行业的进入门槛，养老领域加快取消养老机构的政府设立许可，支持民营资本通过入股、收购的途径推动公立养老机构改革；家政领域鼓励符合条件的院校开设家政服务相关专业，培养高端家政服务从业人才。教育领域进一步扩大城乡普惠性学前教育覆盖范围，通过减税补贴、购买服务的方式，支持民间资本投资办园。以制度创新提高服务供给数量和质量，释放居民潜在需求，助推新兴消费服务业发展。

（4）充分利用"互联网+"技术，创新服务供给方式。充分利用"互联网+"技术，创新信息服务、教育文化娱乐、旅游休闲等服务供给方式，加快健康养老、智慧医疗、家政服务、教育培训、托幼等服务消费智慧化、品质化、便捷化、融合化发展，创新服务模式，挖掘新的服务消费增长点。应加强服务消费数据信息共享、信用信息公开，特别是尽快建立健全与新消费业态相适应的市场监管新体系，加大在线服务消费资质监管，打造智能、绿色、健康、安全的网络消费平台，切实保障消费者权益，提升消费者进行服务消费的参与感和获得感。

三、发展"互联网+""智能+"等消费新模式，培育新的消费增长点

大力发展"互联网+""智能+"等消费新模式，有利于壮大新型消费，培育新的消费增长点。鼓励线上线下融合发展的消费新模式，支持电商平台创新服务模式，引导实体零售业数字化转型，围绕"云消费"促进传统销售和服务上线升级，推广消费新技术、新模式、新场景的普及和应用，支持依托互联网的外卖配送、即时递送、网约车、共享单车、共享充电宝等消费模式的发展。抓住数字化发展机遇，发展移动支付、网络平台等媒介，通过在线经济和科技创新协同推进消费信息化、数字化、智能化。深入推进服务消费数字化，丰富新一代移动通信技术应用场景，加快文化旅游、健康养老、家政服务、教育培训、托幼等服

务消费信息化、品质化、便利化、融合化发展，创新服务模式，扩容新的服务消费增长点。通过科学规划，建设一批新业态布局，满足"宅经济""云生活"等新消费需求，支持线下企业拓展线上业务。通过线上消费直播、电商平台消费、打造地方特色消费购物节或消费促销活动等方式，打造高品质的线上线下融合发展的消费模式。提升消费者的参与感、获得感和满意度。

"互联网+""智能+"等消费新模式的发展需要信息网络的支撑，加快建设数据中心和物联网等新型基础设施，打造延时低、速度快、可靠高、覆盖广的5G通信网络，继续推进网络提速降费，继续完善互联网基础设施建设。依托5G、大数据、人工智能、云计算等现代信息技术，完善"互联网+"消费生态体系，优化商贸物流设施布局。大力发展农村电商，促进农村线下产业和线上电商互动发展，加强电子商务配送站点与物流体系建设，鼓励和支持消费新业态、新模式向农村市场拓展。

四、适当增加公共消费，扩大公共服务供给，促进消费均衡发展

适当增加公共消费，扩大基础设施、公用事业、公共教育、医疗等公共服务供给数量和质量，特别是农村地区和中西部地区的公共消费，缩小城乡和区域公共服务差距，促进消费均衡发展。增加民生领域的公共消费支出，着力于增加教育、养老、医疗和就业等民生领域的公共消费支出，提高民生领域公共消费的数量和质量，降低居民在教育、养老和医疗领域的自费支出，提高居民消费能力。增加就业领域的公共消费支出，提升居民人力资本，降低失业率，提高居民收入水平。同时，增加科技领域的公共消费支出，促进产业结构优化升级，加大对于数字经济、生命健康、新材料等战略性新兴产业的科技研发的补贴力度，通过提高公共消费支出等形式降低企业的研发成本，激发企业技术创新，促进产业结构优化升级，助力有效供给。

针对当前居民消费发展不平衡的现状，公共消费应重点向农村地区和中西部地区倾斜，促进居民消费均衡发展。重点提高农村地区和西部地区的基础设施公共消费投入，缩小城乡和区域公共服务差距。加大农村地区和西部地区水电路气等设施建设和改造力度，提高供水供电质量，保障充足稳定的自来水和电力供应。推动农村地区和西部地区公路建设，注重公路安全措施和公路管理，提高公路通行能力。健全农村地区和西部地区现代流通网络体系，优化整合存量设施资源，有效降低流通成本。

五、改善消费环境，提高消费满意度

营造良好的消费环境，提高居民消费的获得感和消费满意度。当前，我国政府的监管体制滞后于消费新业态的发展；产品和服务质量难以达到居民消费提质扩容的需要；消费者权益保护机制未能有效消除消费者进行消费的后顾之忧，不完善的消费环境难以有效支撑居民消费满意度的提升，必须破除消费环境不完善这一体制机制障碍，积极营造良好的消费环境。消费环境的改善需要政府、企业、社会组织、消费者四方力量参与，共同建立和完善消费环境提升的长效机制，形成以政府为主导、以企业为主体、消费者和社会组织广泛参与的共治格局。

（1）建立常态化的产品和服务监管机制，提高侵权违法成本。建立常态化的产品和服务监管机制，加强跨部门、跨地区的执法协作，完善质量违法行为记录及公布制度，落实缺陷产品召回行政监管和技术支撑，尤其要重视基本消费品质量的有效监管，从而大幅提升经营者侵权违法成本，大幅降低失信收益。这有利于营造安全舒适放心的消费环境，让消费者"愿消费""敢消费"。同时，加快推进产品和服务质量标准的提档升级，逐步消除内销产品和外销产品的质量标准差异，逐步实现内销产品和外销产品"同线同标同质"，增加居民对于国内消费产品和服务质量的信任感，提振国内消费信心，引导一部分境外消费回流。

（2）作为生产主体的企业要进行产业结构升级，提升产品和服务的供给质量。弘扬追求品质、精益求精的工匠精神，实施精细化制造与管理，打造一批经得起市场检验的精细化、高品质产品，增强产品耐用性、设计感和功能性。在产品生产、流通及销售等环节严格落实岗位责任制，为消费者提供高质量的产品和服务。

（3）消费者需要养成良好的消费习惯和消费文化。消费者需要培养自身绿色消费、健康消费和可持续消费的观念，提升消费结构的质量；提高自身维权知识和维权意识，在切实维护自身合法权益的同时，也能形成良好的社会风气，减少损害消费者权益的非法行为的发生。

（4）消费者协会需要强化服务意识，充分发挥监督作用。作为维护消费者合法权益的重要社会力量，消费者协会需要强化服务意识，针对侵害消费者权益的不法行为，通过约谈、诉讼和曝光等途径，形成强有力的制约机制，加强对消费者合法权益的保护力度。

六、营造良好的外部环境，提高消费"民生三感"

营造良好的外部环境，有利于提高居民消费的获得感、幸福感、安全感。消费的外部环境主要包括政治环境、法治环境、文化环境和生态环境等，根据前文的实证研究结论，外部环境的改善可以有效促进居民消费增长。政府需要持续推进"五位一体"总体布局，经济建设与政治建设、文化建设、社会建设和生态文明建设同步进行。具体而言，建设廉洁型政府、法治型政府和服务型政府，推进作风建设常态化，坚决贯彻中央八项规定，持续推进"三公经费"改革，加大反腐败力度，提供良好的政治环境和制度环境；深入推进 "放管服"改革、优化市场营商环境，做好权力的"减法"和监管的"加法"，简化审批制度和办证流程，提高市场效率，降低消费成本，完善市场规则和法治环境建设，使体制机制与新消费、新业态相匹配；进行合理的舆论引导，推动居民养成绿色、健康、生态、集约的消费方式，鼓励居民参与环保组织、绿色组织、消费者权益保护组织等社会组织，加强现代化美好生活方式的宣传导向；持续推进生态文明建设，满足人民不断增长的美好生态环境需要，促进人的全面发展。

第四节　本章小结

本章围绕如何完善促进人民美好生活消费需要的体制机制，牢牢把握新时代"提高消费水平、改善消费结构、提升消费满意度"的政策设计目标，根据前面章节的理论分析和实证研究，从供给侧和需求侧协同推进的角度出发，提出促进人民美好生活消费需要的体制机制改革路径，主要内容如下。

一、需求侧管理路径

需求侧体制机制相关改革，重点是通过完善收入分配调节机制增加居民收入，特别是增加低收入群体收入，提高居民消费能力，巩固居民消费基础；同时完善消费配套政策体系，降低居民预防性储蓄和流动性约束，提升居民消费意愿。

（1）完善收入分配调节机制，提升消费能力，巩固消费基础。居民消费能力提高的源泉在于收入的持续增长，促进居民收入稳定增长需要提高劳动者报酬在国民收入中的比重和拓宽居民财产性收入渠道。在居民收入增加的同时更需要关注居民收入不平衡所带来的消费不平衡，通过工资、薪酬的"提低限高"、税制结构的优化、对低收入群体转移支付力度的加大，有效缓解不同群体和不同行业的收入不平等。对于城乡收入差距，需要继续深化农业供给侧结构性改革，增加农民劳动收入；推进农村产权制度改革，提高农民财产性收入。

（2）健全消费配套政策，提高居民消费意愿，释放居民消费活力。实现"能消费"在于收入水平的持续平衡增长，但是"愿消费"需要一系列消费配套政策的支撑。完善社会保障，降低居民预防性储蓄，社会保障的完善重点在于提升地方政府财权，增加社会保障支出，特别是向农村地区和流动人口等重点区域、重点人群倾斜，同时引入市场机制，提高公共服务供给数量和质量；大力发展普惠金融，促进消费均衡发展，破除传统金融服务创造的消费不平等；健全住房保障制度，构建多主体多层次的住房供给体系，促进房地产市场健康稳定发展，减少居民的住房支出，减轻住房投资对于居民消费的挤压；构建常规化的基本消费政府补贴制度，提高补贴力度，扩大补贴范围，精准补贴群体，激发居民消费潜力；关注重点人群和重点领域的消费需求，实现消费供给分层，关注不同群体的消费需求，补齐消费短板。

二、供给侧结构性改革路径

消费的供给侧结构性改革主要是基于社会共治理念，形成政府、企业和居民广泛参与的社会共治格局，全面提升产品和服务供给体系的适配性和质量，促进居民消费结构升级；改善消费环境，提高居民消费满意度。

（1）政府需要做好顶层设计，提供供需适配的制度供给和制度环境。建立相应的产业政策，扩大有效供给，特别是高技术产品供给和高质量服务供给，实现供需的动态平衡；鼓励"互联网+""智能+"等消费新模式，培育新的消费增长点；适当增加公共消费，扩大公共服务供给，特别是加大中西部地区和农村地区基础设施建设，促进消费均衡发展；营造安全、便利、放心、舒心的消费环境，建立常态化的产品和服务监管机制，加大监管力度，提高侵权违法成本，特别是减少消费者进行文化、旅游、信息等新兴消费和服务消费的后顾之忧；从制度供给层面营造良好的政治、法治、文化、生态等外部环境，提高居民消费的"民生三感"。

（2）企业需要提供高质量的产品和服务，满足消费者多样化、多层次、多方面的消费需求。针对消费新业态和新模式，企业需要主动提高供给的适配性，树立产品和服务标准和品牌意识，增加产品和服务的有效供给，以满足群众多样化、多层次、多方面的消费需求，从而减少供需失衡和结构性错配，促进居民消费升级，提高居民消费满意度。

（3）消费者需要养成良好的消费习惯和消费文化，践行绿色、健康、可持续的消费理念。应培养消费者可持续消费和新消费发展观，积极提高消费结构与质量，实现消费主动升级；以需求拉动供给，促进供给结构优化升级；提高自身的维权知识和维权意识，提高数字经济等新经济新消费下的消费知识与技能，保护自身的合法消费权益。

参 考 文 献

蔡昉，万广华. 2006. 中国转轨时期收入差距与贫困[M]. 北京：社会科学文献出版社.

蔡昉，王美艳. 2021. 如何解除人口老龄化对消费需求的束缚[J]. 财贸经济，42（5）：5-13.

钞小静，沈坤荣. 2014. 城乡收入差距、劳动力质量与中国经济增长[J]. 经济研究，49（6）：30-43.

陈斌开，林毅夫. 2013. 发展战略、城市化与中国城乡收入差距[J]. 中国社会科学，（4）：81-102，206.

陈斌开，张鹏飞，杨汝岱. 2010. 政府教育投入、人力资本投资与中国城乡收入差距[J]. 管理世界，（1）：36-43.

陈冲. 2016. 不确定性条件下中国农村居民的消费行为研究[M]. 北京：中国经济出版社.

陈迪平. 1998. 启动我国消费市场应有新思路[J]. 消费经济，（6）：36-39.

陈晶. 2006. 美国个人消费发展规律与宏观消费调控政策的演变[J]. 国际经济合作，（12）：53-55.

陈炜，郭国庆，陈凤超. 2014. 消费类型影响幸福感的实验研究述评与启示[J]. 管理评论，26（12）：45-55.

陈小亮，陈彦斌. 2016. 供给侧结构性改革与总需求管理的关系探析[J]. 中国高校社会科学，（3）：67-78，156，157.

陈志刚，吕冰洋. 2016. 中国城镇居民收入和消费不平等的构成及其关系[J]. 经济理论与经济管理，（12）：32-45.

程名望，Jin Y H，盖庆恩，等. 2014. 农村减贫：应该更关注教育还是健康？——基于收入增长和差距缩小双重视角的实证[J]. 经济研究，49（11）：130-144.

程名望，Jin Y H，盖庆恩，等. 2016. 中国农户收入不平等及其决定因素——基于微观农户数据的回归分解[J]. 经济学（季刊），（3）：1253-1274.

程名望，张家平. 2019. 新时代背景下互联网发展与城乡居民消费差距[J]. 数量经济技术经济研究，36（7）：22-41.

邓胜利，况能富. 2005. 企业信息消费满意度指标体系构建[J]. 图书情报工作，49（7）：33-37.

刁永祚. 2011. 消费结构与生活质量[M]. 北京：首都师范大学出版社.

董斌，张兰兰. 2020. 地区腐败对企业经营效率的影响研究[J]. 经济与管理评论，36（3）：127-139.

董黎明，满清龙. 2017. 地方财政支出对城乡收入差距的影响效应研究[J]. 财政研究，（8）：43-55.

杜丹清. 2017. 互联网助推消费升级的动力机制研究[J]. 经济学家，（3）：48-54.

范剑平. 1998. 扩大内需必须重视扩大有效消费需求[J]. 经济研究参考，（53）：21-33.

范剑平，向书坚. 1998. 论当前经济增长中的消费需求[J]. 经济学家，（3）：48-55.

方福前. 2020. 从消费率看中国消费潜力与实现路径[J]. 经济学家，（8）：27-38.

风笑天. 2007. 生活质量研究：近三十年回顾及相关问题探讨[J]. 社会科学研究，（6）：1-8.

冯立天，戴星望. 1996. 中国人口生活质量再研究[M]. 北京：高等教育出版社.

甘犁，赵乃宝，孙永智. 2018. 收入不平等、流动性约束与中国家庭储蓄率[J]. 经济研究，53（12）：34-50.

高加湄. 2009. 美国两次金融危机中的货币政策转变及对中国的启示[J]. 当代经济，（23）：142，143.

关利欣，梁威，马彦华. 2018. 现代供应链国际比较及其启示[J]. 国际贸易，（8）：40-45.

郭峰，王靖一，王芳，等. 2020. 测度中国数字普惠金融发展：指数编制与空间特征[J]. 经济学（季刊），19（4）：1401-1418.

国家计委宏观经济研究院《消费结构》课题组. 1999. 扩大内需与消费政策调整[J]. 财政研究，（7）：10-16.

国家经济体制改革委员会. 1989. 中国经济体制改革年鉴[M]. 北京：改革出版社.

国家行政学院经济学教研部. 2016. 中国供给侧结构性改革[M]. 北京：人民出版社.

国务院发展研究中心"中国民生调查"课题组. 2018. 中国民生调查 2017 综合研究报告——经济企稳背景下的民生发展[J].管理世界，34（2）：1-12.

国家质量监督检验检疫总局质量管理司，清华大学中国企业研究中心. 2003. 中国顾客满意指数指南[M]. 北京：中国标准出版社.

韩立岩，杜春越. 2012. 收入差距、借贷水平与居民消费的地区及城乡差异[J]. 经济研究，（S1）：15-27.

韩淑丽，郭江. 2006. 中国居民生活质量研究[M]. 呼和浩特：内蒙古大学出版社.

杭斌，修磊. 2016. 收入不平等、信贷约束与家庭消费[J]. 统计研究，33（8）：73-79.

杭斌，闫新华. 2013. 经济快速增长时期的居民消费行为——基于习惯形成的实证分析[J]. 经济学（季刊），12（3）：1191-1208.

何兴强，杨锐锋. 2019. 房价收入比与家庭消费——基于房产财富效应的视角[J]. 经济研究，54（12）：102-117.

何昀，贺辉. 2017. 我国城镇居民文化消费满意度评价研究[J]. 消费经济，33（2）：9-16，30.

何昀，谢迟，毛中根. 2016. 文化消费质量：内涵刻画、描述性评价与现状测度[J]. 财经理论与
　　实践，37（5）：115-120.

胡浩正. 1988. 当前我国消费领域中一个值得注意的问题[J]. 消费经济，（1）：15，16.

胡秋阳. 2013. 消费需求与产业升级[M]. 天津：南开大学出版社.

黄思皓，邓富民，肖金岑. 2021. 网络直播平台观众的冲动购买决策研究——基于双路径影响视
　　角[J]. 财经科学，（5）：119-132.

黄卫挺. 2013. 居民消费升级的理论与现实研究[J]. 科学发展，（3）：43-52.

纪江明，赵毅. 2013. 中国区域间农村社会保障对居民消费的影响[J]. 中国人口·资源与环境，
　　23（5）：93-97.

纪念改革开放 40 周年系列选题研究中心，王佳宁，盛朝迅. 2016. 重点领域改革节点研判：供
　　给侧与需求侧[J]. 改革，（1）：35-51.

纪园园，宁磊. 2018. 相对收入假说下的收入差距对消费影响的研究[J]. 数量经济技术经济研
　　究，35（4）：97-114.

江春，司登奎，苏志伟. 2016. 中国城乡收入差距的动态变化及影响因素研究[J]. 数量经济技术
　　经济研究，33（2）：41-57.

江克忠，刘生龙. 2017. 收入结构、收入不平等与农村家庭贫困[J]. 中国农村经济，（8）：
　　75-90.

江小涓，孟丽君. 2021. 内循环为主、外循环赋能与更高水平双循环——国际经验与中国实践[J].
　　管理世界，37（1）：1-18.

姜晓萍. 2012. 统筹城乡中基本公共服务均等化研究——以四川省成都市为例[J]. 社会科学研
　　究，（6）：33-40.

姜晓萍，肖育才. 2017. 基本公共服务供给对城乡收入差距的影响机理与测度[J]. 中国行政管
　　理，（8）：84-89.

焦健，罗鸣令. 2018. 民生性财政支出对城乡居民消费差距的效应检验[J]. 经济与管理，32（1）：
　　31-37.

金烨，李宏彬，吴斌珍. 2011. 收入差距与社会地位寻求：一个高储蓄率的原因[J]. 经济学（季
　　刊），（3）：887-912.

卡尔德 L. 2007. 融资美国梦：消费信贷文化史[M]. 严忠志译. 上海：上海人民出版社.

康书隆，余海跃，王志强. 2017. 基本养老保险与城镇家庭消费：基于借贷约束视角的分析[J].
　　世界经济，40（12）：165-188.

雷潇雨，龚六堂. 2014. 城镇化对于居民消费率的影响：理论模型与实证分析[J]. 经济研究，
　　49（6）：44-57.

李丹，裴育. 2019. 城乡公共服务差距对城乡收入差距的影响研究[J]. 财经研究，45（4）：
　　111-123，139.

李国正，艾小青. 2017. "共享"视角下城乡收入与消费的差距度量、演化趋势与影响因素[J].

中国软科学，（11）：173-183.

李宏. 2010. 社会保障对居民储蓄影响的理论与实证分析[J]. 经济学家，（6）：87-94.

李普亮. 2014. 财政民生性支出与城镇居民消费满意度研究[J]. 广东财经大学学报，29（4）：
14-25.

李亚芬. 2011. 日本：复苏疲软，经济增长后继乏力——2010 年回顾与 2011 年展望[J]. 国际金
融，（1）：28-31.

林白鹏. 1991. 消费经济辞典[M]. 北京：经济科学出版社.

林白鹏，张圣平，臧旭恒，等. 1993. 中国消费结构与产业结构关联研究[M]. 北京：中国财政
经济出版社.

林相森，周玉雯. 2018. 腐败对我国居民幸福感的影响及作用机制研究[J]. 当代财经，（8）：
3-12.

林毅夫. 2000. 加强农村基础设施建设 启动农村市场[J]. 农业经济问题，21（7）：2，3.

刘成奎，齐兴辉，王宙翔. 2018. 统筹城乡综合配套改革促进了民生性公共服务城乡均等化水平
的提高吗——来自重庆市的经验证据[J]. 财贸研究，29（11）：60-70.

刘冲，张红. 2020. 偏低的公共部门工资与改革前景——来自微观视角的新证据[J]. 财经研究，
46（4）：18-32.

刘飞. 2018. 公共支出不均对城乡居民消费差距的影响研究[D]. 西北大学博士学位论文.

刘洪. 1998. 由温饱到小康的历史转折[J]. 党建研究，（12）：34-35.

刘湖，张家平. 2016. 互联网对农村居民消费结构的影响与区域差异[J]. 财经科学，（4）：
80-88.

刘金兰. 2006. 顾客满意度与 ACSI[M]. 天津：天津大学出版社.

刘军. 1986. 早熟型消费的综合治理[J]. 消费经济，（3）：55-59.

刘苓玲，徐雷. 2012. 社会保障支出、经济增长与居民消费的区域差异研究[J]. 人口与经济，
（3）：70-76.

刘璐，顾宝炎，宗利永. 2010. 我国零售企业实施顾客满意战略研究[J]. 企业经济，（1）：
18-20.

刘少华，王晓芳. 2013. 我国居民消费需求的国民收入分配效应实证分析[J]. 消费经济，29（3）：
3-6，11.

刘社建. 2015. 居民消费研究[M]. 上海：上海社会科学院出版社.

刘伟. 1986. 体制改革中的消费增长及其经济作用[J]. 消费经济，（2）：10-17.

刘雯. 2018. 收入差距、社会资本与农户消费[J]. 中国农村经济，（6）：84-100.

刘向东，米壮. 2020. 中国居民消费处于升级状态吗——基于 CGSS2010、CGSS2017 数据的研
究[J]. 经济学家，（1）：86-97.

刘勇，黎婷. 2006. 学习型企业信息消费满意度指数研究[J]. 情报科学，24（7）：1082-1086.

刘悦，陈雅坤，李兵. 2019. 收入不平等对消费升级的影响——基于奢侈品消费的跨国分析[J].

经济科学，（6）：30-42.

龙少波，张梦雪，田浩. 2021. 产业与消费"双升级"畅通经济双循环的影响机制研究[J]. 改革，（2）：90-105.

陆铭，陈钊. 2004. 城市化、城市倾向的经济政策与城乡收入差距[J]. 经济研究，39（6）：50-58.

罗栋. 2012. 中国城乡居民生活质量统计研究[M]. 北京：经济管理出版社.

罗兴奇，孙菲. 2016. 城乡发展一体化的保障机制及协同策略[J]. 农村经济，（1）：20-25.

吕炜，许宏伟. 2015. 土地财政、城市偏向与中国城乡收入差距[J]. 财贸经济，（6）：45-56.

马克思. 1975. 资本论（第一卷）[M]. 中共中央马克思恩格斯列宁斯大林著作编译局译. 北京：人民出版社.

毛军，刘建民. 2016. 财税政策、路径依赖与中国居民消费的区域均衡发展[J]. 中国经济问题，（6）：50-63.

毛中根，谢迟，叶胥. 2020. 新时代中国新消费：理论内涵、发展特点与政策取向[J]. 经济学家，（9）：64-74.

毛中根，叶胥. 2017. 新时代新消费不断满足人民日益增长的美好生活需要——学习贯彻党的十九大报告有关消费论述的体会[J]. 财经科学，（11）：12-14.

南永清，宋明月，肖浩然. 2020. 数字普惠金融与城镇居民消费潜力释放[J]. 当代经济研究，（5）：102-112.

倪琳，李通屏. 2009. 刺激内需条件下的消费政策匹配：国际经验及启示[J]. 改革，（9）：37-42.

潘城文. 2017. 我国居民消费方式的转变及对策研究[J]. 改革与战略，33（6）：173-175.

潘祖光. 1994. 人口生活质量研究综述[J]. 人口学刊，（5）：33-37.

戚义明. 2009. 改革开放以来扩大内需战略方针的形成和发展[J]. 党的文献，（4）：34-41.

齐兰. 1999. 德国政府扩大内需的政策及其借鉴意义[J]. 经济学动态，（4）：72-74.

曲兆鹏，赵忠. 2008. 老龄化对我国农村消费和收入不平等的影响[J]. 经济研究，43（12）：85-99，149.

全毅，孙鹏，刘婉婷. 2014. 日本实施国民收入倍增计划的背景、经验及启示[J]. 世界经济与政治论坛，（3）：144-157.

任保平. 2021. "十四五"时期转向高质量发展加快落实阶段的重大理论问题[J]. 学术月刊，（2）：75-84.

任国强，黄云，周云波. 2017. 个体收入剥夺如何影响城镇居民的健康？——基于 CFPS 城镇面板数据的实证研究[J]. 经济科学，（4）：77-93.

任天飞，袁培树. 1986. 消费体制改革是整个经济改革的"红线"[J]. 改革，（2）：3-9.

森 A. 2002. 以自由看待发展[M]. 任赜，于真译. 北京：中国人民大学出版社.

邵燕斐，王小斌. 2015. 中国交通基础设施对城乡收入差距影响的空间溢出效应[J]. 技术经济，

34（11）：100-108.

沈坤荣，刘东皇.2012. 是何因素制约着中国居民消费[J]. 经济学家，（1）：5-14.

石贝贝，王金营.2014. 人口发展变化对区域消费影响的实证研究——基于中国省级区域的数据[J]. 人口研究，（1）：77-89.

宋泽，刘子兰，邹红.2020. 空间价格差异与消费不平等[J]. 经济学（季刊），19（2）：591-616.

宋泽，邹红.2021. 增长中的分化：同群效应对家庭消费的影响研究[J]. 经济研究，56（1）：74-89.

孙凤.2007. 主观幸福感的结构方程模型[J]. 统计研究，24（2）：27-32.

孙豪，毛中根.2020. 中国居民消费的演进与政策取向[J]. 社会科学，（1）：72-84.

孙文凯，赵忠，单爽，等.2020. 中国劳动力市场化指数构建与检验[J]. 经济学（季刊），19（4）：1515-1536.

孙早，许薛璐.2018. 产业创新与消费升级：基于供给侧结构性改革视角的经验研究[J]. 中国工业经济，（7）：98-116.

孙章伟.2012. 日本扩大内需消费的制度安排研究[J]. 日本学刊，（2）：81-95.

孙执中.1985. 高速发展时期日本政府鼓励个人消费的措施[J]. 世界经济，（1）：54-59，65.

谭瑾，徐细雄，徐光伟.2018. 地区腐败与企业运营效率——基于交易成本视角的实证检验[J]. 现代财经（天津财经大学学报），38（9）：18-35.

唐凯麟等.1985. 伦理学纲要[M]. 长沙：湖南人民出版社.

唐凯麟，龚天平.2004. 管理伦理学纲要[M]. 长沙：湖南人民出版社.

唐毅.1987. 论"消费早熟"的社会后果及现行对策[J]. 消费经济，（1）：55-58.

唐跃桓，杨其静，李秋芸，等.2020. 电子商务发展与农民增收——基于电子商务进农村综合示范政策的考察[J]. 中国农村经济，（6）：75-94.

田青，高铁梅.2009. 转轨时期我国城镇不同收入群体消费行为影响因素分析——兼谈居民消费过度敏感性和不确定性[J]. 南开经济研究，（5）：124-134.

万东华.1998. 由温饱到小康的历史转折[J]. 消费经济，（6）：31-36.

万海远，李实.2013. 户籍歧视对城乡收入差距的影响[J]. 经济研究，（9）：43-55.

汪定国，张碧晖.1983. 浅谈经济结构与消费结构的协调发展[J]. 江西社会科学，（1）：55-58.

汪钰华.1985. 从消费体制和金融体制谈储蓄存款的增长[J]. 上海金融，（4）：37-38.

王雷，王代敬.2001. 中外消费政策的比较与启示[J]. 中国软科学，（12）：16-20.

王茂福，谢勇才.2012. 关于我国社会保障对收入分配存在逆向调节的研究[J]. 毛泽东邓小平理论研究，（6）：46-50，103，115.

王启云.2000. 西方消费调控的目标、政策和手段[J]. 湘潭大学社会科学学报，24（5）：104-111.

王天宇，彭晓博.2015. 社会保障对生育意愿的影响：来自新型农村合作医疗的证据[J]. 经济研究，50（2）：103-117.

王贤彬，黄亮雄，董一军. 2017. 反腐败的投资效应——基于地区与企业双重维度的实证分析[J]. 金融研究，（9）：67-82.

王延中. 2020. 中国社会保障发展报告[M]. 北京：社会科学文献出版社.

王延中，龙玉其. 2013. 社会保障与收入分配：问题、经验与完善机制[J]. 学术研究，（4）：31-37.

王延中，龙玉其，江翠萍，等. 2016. 中国社会保障收入再分配效应研究——以社会保险为例[J]. 经济研究，51（2）：4-15，41.

王艳萍，潘建伟. 2010. 阿马蒂亚·森的发展经济学评述[J]. 当代经济研究，（6）：24-27.

王一鸣. 2017. 中国经济新一轮动力转换与路径选择[J]. 管理世界，（2）：1-14.

王裕国. 1997. 我国消费需求导向与经济增长方式转变的现实矛盾及其对策[J]. 消费经济，（3）：28-32.

王裕国. 1998. 析消费需求疲弱的成因及刺激消费的政策[J]. 消费经济，（6）：23-28.

王裕国. 2018. 贯彻"完善促进消费体制机制"的几点思考[J]. 消费经济，34（6）：3，4.

王正沛，李国鑫. 2019. 消费体验视角下新零售演化发展逻辑研究[J]. 管理学报，16（3）：333-342.

卫兴华，魏杰，洪银兴. 1986. 关于社会主义消费的几个问题[J]. 消费经济，（2）：3-9，49.

魏玮. 2017. 美国消费者支出水平与支出结构研究[D]. 武汉大学博士学位论文.

魏晓敏，王林杉. 2018. 中国居民网络消费的区域差异测度及收敛性研究[J]. 数量经济技术经济研究，35（7）：130-145.

文启湘，高觉民. 1999. 消费需求结构升级与经济结构转换——消费需求的成长及其方略研究[J]. 消费经济，（6）：7-10.

吴敬琏，杨长福，朱铁臻，等. 1983. 正确处理生产和消费的关系[J]. 经济研究，（5）：28-36.

吴丽果，胡正明. 2012. 新消费时代下品牌文化提升路径研究[J]. 企业活力，（2）：29-34.

向清成. 2002. 中国居民消费水平的地域差异[J]. 地理科学，22（3）：276-281.

肖翔，张昕. 2012. 浅议日本社会消费和消费对策的演变与启示[J]. 消费经济，（6）：56-59.

肖育才，钟大能. 2020. 基本公共服务供给对城乡收入差距影响：基于不同收入来源的视角[J]. 西南民族大学学报（人文社会科学版），41（3）：105-114.

肖作平，张欣哲. 2012. 制度和人力资本对家庭金融市场参与的影响研究——来自中国民营企业家的调查数据[J]. 经济研究，（S1）：91-104.

邢天才，张夕. 2019. 互联网消费金融对城镇居民消费升级与消费倾向变动的影响[J]. 当代经济研究，（5）：89-97，113.

邢占军. 2005. 测量幸福：主观幸福感测量研究[M]. 北京：人民出版社.

邢占军. 2011. 公共政策导向的生活质量评价研究[M]. 济南：山东大学出版社.

徐敏，姜勇. 2015. 中国产业结构升级能缩小城乡消费差距吗?[J]. 数量经济技术经济研究，

32（3）：3-21.

徐舒，王貂，杨汝岱. 2020. 国家级贫困县政策的收入分配效应[J]. 经济研究，55（4）：
　　134-149.

许永兵. 2021. 扩大消费：构建"双循环"新发展格局的基础[J]. 河北经贸大学学报，42（2）：
　　26-32.

薛宝贵，何炼成. 2015. 公共权力、腐败与收入不平等[J]. 经济学动态，（6）：27-35.

亚里士多德. 2003. 尼各马可伦理学[M]. 廖申白译注. 北京：商务印书馆.

阎正. 1989. 我国经济体制改革中生产与消费矛盾的总体分析[J]. 消费经济，（4）：30-34.

晏智杰. 2004. 边际革命和新古典经济学[M]. 北京：北京大学出版社.

杨晶，丁士军，邓大松. 2019. 人力资本、社会资本对失地农民个体收入不平等的影响研究[J].
　　中国人口·资源与环境，29（3）：148-158.

杨晶，黄云. 2019. 人力资本、社会资本对农户消费不平等的影响[J]. 华南农业大学学报（社会
　　科学版），18（4）：111-126.

杨明海，张红霞，孙亚男. 2017. 七大城市群创新能力的区域差距及其分布动态演进[J]. 数量经
　　济技术经济研究，34（3）：21-39.

杨汝岱，陈斌开. 2009. 高等教育改革、预防性储蓄与居民消费行为[J]. 经济研究，44（8）：
　　113-124.

杨汝岱，朱诗娥. 2007. 公平与效率不可兼得吗？——基于居民边际消费倾向的研究[J]. 经济研
　　究，42（12）：46-58.

杨圣明. 1985. 我国消费体制改革问题探讨[J]. 经济研究，（3）：20-25.

杨圣明. 1986. 充分发挥消费在国民经济中的作用[J]. 经济科学，（5）：1-4.

杨圣明，李学曾. 1984. 有关消费结构的几个问题[J]. 中国社会科学，（5）：57-72.

杨圣明，张少龙. 1993. 论我国的市场消费体制问题[J]. 经济研究，（4）：40-44，51.

杨天宇，陈明玉. 2018. 消费升级对产业迈向中高端的带动作用：理论逻辑和经验证据[J]. 经济
　　学家，（11）：48-54.

杨晓燕，贺姣佼. 2015. 德国的可持续消费政策及其调整[J]. 消费经济，31（1）：41-45.

杨旭，郝翠，于戴圣. 2014. 收入差异对总体消费的影响——一个数值模拟研究[J]. 数量经济技
　　术经济研究，（3）：20-37.

姚东旻，樊洛明，林思思. 2016. 公共部门人员收入是否相对偏低[J]. 统计研究，33（6）：
　　85-93.

姚天禧. 1989. 我国消费体制和消费模式探讨[J]. 中南财经大学学报，（4）：26-29.

伊壁鸠鲁，卢克来修. 2004. 自然与快乐：伊壁鸠鲁的哲学[M]. 包利民，刘玉鹏，王玮玮译.
　　北京：中国社会科学出版社.

易行健，周利. 2018. 数字普惠金融发展是否显著影响了居民消费——来自中国家庭的微观证据[J].
　　金融研究，（11）：47-67.

尹世杰. 1993. 消费需要论[M]. 长沙：湖南出版社.

尹世杰. 1994. 中国小康水平研究[M]. 长沙：湖南出版社.

尹世杰. 2006. 消费环境与和谐消费[J]. 消费经济，22（5）：3-7.

尹世杰，蔡德容. 2000. 消费经济学原理[M]. 北京：经济科学出版社.

尹志超，甘犁. 2009. 公共部门和非公共部门工资差异的实证研究[J]. 经济研究，44（4）：
    129-140.

喻卫斌. 2001. 90 年代以来日本的消费调控及其启示[J]. 当代亚太，（11）：60-64.

袁仕正，杜涛. 2010. 日本经济高速增长时期的消费革命[J]. 学术研究，（8）：123-128.

袁志刚. 1992. 双轨经济均衡论——对一个计划配额制约下的非瓦尔拉均衡经济的效率考察[J].
    经济研究，（8）：46-56.

臧旭恒. 1987. 消费结构国际比较和借鉴中的几个问题[J]. 山东大学学报（哲学社会科学版），
    （1）：70-77.

臧旭恒. 2001. 居民资产与消费选择行为分析[M]. 上海：上海人民出版社.

臧旭恒. 2017. 如何看待中国目前的消费形势和今后走势[J]. 学术月刊，49（9）：5-9.

臧旭恒，张继海. 2005. 收入分配对中国城镇居民消费需求影响的实证分析[J]. 经济理论与经济
    管理，（6）：5-10.

张艾莲，刘柏. 2013. 日本消费信贷及其对中国消费经济发展的启示[J]. 现代日本经济，（5）：
    1-8.

张兵兵，徐康宁. 2013. 影响耐用品消费需求的因素研究——来自美国家庭汽车消费市场的经验
    分析[J]. 软科学，27（7）：74-77，92.

张川川，陈斌开. 2014. "社会养老"能否替代"家庭养老"？——来自中国新型农村社会养老
    保险的证据[J]. 经济研究，49（11）：102-115.

张川川，贾珅，杨汝岱. 2016. "鬼城"下的蜗居：收入不平等与房地产泡沫[J]. 世界经济，
    39（2）：120-141.

张栋浩，王栋，杜在超. 2020. 金融普惠、收入阶层与中国家庭消费[J]. 财经科学，（6）：
    1-15.

张珩，罗剑朝，郝一帆. 2017. 农村普惠金融发展水平及影响因素分析——基于陕西省 107 家农
    村信用社全机构数据的经验考察[J]. 中国农村经济，（1）：2-15，93.

张磊，刘长庚. 2017. 供给侧改革背景下服务业新业态与消费升级[J]. 经济学家，（11）：
    37-46.

张蕾. 2019. 国际视野与中国实践：生活质量的指标体系研究[M]. 上海：上海三联书店.

张连城，张平，杨春学，等. 2017. 中国城市生活质量报告（2016）：预期稳定挑战犹存[M].
    北京：社会科学文献出版社.

张梦霞，郭希璇，李雨花. 2020. 海外高端消费回流对中国数字化和智能化产业升级的作用机制
    研究[J]. 世界经济研究，（1）：107-120，137.

张全成，杨皖苏，周庭锐. 2012. 吸引效应下的消费者支付意愿及决策满意度探析[J]. 管理世界，（10）：182-183.

张喜艳，刘莹. 2020. 经济政策不确定性与消费升级[J]. 经济学家，（11）：82-92.

张勋，万广华，张佳佳，等. 2019. 数字经济、普惠金融与包容性增长[J]. 经济研究，（8）：71-86.

张勋，杨桐，汪晨，等. 2020. 数字金融发展与居民消费增长：理论与中国实践[J]. 管理世界，（11）：48-62.

张翼. 2016. 当前中国社会各阶层的消费倾向——从生存性消费到发展性消费[J]. 社会学研究，31（4）：74-97, 243, 244.

赵达，谭之博，张军. 2017. 中国城镇地区消费不平等演变趋势——新视角与新证据[J]. 财贸经济，38（6）：115-129.

赵旭，周菁，赵子健. 2016. 美国消费金融发展及对我国的借鉴研究[J]. 现代管理科学，（6）：24-26.

郑筱婷，蒋奕，林暾. 2012. 公共财政补贴特定消费品促进消费了吗？——来自"家电下乡"试点县的证据[J]. 经济学（季刊），（4）：1323-1344.

中国人民大学创意产业技术研究院，彭翊. 2016. 中国文化消费指数报告 2016[M]. 北京：人民出版社.

钟禾. 1998. 历史转折：由温饱到小康[J]. 经济改革与发展，（9）：19-25.

钟覃琳，陆正飞，袁淳. 2016. 反腐败、企业绩效及其渠道效应——基于中共十八大的反腐建设的研究[J]. 金融研究，（9）：161-176.

钟天朗，徐琳. 2013. 体育消费研究[M]. 上海：复旦大学出版社.

周长城. 2001. 社会发展与生活质量[M]. 北京：社会科学文献出版社.

周长城. 2009. 生活质量的指标构建及其现状评价[M]. 北京：经济科学出版社.

周广肃，张玄逸，贾珅，等. 2020. 新型农村社会养老保险对消费不平等的影响[J]. 经济学（季刊），19（4）：1467-1490.

周龙飞，张军. 2019. 中国城镇家庭消费不平等的演变趋势及地区差异[J]. 财贸经济，40（5）：143-160.

周叔莲. 1981. 正确处理生产和消费的关系——兼论中国式的社会主义消费模式[J]. 经济问题，（7）：13-19.

周天勇. 1999. 总需求萎缩的深层梗阻及其扩张途径[J]. 经济研究，（1）：9-17.

周心怡，李南，龚锋. 2021. 新型城镇化、公共服务受益均等与城乡收入差距[J]. 经济评论，（2）：61-82.

朱玲. 2018. 我国居民消费质量评价体系构建与测度[J]. 商业经济研究，（5）：35-38.

朱雨可，赵佳，邹红. 2018. 新时代人民美好生活消费需要的内涵及维度[J]. 消费经济，34（4）：18-25.

祝仲坤. 2020. 互联网技能会带来农村居民的消费升级吗？——基于 CSS2015 数据的实证分析[J]. 统计研究, 37（9）: 68-81.

资树荣. 1999. 西方消费调控政策的演变[J]. 经济学动态, （2）: 72-75.

邹红, 李奥蕾, 喻开志. 2013. 消费不平等的度量、出生组分解和形成机制——兼与收入不平等比较[J]. 经济学（季刊）, 12（4）: 1231-1254.

邹红, 肖翰, 张俊英. 2019-04-16. 用普惠金融助力消费均衡发展[EB/OL]. http://www.cfen.com.cn/dzb/dzb/page_5/201904/t20190416_3225947.html.

邹红, 喻开志. 2013a. 城镇家庭消费不平等的度量和分解——基于广东省城镇住户调查数据的实证研究[J]. 经济评论, （3）: 38-47.

邹红, 喻开志. 2013b. 收入结构视角下扩大居民服务消费的实证研究——基于广东省城镇住户调查数据[J]. 财经科学, （5）: 105-114.

Ahuvia A C, Friedman D C. 1998. Income, consumption, and subjective well-being: toward a composite macromarketing model[J]. Journal of Micromarketing, 18（2）: 153-168.

Blind A S. 1975. Distribution effects and the aggregate consumption function[J]. Journal of Political Economy, 83（3）: 447-475.

Cai H B, Chen Y Y, Zhou L A. 2010. Income and consumption inequality in urban China: 1992-2003[J]. Economic Development and Cultural Change, 58（3）: 385-413.

Campbell A, Converse P E, Rodgers W L. 1976. The quality of American life: perceptions, evaluations, and satisfactions[J]. Academy of Management Review, 2（4）: 694.

Cardozo R N. 1965. An experimental study of customer effort, expectation, and satisfaction[J]. Journal of Marketing Research, 2（3）: 244-249.

Chen Y, Ebenstein A, Greenstone M, et al. 2013. Evidence on the impact of sustained exposure to air pollution on life expectancy from China's Huai River policy[J]. Proceedings of the National Academy of Sciences of the United States of America, 110（32）: 12936-12941.

Cummins R A. 2005. On the Trail of the Gold Standard for Subjective Well-Being[M]. Springer Netherlands: Citation Classics from Social Indicators Research.

Desmeules R. 2002. The impact of variety on consumer happiness: marketing and the tyranny of freedom[J]. Academy of Marketing Science Review, 22（12）: 1-18.

Diener E D, Seligman M E P. 2004. Beyond money: toward an economy of well-being[J]. Psychological Science in the Public Interest, 5（1）: 1-31.

Diener E D, Suh E. 1997. Measuring quality of life: economic, social, and subjective indicators[J]. Social Indicators Research, 40（1/2）: 189-216.

Fornell C, Johnson M D, Anderson E W, et al. 1996. The American customer satisfaction index: nature, purpose, and findings[J]. Journal of Marketing, 60（4）: 7-18.

Friedman M. 1957. A Theory of the Consumption Function[M]. Princeton: Princeton University

Press.

Fujita M, Hu D. 2001. Regional disparity in China 1985-1994: the effects of globalization and economic liberalization[J]. Annals of Regional Science, 35（1）：3-37.

Ger G. 1997. Human development and humane consumption: well-being beyond the "Good Life" [J]. Journal of Public Policy & Marketing, 16: 110-125.

Grzeskowiak S, Sirgy M J. 2007. Consumer well-being（CWB）: the effects of self-image congruence, brand-community belongingness, brand loyalty, and consumption recency[J]. Applied Research in Quality of Life, 2: 289-304.

Herrmann A, Heitmann M, Donald R L. 2007. Choice goal attainment and decision and consumption satisfaction[J]. Journal of Marketing Research, 44（4）：234-250.

Isen A, Rossin-Slater M, Walker W R. 2017. Every breath you take-every dollar you'll make: the long-term consequences of the Clean Air Act of 1970[J]. Journal of Political Economy, 125（3）：848-902.

Jappelli T, Pistaferri L. 2010. Does consumption inequality track income inequality in Italy?[J]. Review of Economic Dynamics, 13（1）：133-153.

Jensen R. 2007. The digital provide: information（technology）, market performance, and welfare in the South Indian fisheries sector[J]. The Quarterly Journal of Economics, 122（3）：879-924.

Kaldor N. 1956. Alternative theories of income distribution[J]. Review of Economic Studies, 23: 83-100.

Karlan D, Zinman J. 2010. Expanding credit access: using randomized supply decisions to estimate the impacts[J]. The Review of Financial Studies, 23（1）：433-464.

Long G Y. 2003. Understanding China's recent growth experience: a spatial econometric perspective[J]. The Annals of Regional Science, 37（4）：613-628.

Moretti E, Neidell M. 2011. Pollution, health, and avoidance behavior evidence from the ports of Los Angeles[J]. Journal of Human Resources, 46（1）：154-175.

Piggott N E, Marsh T L. 2004. Does food safety information impact u.s. meat demand? [J]. American Journal of Agricultural Economics, 86（1）：154-174.

Ravallion M, Chen S. 2007. China's（uneven）progress against poverty[J]. Journal of Development Economics, 82（1）：1-42.

Rehdanz K, Maddison D. 2008. Local environmental quality and life-satisfaction in Germany[J]. Ecological Economics, 64（4）：787-797.

Rosen S. 1984. The relative deprivation curve and its applications[J]. Journal of Business & Economic Stats, 2（4）：395-397.

Schafer D P. 1994. Cultures and economies: irresistible forces encounter immovable objects[J]. Futures, 26（8）：830-845.

Shimamoto D, Yamada H, Gummert M. 2015. Mobile phones and market information: evidence from rural cambodia[J]. Food Policy, 57: 135-141.

Shorrocks A F. 1982. Inequality decomposition by factor components[J]. Econometrica: Journal of the Econometric Society, 50（1）: 193-211.

Sirgy M J, Grzeskowiak S, Rahtz D. 2007. Quality of college life（QCL）of students: developing and validating a seasure of well-being[J]. Social Indicators Research, 80（2）: 343-360.

Sirgy M J, Michalos A C, Ferriss A L, et al. 2006. The qualityity-of-life（QOL）research movement: past, present, and future[J]. Social Indicators Research, 76（3）: 343-466.

Sirgy M J, Rahtz D R, Cicic M, et al. 2000. A method for assessing residents' satisfaction with community-based services: a quality-of-life perspective[J]. Social Indicators Research, 49（3）: 279-316.

Spreng R A, Harrell G D, Mackoy R D. 1995. Service recovery: impact on satisfaction and intentions[J]. Journal of Services Marketing, 9（1）: 15-23.

Suhm F E, Theil H. 1979. Cross-country variation in the quality of consumption[J]. Economics Letters, 3（4）: 391-395.

Syse K L, Mueller M L. 2014. Sustainable Consumption and the Good Life: Interdisciplinary Perspectives[M]. New York: Routledge.

Thaler R H, Shefrin H M. 1988. The behavioral life-cycle hypothesis[J]. Economic Inquiry, 26（4）: 609-643.

Tsuji Y, Bennett G, Zhang J. 2007. Consumer satisfaction with an action sports event[J]. Sport Marketing Quarterly, 16（4）: 199-208.

Welch F. 1970. Education in production[J]. Journal of Political Economy, 78（1）: 35-59.

Westbrook R A, Newman J W, Taylor J R. 1978. Satisfaction/dissatisfaction in the purchase decision process[J]. Journal of Marketing, 42（4）: 54.

Zhang J J, Mu Q. 2018. Air pollution and defensive expenditures: evidence from particulate filtering facemasks[J]. Journal of Environmental Economics and Management, 92（11）: 517-536.

Zhang X, Zhang X B, Chen X. 2017. Happiness in the air: how does a dirty sky affect mental health and subjective well-being? [J]. Journal of Environmental Economics and Management, 85（9）: 81-94.

后　记

　　本书是以旨在研究阐释党的十九大精神的国家社会科学基金重大项目"完善促进人民美好生活消费需要的体制机制创新研究"（18VSJ070）研究报告基础上完善形成的专著成果。该项目于2018年2月立项，2021年2月顺利结项。项目执行期间，我和团队成员着力阐释党的十九大精神，围绕"人民美好生活消费需要"这一研究主题，致力于构建具有中国特色促进人民美好生活消费需要的理论和政策体系研究，在《人民日报》《中国社会科学报》《中国改革报》等权威报刊发表理论文章十余篇，在《经济研究》《经济学（季刊）》《中国工业经济》《财贸经济》等国内权威期刊发表相关中文论文二十余篇，在 *Journal of Gerontology*：*Social Sciences*、*Social Indicators Research*、*Frontiers of Economics in China* 等 SSCI（social sciences citation index，社会科学引文索引）、SCI（science citation index，科学引文索引）期刊发表英文论文十余篇，最终形成了一份30多万字的研究报告。

　　作为一名青年研究者，我有幸获得国家社会科学基金重大项目资助，这是一种极大的鼓励与鞭策。2017 年 12 月，学校为课题组组织了课题申报论证会，2018年6月和2019年1月课题组分别举行了开题报告会与中期报告会。山东大学臧旭恒教授、湖南师范大学刘子兰教授、中国人民大学陈彦斌教授、南开大学周云波教授、上海财经大学汪伟教授、北京大学杨汝岱教授、中央财经大学陈斌开教授、广东外语外贸大学易行健教授、南开大学宋泽副教授，以及西南财经大学原校长王裕国教授、校长卓志教授、刘灿教授、刘锡良教授、林义教授、毛中根教授、周铭山教授、徐舒教授等专家学者出席了论证或报告研讨会，提出了许多建设性意见。课题组在项目申请书的基础上进一步详细论证了研究框架与重难点，为后续研究工作顺利开展奠定了扎实基础。

　　项目执行期间，课题组承办了新时代消费经济前沿研究、应用微观经济前沿研究、新时代高质量经济发展前沿问题研究等学术会议，对研究的进度和过程中出现的重难点问题进行了深入讨论。除了上述专家外，还邀请和咨询过复旦大学封进教授、纽约城市大学徐宏伟副教授、华中科技大学的杨继生教授、山东大学的解垩教授等，专家学者们对本书的智力贡献进一步提升了我们项目的研究水平。衷心感谢他们的大力支持和帮助。

感谢在课题研究和本书出版过程中，参与撰写的各位课题组成员，他们是喻开志、栾炳江、彭争呈、赵佳、文莎、陈建、熊倩倩、周上琳、肖翰、李晓刚，尤其感谢栾炳江博士细致的校稿工作，本书的完成离不开上述团队成员三年来的通力合作与努力！

在课题研究和本书出版中，一直得到我所在单位西南财经大学各位领导及同仁的关心、帮助与支持，使我和课题组能够排除困难、砥砺前行。

特别感谢著名消费经济学家、山东大学臧旭恒教授为本书作序。特别感谢导师王裕国教授和师姐朱雨可副教授对书中章节内容的指点和给予的大力支持。衷心感谢科学出版社经管分社社长马跃和李嘉编辑在出版此书过程中的辛勤付出。

十几年来，本人主要致力于消费经济学相关问题的理论与实证研究，以及居民消费与劳动经济学、健康经济学交叉问题的学术研究，尤其关心我国居民消费需求与消费不平等、收入分配与消费、退休与消费、扩大消费长效机制、完善消费体制机制等问题。由于作者水平有限，书中难免存在不足之处，敬请批评指正。

邹　红

2023 年 7 月于成都